BOMBEN, BLUT UND BITTERKEIT

Siegfried Schröder

– Aus der Geschichte des Anarchismus –

Militärverlag
der Deutschen Demokratischen
Republik

ISBN 3-327-00424-2

1. Auflage
© Militärverlag der Deutschen Demokratischen Republik (VEB) –
Berlin, 1987
Printed in the German Democratic Republic
Gesamtherstellung: Karl-Marx-Werk Pößneck V 15/30
Lektor: Dr. Gertraud Golme
Einband und Schutzumschlag: Günter Lück
Typografie: Martina Schwarz
Bildnachweis: Archiv des Autors (23), Archiv Berliner Verlag (15),
J. Maaß (1), Institut für Marxismus-Leninismus, Zentrales Parteiarchiv (1)
LSV: 0239
Lizenz-Nr. 5
Bestellnummer: 746 974 6
00820

Kein mysteriöser Fall

Man schreibt den 25. Juli 1978, einen Dienstag. Es ist gegen drei und die Morgendämmerung erst zu ahnen. Die Vögel haben ihren Frühgesang noch nicht begonnen. In der am Südrand der Lüneburger Heide gelegenen niedersächsischen Kreisstadt Celle deutet nichts darauf hin, daß gerade in diesen Minuten, exakt um 2.54 Uhr, eine Bombe detonieren wird. Das nun geschieht an der Betonmauer des Gefängnisses, der Justizvollzugsanstalt – wie es amtlich heißt –, die sich im Uferbereich der Aller befindet. Es gibt keine Augen-, sondern nur Ohrenzeugen, und die können lediglich über ein Explosionsgeräusch berichten, sonst nichts. Wurde die Bombe ferngezündet? Von wo aus? Hielten die oder der Täter sich in der Nähe des Geschehens auf? Niemand wurde gesehen; Autogeräusche sollen kurz nach der Detonation gehört worden sein.

Bei Tagesanbruch wird offenbar: In die Betonmauer ist ein Loch gerissen worden. Am Alleruferfinden die Ermittlungsbeamten ein Schlauchboot mit Tarnanstrich und 450 Meter in Richtung Gefängnis verlaufendes Zündkabel.

Bald schon scheint klar, worum es bei dem Anschlag gegangen ist. Ein Bericht in der «Celleschen Zeitung» drei Tage später informiert die alarmierte Öffentlichkeit: «Nach bisherigen Ermittlungen der Polizei deutet alles darauf hin, daß der Sprengstoffanschlag auf die Justizvollzugsanstalt in Celle von terroristischen Gewalttätern verübt worden ist … Wie berichtet, ist in der Celler JVA an der Trift der Bankräuber und Geldbeschaffer der Baader-Meinhof-Gruppe, Sigurd Debus, inhaftiert.»[1]

Die selbstverständlich sofort einsetzende Fahndung richtet sich hauptsächlich auf einen Verdächtigen, den flüchtigen Klaus-Dieter Loudil. Er war 1974 zu zehn Jahren Freiheitsentzug verurteilt worden, die er in Celle abzusitzen hatte. Nach einem Hafturlaub war er nicht zurückgekehrt.

Die Fahndung bleibt erfolglos. Sie muß erfolglos bleiben. Loudil nämlich sollte mittels des Sprengstoffattentats in die «Terroristenszene» eingeschleust werden. Der angebliche Anschlag war von Angehörigen der Grenzschutzspezialeinheit GSG 9, der sogenannten Anti-Terror-Truppe der BRD, ausgeführt worden!

Wie die «Frankfurter Rundschau» Jahre später, am 26. April 1986, sich auf regierungsamtliche Mitteilungen stützend, berichtet, «begann die Aktion in der Nacht zum 25. Juli 1978 gegen zwei Uhr, als an der Mauer der Strafanstalt ein Auto vorfuhr, in dem ein Ministerialrat und zwei Hauptkommissare saßen. Zwei Kriminaldirektoren und ein leitender Kriminaldirektor hätten sich zwei Straßenecken entfernt hinter Büschen in einem Parkgelände verborgen gehalten, heißt es weiter in dem Bericht, den das niedersächsische Innenministerium am Freitag bestätigte. Der Leiter des Referats Nachrichtenbeschaffung des Landesamtes für Verfassungsschutz habe in der Nähe in einem Auto gewartet. Unmittelbar nachdem um zwei Uhr routinemäßig Vollzugsbeamte und Polizisten die Mauer kontrolliert hatten, befestigten Sprengstoffexperten an der Mauer den Sprengsatz. Doch das für 2.50 Uhr verabredete Kommando zur Zündung blieb zunächst aus. Der dafür zuständige, an der Mauer postierte Ministerialrat erklärte später, sein Funkgerät sei ausgefallen. Erst vier Minuten später kam das Kommando. Der leitende Kriminaldirektor hatte das Kommando übernommen und die Sprengung veranlaßt. Mit einer gewaltigen Detonation entstand in der Mauer ein anderthalb Quadratmeter großes Loch. Noch bevor die Suchscheinwerfer der Vollzugsanstalt eingeschaltet wurden, waren die Beamten auf vorbereiteten Fluchtwegen verschwunden.»[2]

Und dies ist die Vorgeschichte des Unternehmens: Nachdem Loudil schon einige Jahre Haft hinter sich hatte, wurde er vom Verfassungsschutz zur Unterwanderung terroristischer Gruppen angeworben. Als Lohn wurde ihm die Freiheit versprochen, mithin würden ihm die noch abzusitzenden sechs Jahre Haft «geschenkt» werden. Loudil schlug in dieses Geschäft ein und machte sich an die Arbeit.

Später bezweifelte man jedoch die offizielle Verlautbarung, Loudils Tätigkeit sei erfolgreich gewesen; er habe einen Mord verhindert und geholfen, in konspirativen Wohnungen Sprengstoff und geraubtes Geld aufzuspüren. Bereits ein Jahr nach Antritt seines zweifelhaften Jobs wurde der V-Mann Loudil aus dem Verkehr gezogen. Es wurde auch bekannt, daß er Alkoholiker ist und in alkoholisiertem Zustand mit einem gestohlenen Panzer der Bundeswehr ein Auto überrollte, was zwei Menschen das Leben kostete. Nach der Aufdeckung verschiedener Machinationen des Verfassungsschutzes erklärte Loudil vor der Presse, er sei doch gar nicht die Hauptfigur gewesen, sondern ein gewisser Berger.

Über diesen Berger, der in terroristischen Kreisen kein Unbekannter sein soll, schrieb das Magazin «Stern» im Frühjahr 1986: «Ende der siebziger Jahre tauchte er in Hamburg und Amsterdam auf. Wenn er verschwand, erschien häufig kurz darauf die Polizei und fand in den Wohnungen Sprengstoff, den die Bewohner bis dahin noch nie gesehen hatten.»[3]

Manfred Berger und Klaus-Dieter Loudil bildeten quasi ein Gespann, über das ein Dritter, ein Manfred Gürth, in dem genannten Magazin plauderte. Ende Januar 1979 wurde Gürth, der von der Polizei verdächtigt wurde, der «Anarcho-Szene» anzugehören, in seiner Wohnung verhaftet. Man fand dort einen mit Sprengstoff gefüllten Feuerlöscher, eine Art Bombe also.

In seiner Wohnung hatten sich noch kurz vor Eintreffen der Polizei zwei männliche Personen aufgehalten, über die Gürth nichts aussagen wollte. Die ermittelten Fingerabdrücke der unbekannten Besucher konnten nicht identifiziert werden. Auch ein öffentliches Fahndungsersuchen führte zu nichts. Dabei hätten die Polizisten nur auf den Gedanken kommen müssen, beim Verfassungsschutz des Landes Niedersachsen anzufragen. Doch wer weiß, auf welche Weise ihnen die Namen der Gesuchten serviert worden wären. Sie lauteten nämlich: Manfred Berger und Klaus-Dieter Loudil!

Nicht weniger aufschlußreich ist Gürths Schilderung, wie er

mit Loudil bekannt wurde. Gürth war 1979 nicht zum ersten Mal verhaftet worden, sondern schon früher mit der Polizei in Berührung gekommen. Erst wenige Wochen vor seiner erneuten Verhaftung war er im November '78 vorübergehend aus der Haft entlassen worden. Unmittelbar darauf, so Gürth gegenüber «Stern», «suchte mich Klaus-Dieter Loudil in Hamburg auf. Heute gehe ich davon aus, daß er den Hinweis auf meine Person und meinen Aufenthaltsort von seinen Auftraggebern bekam. Um sich bei mir einzuführen, berief er sich auf Sigurd Debus, den er aus dem Gefängnis kannte, und auf den ‹Befreiungsversuch› vom 25. Juli in Celle. Er hoffe, mit mir weiterzukommen in dieser Sache, denn ich hätte ja auch Knasterfahrung. Die anderen in der Hamburger Szene würden immer nur reden, mit denen könne man nichts auf die Beine stellen … Seinen Vorschlag, das Häuschen der Gefängniswache in Celle in die Luft zu sprengen, um so Debus herauszuholen, hatten alle abgelehnt. Auch ich sagte ihm, daß es für mich nicht in Frage komme.»[4]

Wie Gürth aussagte, habe ihm Loudil weitere Vorschläge gemacht, so, die Filiale der Hamburger Sparkasse am Altonaer Spritzenplatz zu überfallen, um Geld für künftige Aktionen zu besorgen. Überhaupt habe Loudil jedesmal, wenn er nach Hamburg gekommen sei, etwas Neues mitgebracht. Er sei scharf auf Aktionen gewesen.

Gürth schilderte abschließend: «Dann fing er (Loudil, d. V.) an, mit seinem Revolver auch noch Schießübungen in meiner Wohnung zu machen. Als er immer wieder drängte, endlich die Bombe einzusetzen, reichte es mir. Ich sagte ihm, daß ich kein Vertrauen zu ihm hätte, daß sein Verhalten schlichtweg blöd sei. Loudil nahm daraufhin die Wohnungsschlüssel und sagte, bevor er verschwand, daß er mich abends um acht Uhr zu einer Aussprache treffen wollte. Ich sollte auf jeden Fall da sein. Gegen 18 Uhr stürmte dann die Polizei die Wohnung und fand die Bombe und mich …»[5]

Soweit die Geschichte um das vorgetäuschte terroristische Attentat in Celle und darin verwickelte Personen. Es ist eine sonderbare, ja absurde Geschichte. Doch sie ist von der kapitalistischen Wirklichkeit am Ausgang des 20. Jahrhunderts geschrieben worden. Und sie regt zu Fragen an:

Warum klassifizieren imperialistische Politiker und Massenmedien terroristische Aktionen zumeist als «links», als mit der Arbeiterbewegung zusammenhängend und von ihr ausgehend?

Warum werden Anarchismus und Terrorismus oft als identisch bewertet?

Wie und wann entstanden sie?

Gehören sie zusammmen oder nicht?

Ist Terror in jedem Falle und unter allen Umständen zu verurteilen?

Fragen über Fragen, auf die dieser Tatsachenbericht versucht, Antworten zu geben. Er folgt den Spuren des Anarchismus in verschiedenen Zeitläufen und unter den jeweils gegebenen historischen Bedingungen, ohne eine vollständige und lückenlose Darstellung dieser Erscheinung geben zu wollen.

Der Begriff Anarchismus leitet sich vom griechischen Wort «anarchia» ab, das Herrschaftslosigkeit, Machtlosigkeit, Fehlen der Staatsgewalt bedeutet. Der Anarchismus ist seinem Wesen nach – wie in den folgenden Kapiteln ausgeführt wird – ein Produkt der kapitalistischen Gesellschaft. Aber nicht nur des Kapitalismus von heute, sondern zuerst des von gestern, wie der antagonistischen Gesellschaft überhaupt. Davon zeugt die ganze neuere Geschichte. Ein Mann hat aus gegebenem Anlaß vor rund neunzig Jahren in Berlin Aussagen dazu gemacht, die ihre Bedeutung auch heute noch nicht verloren haben. Der Name des Mannes: August Bebel.

August Bebel klärt auf

An der nordwestlichen Seite des Hauptbahnhofs in Berlin verläuft die Koppenstraße. Sie ist ein alter Verkehrsweg, noch aus dem 19. Jahrhundert. Allerdings ist von der damaligen Bebauung nur wenig übriggeblieben. Im zweiten Weltkrieg sind fast alle Häuser, Wohn- wie Geschäftsbauten, ausgestattet mit Lokalen und Läden aller Art, zerstört worden.

Um die Jahrhundertwende gehören zu den Anliegern der Koppenstraße «Kellers Festsäle». Es ist der 2. November 1898. Hunderte Berliner folgen einer Einladung der Sozialdemokratischen Partei in diese Versammlungsstätte. Wenn August Bebel als Redner angekündigt ist, bleibt kein Platz leer. Schon gar nicht angesichts des hochbrisanten Themas, das der beliebte Arbeiterführer erörtern will: Attentate und Sozialdemokratie.

Es gibt einen triftigen Anlaß für diese Versammlung. Vor sechs Wochen, am 10. September, war die Frau des Kaisers Franz Joseph I. von Österreich, Elisabeth, an der Dampferanlegestelle am Kai Mont Blanc in Genf von einem als Anarchisten bezeichneten Mann namens Luccheni mit einer geschliffenen Dreikantfeile durch einen Stich ins Herz getötet worden.

Das Attentat nun, dem die 60jährige zum Opfer fiel, löste begreiflicherweise besondere Empörung aus. Es richtete sich schließlich gegen eine Frau, die sich zudem in der Politik nie direkt betätigt hatte. Bourgeoise Kreise versuchten sogleich, politisches Kapital daraus zu schlagen und die Empörung gegen die Sozialdemokratische Partei zu lenken. So ist der Text eines Telegramms überliefert, das Großindustrielle an den deutschen Kaiser richteten: «Die furchtbare Tat, welcher Ihre Majestät die Kaiserin von Österreich zum Opfer gefallen ist, ist ein erschreckender neuer Beweis für die Ziele des Anarchismus und der zu diesem führenden Bestrebungen (das heißt der Sozialdemokratischen Partei, d. V.). Unter dem unsere Herzen auf das tiefste bewegenden Eindruck wissen wir uns mit Eurer Majestät einig in dem Gefühle der Pflicht, den Versuchen, unsere Religion, unsere Liebe zu unserem erhabenen Herrscherhause und zum Vaterlande zu vernichten, mit allen Mitteln strengster Gesetzgebung entgegenzutreten. Wir unterzeichneten Vertretungen deutscher Industrie wagen daher Eurer Majestät in tiefster Ehrfurcht die Versicherung auszudrücken, daß wir in dem Kampfe gegen die ruchlosen Feinde unserer staatlichen und sittlichen Ordnung treu zu Eurer Majestät stehen. In unverbrüchlichem Vertrauen auf Eurer Majestät Kraft und Weisheit werden wir alle diejenigen Maßnahmen nachdrücklichst fördern und unterstützen, welche Eure Majestät zur Unterdrückung der verbrecherischen Ziele eines gewissenlosen Fanatismus und der Aufrechterhaltung der bedrohten Autorität des Staates für gut erachten werden.

In tiefster Ehrfurcht verharren

Zentralverband deutscher Industrieller. Verein deutscher Eisenhüttenleute. Bergbaulicher Verein für den Oberbergamtsbezirk Dortmund. Verein für die wirtschaftlichen Interessen Rheinlands und Westfalens.

Im Auftrage: von Haßler. Servaes. Lueg. Jencke.»[1]

Diese Attacke von vier der führenden deutschen Großkapitalisten ist nur eine unter verschiedenen Bestrebungen, die öffentliche Meinung hochzupeitschen, die Staatsgewalt zu mobilisieren und schließlich das Gesetz, wie 1878, wieder einmal gegen die Sozialdemokratie, gegen die Arbeiterbewegung zu richten. Angesichts anarchistischer Aktivitäten im Lande kommt die italienische Regierung – man befindet sich schließlich seit 1882 mit Deutschland und Österreich-Ungarn im Dreimächtebund – zu dem Vorschlag an die europäischen Staaten, das Problem des Anarchismus auf einer Konferenz zu erörtern. Praktisch bedeutet dies nichts anderes, als daß man auf internationaler Ebene mit staatlichen Mitteln koordiniert gegen die europäische sozialdemokratische Bewegung vorzugehen gedenkt. Deshalb sehen sich August Bebel und die Berliner Sozialdemokratie veranlaßt, ein klares Wort in aller Öffentlichkeit auszusprechen. So kommt es zu der Volksversammlung in «Kellers Festsälen».

August Bebel, mit großem Beifall begrüßt, beginnt seine etwa einstündige Rede mit einer bissigen Replik auf das 1890 gefallene Sozialistengesetz. Ein großer Teil der deutschen Bourgeoisie habe das Gesetz noch nicht vergessen, sagt Bebel und fährt fort: «Seine Aufhebung bereitete ihr großen Schmerz, und sie sehnt sich nach einer Gelegenheit, es durch ein neues Ausnahmegesetz oder durch eine Verschärfung des gemeinen Rechts wieder zu ersetzen.»[2]

Der Redner erinnert in diesem Zusammenhang an einen Erzfeind der Sozialdemokratischen Partei, wie Bismarck es war, und bemerkt, dieser habe wiederholt in seinem Leiborgan, den «Hamburger Nachrichten», aussprechen lassen, es gäbe ein anderes Mittel, mit der Sozialdemokratie fertig zu werden: Sie müsse, zu Verzweiflungsakten gedrängt, auf die Straße getrieben und dort niedergeknallt werden.

«Bitte, keine Entrüstung!» bemerkt Bebel zu den heftigen Pfui-Rufen aus dem Publikum, «freuen wir uns der Offenheit unserer Gegner.»[3]

Der Redner befaßt sich auch mit dem oben zitierten Telegramm an Kaiser Wilhelm II. und klassifiziert die Unterzeichner als «Vernunftmonarchisten, d. h. sie sind monarchistisch nur deshalb, weil diese Staatsform zur Zeit ihren Interessen am besten entspricht. So bestätigt sich die Liebe zu unsrem erhabenen Herrscherhause bei der rheinisch-westfälischen Bourgeoisie.»[4]

August Bebel behandelt dann die prinzipiellen Unterschiede, die zwischen Sozialisten und Anarchisten bestehen: «Sehen die Anarchisten in Proudhon, Max Stirner, Bakunin usw. ihre geistigen Väter, so wir in Marx, Engels und Lassalle, die stets in schärfstem Gegensatz zu jenen sich befanden. Selten standen zwei Männer sich in ihren ganzen Anschauungen so gegenüber wie Bakunin, man kann sagen, der Vater der ‹Propaganda der Tat›, und Karl Marx, der Feind jeder Verschwörungs- und Attentatspolitik. Bakunin, der Vertreter des extremsten Individualismus, der vermittels Putsche und Gewaltakte, verübt gegen mächtige Personen, sein Gesellschaftsideal zu erreichen glaubte; Karl Marx mit Engels, die Begründer der materialistischen Geschichtsauffassung, nach der nicht die Personen, sondern die materiellen Interessen der jeweiligen herrschenden Klassen das Wesen des Staates und der Gesellschaft bestimmen, nach der die Macht einzelner Personen im guten wie im schlimmen eine beschränkte ist, sie ihre Macht in bestimmmter Richtung nur solange betätigen können, wie sie als Vertreter bestimmter Klasseninteressen handeln.

Die Anarchisten sind die konsequenten, ins Extrem gehenden Ausläufer der bürgerlichen Liberalen (Rufe aus dem Publikum: sehr wahr!), mit deren Weltanschauung sie vieles gemeinsam haben. Auch die Liberalen sahen einst in der Person eines Fürsten nicht den Träger des Systems, sondern das System selbst, weshalb in der Kampfperiode des Liberalismus auch Attentate keine Seltenheit waren, wie ich noch nachweisen werde ...

Der Satz, daß auch die mächtigste Person nur als Vertreter von Klasseninteressen handeln kann, läßt sich an Bismarcks Persönlichkeit besonders klar nachweisen. Keinen Mann hätte die Sozialdemokratie so zu hassen allen Grund als gerade ihn, und von niemand wurde die Sozialdemokratie mehr gehaßt als gerade von Bismarck. Unsere Liebe und unser Haß beruhten allerdings auf Gegenseitigkeit (Heiterkeit im Saal). Aber in der gesamten sozialdemokratischen Presse und Literatur findet sich nirgends der Gedanke, es wäre ein Glück, wenn dieser Mann mit Gewalt beseitigt würde. Nie werden wir ähnliches in ähnlichen Fällen denken.»[5]

August Bebel leitet seine Rede nun zielstrebig auf den anvisierten Kern: «Soweit meine geschichtlichen Kenntnisse reichen, ist durch den Wechsel von Personen in einer Regierung noch nie ein ökonomisches System beseitigt oder geändert worden. Wer aber glaubt, daß einzelne Personen an der Spitze eines Staates zu allmächtig sind, von ihrem Sein oder Nichtsein auch eine bestimmte Wirtschaftsordnung abhänge, nur bei dem ist der Gedanke möglich: wenn es gelingt, ein einflußreiches Individuum zu beseitigen, dann ist für die Befreiung der Menschheit eine große Tat getan. Und hieran schließt sich bei krankhaft angelegten oder mangelhaft denkenden Naturen der Gedanke: einerlei, welche Person getroffen wird, wenn sie nur den höchsten Kreisen angehört.»[6]

Niemals werde den Sozialisten der Gedanke kommen, betont August Bebel, mit der Beseitigung einer Person einen besonderen Fortschritt erreicht zu haben. Vielmehr trete das Gegenteil ein, die Reaktion erhalte Oberwasser. «Wir bekämpfen aus den angeführten Gründen den Glauben an die nützliche Wirkung der Attentate auf das entschiedenste. Dagegen haben unsere bürgerlichen Gegner am allerwenigsten Grund, sich über die Anarchisten zu entrüsten. Der Glaube an den übermächtigen Einfluß bedeutender Persönlichkeiten in einflußreicher Stellung auf den Gang der Geschichte ist durchaus bürgerlicher Herkunft (Zurufe, sehr richtig!). Keine Klasse hat so dem Gedanken gehuldigt, daß die Person eines mächtigen einzelnen zu beseitigen eine große geschichtliche Tat sei, als gerade das Bürgertum, und zwar von den Tagen der alten Griechen ab bis in unser Zeitalter. Einen Tyrannen, d. h. einen Mann, der sich zum Alleinherrscher aufgeworfen hatte, zu beseitigen, galt bei den Griechen und Römern als eine verdienstliche Tat; wem sie gelang, wurde als Retter des Vaterlandes gepriesen. Harmodios und Aristogeiton, die 514 vor Chr. den Tyrannen Hipparchos ermordeten, werden noch heute in den Gymnasien als Helden und Retter ihres Volkes verherrlicht. Und wie wurde die Tat des Brutus gepriesen, der 44 vor unserer Zeitrechnung den nach der Alleinherrschaft in Rom strebenden Cäsar ermordete. Ich erinnere ferner an Mariana, den berühmt gewordenen Jesuiten, der offen lehrte, unter welchen Bedingungen jemand das Recht habe, einem Tyrannen, wie auch von ihm der nach absoluter Willkür regierende Fürst genannt wird, das Leben zu nehmen. Das Werk, in dem er diese Anschauungen vertritt, ist betitelt: De rege et regis institutione (Über das Herrschen und die Herrscher der Ordnung) und wurde 1609 kraft Urteils eines spanischen Gerichtshofes verbrannt. Mariana sah in jedem Fürsten, der die katholische Kirche und ihre Diener verfolgte, einen Tyrannen. Wie preist ferner Schiller die Tat des Tell. Und was war Tell, der Tell der Dichtung? Im Grunde ein Meuchelmörder, der aus sicherem Hinterhalt den ahnungslosen Geßler, in dem er den Feind seines Volkes und die Ursache von dessen Unterdrückung sah, erschoß. Geßler war nach Tells Meinung ein Tyrann, wie in den Augen des vormärzlichen Bürgertums alle selbstherrlichen Fürsten Tyrannen waren. In dem bekannten Gedicht Schillers ‹Die Bürgschaft›, das mit den Zeilen beginnt:

> Zu Dionys, dem Tyrannen, schlich
> Damon, den Dolch im Gewande ...

verrät nicht nur keine Zeile, daß Schiller den Damon wegen seiner Absicht, Dionys zu ermorden, verurteilt, im Gegenteil, er preist ihn wegen des Heldenmuts und der edlen Gesinnung in seiner Handlung.

Ich habe mir eine Liste der Attentate angelegt, die im Laufe der letzten Jahrhunderte vorkamen. Unter den Attentätern befindet sich, wie ich nicht erst hervorzuheben brauche, kein einziger Sozialdemokrat, denn diese gab es damals nicht, wohl aber sind unter denselben Adlige, Geistliche und Bürger verschiedenen Standes vertreten, also Angehörige der herrschenden Klassen. Die Liste, die ich aufführe, macht keinen Anspruch auf Vollständigkeit, und doch war ich überrascht von der großen Zahl der Attentate, die vorkamen, namentlich im 19. Jahrhundert.»[7] So seien Attentate verübt worden:

1589 auf König Heinrich III. von Frankreich durch einen Dominikanermönch;

1610 auf König Heinrich IV. von Frankreich durch den Lehrer Ravaillac;

1733 auf Papst Clemens XIV. durch Jesuiten, deren Orden er aufgelöst hatte;

1757 auf König Ludwig XV. von Frankreich (Mordversuch) durch Damien;

1792 auf Gustav III. König von Schweden auf einem Maskenball durch den Grafen Ankarström;

1801 auf Zar Paul I. von Rußland durch eine Adelsverschwörung, an deren Spitze Graf Pahlen stand (und mit Wissen des Sohnes und Nachfolgers Alexander I.);

1800, als er noch Konsul war, vermittels einer Höllenmaschine, und 1809 durch den Deutschen Staps jeweils erfolglos auf Napoleon I.;

1819 auf August von Kotzebue durch den Studenten Ludwig Sand in Mannheim;

1820 auf den Herzog von Berry durch Lavel;

1835 auf König Louis Philipp von Frankreich, eines von sieben, bei dem 14 Personen getötet wurden;

1845 Attentatsversuche auf König Friedrich Wilhelm IV. von

Preußen durch den Bürgermeister Tschech, desgleichen 1850 durch den Feuerwerker Sefeloge;

1849 und 1853 Attentatsversuche auf Kaiser Franz Joseph von Österreich;

1848 auf den italienischen Minister Graf Rossi in Rom;

1854 auf Herzog Karl von Parma;

1856 Attentatsversuch auf König Ferdinand III. von Neapel;

1855 zwei Attentatsversuche auf Kaiser Napoleon III. und 1858 ein weiteres durch den Italiener Felice Orsini, bei dem 137 Personen getötet oder verletzt wurden;

1861 Attentatsversuch auf König Wilhelm I. von Preußen durch Becker in Baden-Baden und 1878 durch Hödel und Nobiling auf denselben (inzwischen deutscher Kaiser);

1865 auf den Präsidenten der USA, Abraham Lincoln, durch den Schauspieler Booth;

1870 auf General Prim;

1866 Attentatsversuch auf Fürst Bismarck durch Cohen-Blind und 1874 desgleichen durch Kullmann;

1881 auf Zar Alexander II. von Rußland; vorher bereits fünf Attentatsversuche auf denselben;

1882 auf Lord Cavendish, Vizekönig von Irland;

1856 Attentatsversuch auf Königin Isabella von Spanien durch einen Priester;

1840, 1842, 1872, 1882 jeweils Attentatsversuche auf Königin Victoria von Großbritannien;

1868 auf Fürst Michael III. von Serbien;

1878 Attentatsversuch auf König Humberto von Italien;

1881 auf den Präsidenten der USA James Abram Garfield;

1891 auf den bulgarischen Minister Beltschew, den man für den bulgarischen Ministerpräsidenten Stambolow hielt;

1895 auf Stambolow durch zaristische Agenten;

1894 auf den Präsidenten der französischen Republik Marie Francois Sadi Carnot durch den italienischen Anarchisten Caserio;

1897 Attentatsversuch auf den König von Griechenland;

1898 auf die Kaiserin von Österreich durch Luccheni.

Bebel fährt fort:

«An die vielen Attentate, die allein in Rußland im Laufe der letzten zwanzig Jahre auf höchste Staatsbeamte gemacht wurden, wie an die ... politischen Morde, die in der Türkei und Persien vorgekommen sind, und endlich die vielen politischen Morde in den südamerikanischen Staaten will ich nur der Vollständigkeit halber erinnern.»[8)]

August Bebel leitet sodann zu der Frage über, wieweit die Anarchisten selbst und wieweit die hinter ihnen stehenden Kräfte für Attentate verantwortlich zu machen seien. Unbestreitbar sei, daß es zum Teil Anarchisten waren, die Attentate begingen. So sei das Attentat Caserios auf Carnot ein anarchistisches Attentat gewesen, ebenso das Attentat Lucchenis auf die Kaiserin von Österreich. Das schlösse aber nicht aus, daß Leute hinter Luccheni standen, die dessen Borniertheit benutzt und ihn zu der Tat getrieben hätten. Bei den Attentaten und Attentatsversuchen der letzten Jahre hätten oft Polizeiagenten mitgewirkt.

«Diese Agenten», so führt Bebel aus «sind angestellt, beabsichtigte Attentate ausfindig zu machen. Da kommen schlechte Subjekte unter ihnen, und gute übernehmen solche Posten nicht (Heiterkeit im Saal), leicht auf den Gedanken: machen andere Leute keine Attentate, so müssen wir nachhelfen. Denn können sie nicht melden, daß etwas geschieht, so werden sie überflüssig, und das wollen sie natürlich nicht sein. So helfen sie denn nach, indem sie einem französischen Ausspruch nach ‹das Glück korrigieren› (Heiterkeit). Oder sie machen auch Politik auf eigene Hand. Ich brauche zum Beweise hierfür nur an die Memoiren des ehemaligen Pariser Polizeipräsidenten Andrieux zu erinnern, in denen er mit größtem Zynismus sich rühmt, daß er mit Polizeigeld extreme, anarchistische Organe bezahlt und anarchistische Attentate organisierte, nur um die Bourgeoisie in die gehörige Furchtstimmung zu versetzen. Ferner ist da der berüchtigte Londoner Polizeiinspektor Melville, der ebenfalls in dieser Richtung arbeitete ...»[9)]

Der Redner führt noch weitere Beispiele für die verbrecherische Tätigkeit der Polizeispitzel an, der Polizeianarchisten, wie es in zeitgenössischen Quellen heißt, und schlägt der Versammlung zum Schluß die Annahme einer Resolution vor, in der nachdrücklich gegen jeden Versuch protestiert wird, einen Meuchelmord zu ausnahmegesetzgeberischen Maßregeln gegen oppositionelle Parteien oder Richtungen auszunutzen. Der auf Anregung der italienischen Regierung zusammentretenden Anti-Anarchistenkonferenz wird in der Resolution empfohlen, sich mit den sozialen Ursachen des Anarchismus zu befassen, mit den wirklichen Quellen der Demoralisation und des Verbrechens, nämlich «der grenzenlosen physischen und moralischen Verderbnis und sozialen und politischen Mißwirtschaft, der die arbeitenden Klassen des Königreichs Italien durch räuberische Ausbeutung und Unterdrückung seitens der herrschenden und regierenden Klassen preisgegeben sind».[10]

Die erwähnte Resolution fordert ferner zu prüfen, «wie es kommt, daß so viele ‹Anarchisten› der gemeingefährlichen Art gerade in den mit der Überwachung der öffentlichen Ordnung und Sicherheit betrauten Kreisen vorhanden sind, wie das unter anderen die Veröffentlichungen des ehemaligen Polizeipräfekten Andrieux und die Geständnisse Rachols in Paris, die Taten Melvilles in London, die Handlungen des Pourbaix und des sogenannten Bombenbarons von Ungern-Sternberg in Belgien, die Vorgänge während der Herrschaft des Sozialistengesetzes in Deutschland ... beweisen».[11]

Die Resolution schließt mit den Worten: «... die sogenannte Anarchistenkonferenz der europäischen Regierungen hat eine dankenswerte Aufgabe vor sich, falls sie diese richtig erfaßt und endlich dort kehrt, wo der Schmutz bergehoch liegt.»[12]

Die Versammelten danken August Bebel mit stürmischem Beifall und verabschieden die Resolution einstimmig.

August Bebels Rede ist ein wichtiges historisches Dokument. Es beweist, daß der Marxismus mit dem Anarchismus nichts, aber auch gar nichts zu tun hat. Von Anfang an hat sich die organisierte Arbeiterbewegung aufs entschiedenste mit kleinbürgerlich-utopischen, pseudorevolutionären, linkssektiererischen Lehren auseinandergesetzt, weil sie die Arbeiterklasse desorientieren und desorganisieren. Da jedoch der Nährboden des Anarchismus, die kapitalistische Gesellschaft und ihre Differenzierungsprozesse, fortbesteht, kommt es immer wieder neu zu Erscheinungen anarchistischen Protestes und anarchistischer Aktion. Der Anarchismus ist stets Ausdruck einer kleinbürgerlichen, auch kleinbürgerlich-bäuerlichen, Ideologie, deren Vertreter aus allen sozialen Schichten, am wenigsten noch aus dem Industrieproletariat, stammen, was nicht besagt, daß nicht auch Arbeiter diesen Irrlehren anhängen können.

Die Anarchisten sind unfähig, die wirklichen «Mechanismen» der kapitalistischen Gesellschaft zu durchschauen. Sie reduzieren alle Gebrechen des Kapitalismus auf eine einzige Ursache: den Staat. Daraus schlußfolgern sie, man brauche nur den Staat abzuschaffen, und automatisch entstünde eine «freie» Gesellschaft, in der jeder seine Individualität voll ausleben könnte.

So bildete sich unter den Anarchisten eine Richtung heraus, die aus lauter Ungeduld über den Gang der Dinge bedingungslos auf Attentate setzt, um ihre Ziele zu erreichen. Beseitige man die Repräsentanten der staatlichen Macht, so glauben diese Leute, sei damit auch der Staat getroffen. Diese Attentatspraxis aber liefert dem bourgeoisen Machtapparat genügend Vorwände, gegen die ganze Arbeiterbewegung vorzugehen.

Deshalb die energische Attacke August Bebels.

Allerdings ist der Anarchismus nicht vermittels Bomben oder Attentate in die Geschichte gelangt. Auch entsprang er keineswegs der plötzlichen Eingebung eines krankhaften Gehirns. Dennoch ist er zunächst als Denkprodukt entstanden.

Willst du meinen Tisch?

Der erste, der Gedankengänge verfolgt, die anarchistisch aus-
deutbar sind, eine Art Komplex oder Entwurf anarchistischen
Denkens, ist ein Engländer: William Godwin. Er wird am
3. März 1756 in der Familie eines calvinistischen Predigers geboren. Godwin lebt also in der Zeit der industriellen Revolution, in
der sich die Bourgeoisie und mit ihr die Arbeiterklasse herausbil-
det. Die Große Französische Revolution läutet den weltweiten
Übergang vom Feudalismus zum Kapitalismus ein; Godwin ist
einer ihrer bewußten Zeugen. Von den Ideen der Französischen
Revolution ist er geradezu entflammt – allerdings recht einseitig.
Er setzt ausschließlich auf die Vernunft, nicht auf revolutionäre
Veränderung.

Die Vernunft nimmt in seinem Denken einen zentralen Platz
ein. Sie ist für ihn die Voraussetzung für das allgemeine Glück. Er
ist Anhänger des Egalitarismus, einer geistigen Strömung, die das
Privateigentum bekämpft, es jedoch nicht abschaffen, sondern
gleichmäßig auf alle Mitglieder der Gesellschaft verteilen und dadurch den Gegensatz zwischen den Klassen überwinden möchte.

So kreisen Godwins Gedanken um Begriffe wie Gerechtigkeit,
Glück, Vernunft, Eigentum. Der wahre Weg zum individuellen
Glück bestehe darin, Tugend zu üben. Als Rationalist meint Godwin, der Mensch sei immer der Vernunft und logischen Argu-
menten zugänglich. Deshalb ließen sich alle Laster durch Einsicht in ihre Ursachen ausmerzen.

Diese Verabsolutierung der Vernunft teilt Godwin mit vielen
Denkern, die die Wirkung der gesellschaftlichen Verhältnisse auf
das Bewußtsein der Menschen unterschätzen oder gar ignorieren; die jedenfalls die bewegende Kraft der antagonistischen Gesellschaft, den Klassenkampf, nicht erkennen.

Godwin meint, der Mensch brauche zum Leben nur wenig, und wenn er alle Motive der Eitelkeit und des Ehrgeizes aufgebe und durch echte Werte ersetze, wenn er Gepränge und Luxus verneine, wäre nur geringer Arbeitsaufwand erforderlich, die elementaren Bedürfnisse zu stillen. In einem auf Vernunft und Edelmut gegründeten Zusammenleben der Menschen sieht er die ideale Gesellschaft, also eine zwangsfreie, gewalt- und staatenlose Gemeinschaft.

Sein Standpunkt der Bedürfnislosigkeit hat damit zu tun, daß er von gemeinschaftlichen Aktionen der Menschen nichts hält. So meint er, daß alles, was man gewöhnlich unter Kooperation versteht, von Übel sei. Er stellt die rhetorische Frage: Willst du meinen Tisch? Und er antwortet: Mache dir selber einen, doch sollte ich geschickter sein als du, dann baue ich ihn für dich. Wenn du ihn sofort willst, meint Godwin, sollten wir die Dringlichkeit unserer Wünsche vergleichen und dann die Gerechtigkeit entscheiden lassen.

Seine Polemik gegen das Gemeinschaftliche führt Godwin zu grotesken Erwägungen. Er fragt, ob man Konzerte veranstalten solle. Das Spielen eines Instruments bezeichnet er als eine klägliche mechanische Funktion, die nur Gegenstand der Kränkung und des Spottes sein könne. Auch das Theaterspielen schließe eine verwerfliche Zusammenarbeit ein und sei deshalb abzulehnen.

Die Verschrobenheit dieser Gedankengänge drückt jene Art Utopie aus, die für Godwin charakteristisch ist. Er fordert totale Herrschaftslosigkeit, keinerlei Regierung. Die Freiheit des Individuums, das nicht von außen unter Zwang gesetzt wird – das ist sein Panier.

Er verficht seine Ideen bei leidenschaftlicher Kritik an der entstehenden kapitalistischen Gesellschaft und ihren politischen Institutionen. Deutlich wird dies an seiner Haltung zum bürgerlichen Parlamentarismus. Anläßlich von Parlamentswahlen in England im Jahre 1788 schreibt er voller durchaus glaubhafter Empörung: «Niemals ist soviel Schmach, traurige, gemeine, allseitige Schmach entfaltet worden. Die Jagd nach Wählerstimmen ist ein so abscheulich erniedrigendes, mit Moral und Würde völlig unvereinbares Geschäft, daß ich einen wahrhaft großen Geist

AN

ENQUIRY

CONCERNING

POLITICAL JUSTICE,

AND

ITS INFLUENCE

ON

GENERAL VIRTUE AND HAPPINESS.

BY

WILLIAM GODWIN.

IN TWO VOLUMES

VOL. II.

LONDON:

PRINTED FOR G. G. J. AND J. ROBINSON, PATERNOSTER-ROW.

M.DCC.XCIII.

Titelblatt der 1793 erschienenen «Untersuchung,
die politische Gerechtigkeit betreffend» von William Godwin

kaum für fähig halte, die schmutzige Plackerei dieses Unwesens auf sich zu nehmen.»[1] – Eine Einschätzung, die zweifellos heute noch aktuell ist.

William Godwin ist auf dem Höhepunkt seines Schaffens als Autor politischer und literarischer Veröffentlichungen ein berühmter Mann. In seinem politisch-philosophischen Hauptwerk «Untersuchung, die politische Gerechtigkeit betreffend» – 1793 erscheint es – legt er seine Auffassungen über die Gesellschaft dar.

Er macht sich auch einen Namen als Romanautor. Sein wohl bedeutendster, «Caleb Williams oder Die Dinge wie sie sind», der 1794 herauskommt und bereits einige Jahre darauf ins Deutsche übersetzt wird, ist nicht nur eine spannende Geschichte, sondern in ihm projiziert er seine Gesellschaftskritik quasi ins Literarische. Er benutzt die handelnden Personen und die Konfliktsituationen, in die sie geraten, zu einer unerbittlichen Kritik an den bestehenden politischen und rechtlichen Verhältnissen im England seiner Zeit.

Während sein philosophisches Werk lediglich unter den Intellektuellen verbreitet ist und bei ihnen großen Anklang findet, benutzt er den genannten Roman, um mit seinen gesellschaftskritischen Aussagen größere Leserkreise zu erreichen. (Das Buch, das mehrmals in deutsch erschienen ist, erlebte seine jüngste Ausgabe im Jahre 1985 bei Reclam.)

Godwin veröffentlicht noch andere utopische und sogenannte Schauerromane, die er ebenfalls zur Propagierung seiner Ideen benutzt. Als Friedrich Engels im Winter 1844/45 seinen berühmten Sozialreport «Die Lage der arbeitenden Klasse in England» schreibt – Godwin ist acht Jahre zuvor, 1836, gestorben –, bemerkt er darin, daß neben den französischen Materialisten, neben Proudhon, neben den großen Dichtern Shelly (1792–1822) und Byron (1788–1824) eben auch Godwin zu jenen Autoren gehöre, die vornehmlich «Eigentum des Proletariats» seien. Godwins Gesellschaftskritik stellt Engels über dessen Schrullen und Spintisiererei – zu Recht, denn die kühne Anklage sozialer Unterdrückung und politischen Geschäfts ist in jener Zeit elementarer Bestandteil politischer Aufklärung.

Die individualistisch-anarchistischen Positionen Godwins

kommen nicht zuletzt in seiner Haltung zur Familie und zur Frau zum Ausdruck. Die Familie betrachtet er in doppelter Hinsicht als Unsinn. Einmal bedeute sie Unterordnung einer Persönlichkeit unter eine andere, zudem sei sie auf Eigentum gegründet. Er selbst allerdings geht zweimal eine Ehe ein und ist Vater einer Tochter, die später mit dem Dichter Shelly verheiratet ist und ebenfalls literarisch tätig wird. (Von ihr stammt der Schauerroman «Frankenstein oder Der moderne Prometheus», 1816 erschienen.)

Über Godwins zweite Frau wird berichtet, sie habe sich bei ihm mit den Worten eingeführt: «Ist es möglich, daß ich den unsterblichen Godwin von Angesicht erblicke?»

Es mag, sofern die Sentenz wahr ist, Ironie gewesen sein, denn Mary Wollstonecraft, die nur 38 Jahre alt wird, ist eine der ersten Frauenrechtlerinnen. Sie wird bekannt durch ihr 1792 erschienenes Werk «Verteidigung der Rechte der Frau».

Ungeachtet dessen wendet Godwin seinen individualistischen Standpunkt auch auf die geschlechtlichen Beziehungen an. Liebe, Sexualität, Fortpflanzung seien für einen Mann nur Komplikationen. Godwin behauptet, es ließe sich nicht definitiv sagen, ob man in einer solchen (ihm vorschwebenden, d. V.) Gesellschaft jeweils wisse, wer der Vater eines Kindes sei. In dieser Gesellschaft werde er mit jener Frau Verkehr pflegen, deren Talente ihn am stärksten beeindruckten. Und sollten andere Männer für sie dieselbe Vorliebe an den Tag legen? Das werde, so meint er, keine Schwierigkeiten bereiten. Sie könnten sich gemeinsam ihrer Konversation erfreuen und würden weise genug sein, den sinnlichen Verkehr als etwas sehr Triviales zu betrachten.

Über mögliche Wege, wie man zu der ihm ideal erscheinenden Gesellschaft kommen könne, äußert Godwin sich nicht direkt. Zwar möchte er auf gewisse Organisationsformen nicht verzichten, doch andererseit meint er, daß das einzig berechtigte Ziel politischer Institutionen der Vorteil des einzelnen sei. Bestenfalls erkennt er die Berechtigung von Jurys an, die, allerdings nur auf örtlicher Ebene, Streitigkeiten schlichten könnten. Allerdings hat Godwin nie versucht, seine Ideen in die Praxis überzuführen. Das mag zu seinem Charakter passen, wird ihm doch der

Ausspruch zugeschrieben: «Ich bin kühn und abenteuerlustig in meinen Gedanken, nicht aber im Leben.»

Viele Gedanken, die später von Anarchisten weiter zugespitzt und propagiert werden, sind von Godwin keimhaft vorgedacht: die totale Herrschaftslosigkeit; die Abschaffung jedes staatlichen und Rechtssystems, weil sie angeblich das Glück der Menschen verhindern; die Aufhebung jeder Autorität und nicht zuletzt die gleichmäßige und damit gleichmacherische Verteilung des Eigentums unter alle Mitglieder der Gesellschaft.

Doch Tatsache ist auch: Weder zu Lebzeiten Godwins noch unmittelbar nach seinem Tode und unter dem Einfluß seiner Werke tritt der Anarchismus in Aktion. Anarchistische Gedankengänge sind seinerzeit noch zu abstrakt, noch zu weit abseits von den sozialen Kämpfen, als daß sie zu praktischem Handeln verleiten könnten.

Mir geht nichts über Mich

In der Mitte des 19. Jahrhunderts ist es ein deutscher Schulmeister, der den ideellen Nährboden des Anarchismus düngt und zu dessen theoretischem Ausgangspunkt wird. Dieser Mann erlangt unter dem Namen Max Stirner begrenzte Berühmtheit. Sein eigentlicher Name ist Johann Caspar Schmidt. Wie Friedrich Engels übermittelte, kam der Name Stirner von seiner merkwürdig hohen Stirn, weshalb er als Student diesen Spitznamen erhielt, den er später nicht mehr ablegte. Er studiert Theologie und Philologie, wirkt als Gymnasiallehrer und später als Lehrer an einer höheren Töchterschule in Berlin, bevor er sich voll und ganz der Philosophie hingibt. Stirner gehört zu den Junghegelianern, einer losen Gruppierung von Schülern und Anhängern des bedeutenden Philosophen, die vornehmlich an dessen dialektischer Methode Gefallen findet. Einige von ihnen gründen Ende 1841 einen Atheistenbund und nennen sich die «Freien»; Stirner ist einer ihrer Wortführer.

Die Junghegelianer sind angetreten, unter dem Banner der Kritik die Aufgaben der Philosophie, wie sie sie auffassen, zu erfüllen. Kritik an der Wirklichkeit, die unvernünftig sei; Kritik an der Religion; Kritik am Staat als dem Repräsentanten dieser Wirklichkeit. Allerdings spielt sich dies im Gewande der Philosophie, also abstrakt-theoretisch, ab. Dennoch zeichnet sich der Radikalismus, mit dem die Junghegelianer Staat und Religion attackieren, durch einen realen Aspekt aus: Er korrespondiert mit den antifeudalen und gegen den Absolutismus gerichteten Tendenzen in der politischen Bewegung der liberalen Bourgeoisie.

Stellt man in Rechnung, daß zu Beginn der vierziger Jahre in Deutschland die bürgerliche Revolution heranreift, so wird verständlich: Die rein theoretische Aktivität der Junghegelianer erlangt durchaus politische Bedeutung.

In dieser Situation nun unternimmt es Max Stirner, eine Theorie des extremen Individualismus zu begründen. Er behauptet, der Mensch sei nicht ein gesellschaftliches Wesen, sondern nur in seiner Einzelheit, als Individuum, existent. «Ich bin meine Gattung»[1], schreibt er. Die Menschen seien ungleich, demzufolge gäbe es nur das exklusive Ich. Der Egoismus sei die wahre Natur des Menschen. Stirner unterscheidet zwischen dem vulgären und dem selbstbewußten Egoisten. Der vulgäre Egoist lebe nur seiner Habsucht, der selbstbewußte aber bekämpfe alles, was dem Ich feindlich sei – Religion, Staat, Recht, Gesellschaft und so weiter. Der Staat sei eine gegen das Ich gerichtete Despotie, deshalb müsse er abgeschafft werden.

Seine Theorie des Egoismus und Individualismus begründet Stirner in dem Buch «Der Einzige und sein Eigentum», das keine zehn Jahre nach Godwins Tod erscheint. Der Vertrieb der Schrift wird unmittelbar nach ihrer Herausgabe am 28. Oktober 1844 von der Königlich-Sächsischen Kreis-Direktion Leipzig verboten. Die Publikation sei gegen Religion, Kirche, soziale Verfassung, Staat und Regierung gerichtet, rechtfertige Lüge, Meineid, Betrug, Mord, Selbstmord und leugne das Eigentumsrecht. Doch mit diesem Verbot wird Stirner offenbar zuviel Ehre angetan. Schon wenige Tage später hebt es der sächsische Minister des Inneren, von Falkenstein, wieder auf. Der in dem Buch verfochtene niedrige und beschränkte Standpunkt, so läßt der Minister verlauten, sei zu absurd, als daß er irgendwelchen Schaden stiften könne.

Tatsächlich ist Stirners Buch in einer schwer verständlichen, verklausulierten Sprache verfaßt; es ist eine griesgrämige, abstrakte Prosa, durch ständige Wiederholungen gekennzeichnet, der Versuch, sich den sozialen und politischen Kämpfen der Zeit vermittels einer abstrakten philosophischen Konstruktion zu nähern.

Stirners Theorie des Individualismus zufolge könne die Gesellschaft nur eine lose Vereinigung von Individuen, von Egoisten sein. Zwar erkennt Stirner die Unterdrückung des Menschen in der bestehenden Gesellschaft, er gilt gar als ein Gegner des Preußentums, worauf der folgende ihm zugeschriebene Ausspruch hindeuten mag: «Ein preußischer Offizier sagte einmal: ‹Jeder Preuße trägt einen Polizisten in der Brust›.» Doch Widersacher des Staates ist der ehemalige Schulmeister nicht deshalb, weil jener preußisch ist, sondern weil es sich um einen Staat schlechthin handelt.

Stirner hat, logische Folge seiner Theorie, die Freiheit, eine schrankenlose, eben egoistische, ausschließlich auf sich selbst bezogene Freiheit auf seine Fahne geschrieben. So formuliert er in «Der Einzige und sein Eigentum»: «Meine Freiheit gegen die Welt sichere Ich in dem Grade, als Ich Mir die Welt zu eigen mache, d.h. sie für Mich ‹gewinne und einnehme›, sei es durch welche Gewalt es wolle, durch die der Überredung, der Bitte, der kategorischen Forderung, ja selbst durch Heuchelei, Betrug usw.; denn die Mittel, welche Ich dazu brauche, richten sich nach dem, was Ich bin.»[2]

Als verschworener Egoist schreibt Stirner das Personalpronomen in der Regel groß, unabhängig davon, an welcher Stelle im Satz es steht.

Im genannten Buch formuliert er noch deutlicher: «Meine Freiheit wird erst vollkommen, wenn sie Meine Gewalt ist, durch sie aber höre Ich auf, ein bloßer Freier zu sein und werde ein Eigener.»[3]

Der Begriff «Freier» spielt hier auf die Vereinigung der «Freien» an, von der weiter oben die Rede war. Stirner sieht also die Zugehörigkeit zu den «Freien» als eine Art Durchgangsstation an auf dem Weg zum absoluten Egoismus. Deshalb formuliert er: «Eigener und Schöpfer Meines Rechts – erkenne Ich keine andere Rechtsquelle als – Mich, weder Gott, noch den Staat, noch die Natur, noch auch den Menschen selbst mit seinen ‹ewigen Menschenrechten›, weder göttliches noch menschliches Recht.»[4]

Der solchermaßen absolut begründete antiautoritäre Standpunkt erregt zwar Aufsehen, doch erzielt er keine große Wirkung. Abgesehen davon, daß Stirners Schrift nur ein zahlenmäßig kleines Publikum erreicht, findet er während des Auflösungsprozesses der Junghegelianer kaum Befürworter. Dennoch gewann er Jünger und Anhänger, und zwar bis in die Gegenwart

*Max Stirner
(aus der Erinnerung
gezeichnet
von Friedrich Engels)*

hinein. Das liegt in dem auf Schwankende und Suchende attraktiv wirkenden Absolutheitsanspruch der Stirnerschen Freiheitskonzeption begründet. Das Unvermögen, die objektiven gesellschaftlichen Gesetzmäßigkeiten zu erkennen, bringt Stirner und seine Nachfolger – vornehmlich Anarchisten – zu der Auffassung, die absolute Freiheit oder eben Anarchie sei der Ausweg aus der Klassengesellschaft, der Weg zur Überwindung des Staates. Diese Position hat eindeutig klassenbedingte Wurzeln, obwohl ihre Vertreter, von Stirner angefangen, sich als über allen Klassen stehend gebärden.

Noch zu Lebzeiten Stirners wird dieser Zusammenhang von keinen Geringeren als Karl Marx und Friedrich Engels enthüllt. Mitte der vierziger Jahre schreiben sie zunächst mehr zur Selbstverständigung eine hochaktuell zu nennende Schrift (die allerdings seinerzeit unveröffentlicht bleibt) gegen die nachhegelianische Philosophie, mithin auch gegen Stirner, die Junghegelianer überhaupt, unter dem Titel «Die deutsche Ideologie». In diesem Werk setzen sie sich in scharf pointierter Weise polemisch mit den subjektiv-idealistischen Auffassungen jener Philosophen auseinander. Friedrich Engels bemerkte später, ihre Kritik sei so dick gewesen wie das Buch selbst.

Sehr anschaulich argumentieren sie gegen Stirners Interpretation des Eigentums und seine Verabsolutierung dieses Begriffs. «Wenn der bornierte Bourgeois zu den Kommunisten sagt: Indem Ihr das Eigentum, d. h. meine Existenz als Kapitalist, als Grundbesitzer, als Fabrikant, und Eure Existenz als Arbeiter aufhebt, hebt Ihr meine und Eure Individualität auf; indem Ihr es mir unmöglich macht, Euch Arbeiter zu exploitieren (auszubeuten, d. V.), meine Profite, Zinsen oder Renten einzustreichen, macht Ihr es mir unmöglich, als Individuum zu existieren. – Wenn also der Bourgeois den Kommunisten erklärt: Indem Ihr meine Existenz *als Bourgeois* aufhebt, hebt Ihr meine Existenz *als Individuum* auf, wenn er so sich als Bourgeois mit sich als Individuum identifiziert, so ist daran wenigstens die Offenherzigkeit und Unverschämtheit anzuerkennen. Für den Bourgeois ist dies wirklich der Fall; er glaubt nur insofern Individuum zu sein, als er Bourgeois ist.

Sobald aber die Theoretiker der Bourgeoisie hereinkommen und dieser Behauptung einen allgemeinen Ausdruck geben, das Eigentum des Bourgeois mit der Individualität auch theoretisch identifizieren und diese Identifizierung logisch rechtfertigen wollen, fängt der Unsinn erst an, feierlich und heilig zu werden.

‹Stirner› widerlegte oben die kommunistische Aufhebung des Privateigentums dadurch, daß er das Privateigentum in das ‹Haben› verwandelte und dann das Zeitwort ‹Haben› für ein unentbehrliches Wort, für eine ewige Wahrheit erklärte, weil es auch in der kommunistischen Gesellschaft vorkommen könne, daß er Leibschmerzen ‹habe›. Geradeso begründet er hier die Unabschaffbarkeit des Privateigentums darauf, daß er es in den Begriff des Eigentums verwandelt, den etymologischen Zusammenhang zwischen ‹Eigentum› und ‹eigen› exploitiert und das Wort ‹eigen› für eine ewige Wahrheit erklärt, weil es doch auch unter dem kommunistischen Regime vorkommen kann, daß ihm Leibschmerzen ‹eigen› sind. Dieser ... theoretische Unsinn, der sein Asyl in der Etymologie sucht, wäre unmöglich, wenn nicht das wirkliche Privateigentum, das die Kommunisten aufheben wollen, in den abstrakten Begriff ‹das Eigentum› verwandelt würde.»[5]

An anderer Stelle klassifizieren Marx und Engels die Position Stirners als allertrivialste Selbstbeschönigungen, mit denen sich der deutsche Kleinbürger über seine eigene Ohnmacht hinweg tröste. Und das ist schließlich der Kern der Sache. Denn die immer wiederkehrende Berufung auf das Ich, dessen Verabsolutierung, ja dessen Verklärung wird mehr und mehr zu einer rein gedanklichen Konstruktion, die mit dem wirklichen Subjekt, mit dem konkreten Menschen immer weniger zu tun hat. So bleibt von Stirners Theorie im Grunde nur, daß sie zu einer allgemeinen Anti-Haltung auffordert, zum Protest um jeden Preis, gegen jede Art von Organisiertheit gerichtet, besonders auch gegen den Kommunismus, das Ich glorifizierend.

Diese Aspekte bieten dem späteren Anarchismus die Anknüpfungspunkte, die sich allerdings nicht nur von Stirner direkt, sondern auch über verschiedene Vermittlungen, sprich: Verarbeitungen Stirnerscher Gedanken durch andere Theoretiker im vergangenen und in diesem Jahrhundert herleiten. Die anarchistischen und antiautoritären Bestrebungen vornehmlich der späten sechziger Jahre knüpfen hier an, obwohl Gedanken Stirners direkt und eindeutig kaum noch nachweisbar sind.

Wenn allerdings mehr als hundert Jahre nach Stirner sich revolutionär gebärdende Kleinbürger in der BRD in einem sogenannten Positionspapier formulieren: «Denke daran: Du kämpfst für nichts Geringeres als Dich selbst!» so ist dieser Gedanke durchaus auf Stirner zurückzuführen.

Max Stirner, der nicht älter als 50 wird, stirbt im Jahre 1856. Im gesellschaftlichen Leben seiner Zeit bleibt er eine Randfigur, gleichwohl finden sich – wie erwähnt – schon bald «Erben», die Gedanken von ihm aufnehmen. Friedrich Engels schreibt in einem Brief vom 22. Oktober 1889: «Eine Wiedergeburt hat Stirner erlebt durch Bakunin, der übrigens zu jener Zeit auch in Berlin war und in Werders Kolleg über Logik mit noch 4–5 Russen auf der Bank vor mir saß (1841/42). Die harmlose, nur etymologische Anarchie von Proudhon hätte nie zu den jetzigen anarchistischen Doktrinen geführt, hätte nicht Bakunin ein gut Teil Stirnerscher ‹Empörung› in sie hineingegossen. Infolgedessen sind die Anarchisten denn auch lauter ‹Einzige› geworden, so einzig, daß ihrer keine zwei sich vertragen können.»[6]

Und Franz Mehring, der bedeutende Historiker der deutschen Arbeiterbewegung, äußert über Stirners Werk: «... als frohe Botschaft des Anarchismus ist es erst nach Jahrzehnten vom Ausland her angesprochen worden, nicht weil Stirner im Sinne irgendeiner Schule Anarchist war oder sein wollte, sondern weil er die Schilderung eines anarchistischen Gesellschaftszustandes ausgeführt hatte mit der paradoxen Gründlichkeit des deutschen Schulmeisters und mit der Konsequenz eines Logikers, der bei Hegel in die Lehre gegangen war.»[7]

«Die wahre Herrschaft ist die Anarchie»

«Mir gefällt Ihr System sehr», sagt ein englischer Tourist zu Pierre-Joseph Proudhon, der in der Mitte des vorigen Jahrhunderts dem Anarchismus entscheidende Impulse gibt.

«Aber ich habe ja gar kein System»[1], erwidert Proudhon.

Verfügt der unbändige Gladiator, der halsstarrige Bauer, der Glaubensstreiter in sozialen Fragen, wie Alexander Herzen ihn charakterisiert, auch über kein System, so entwirft er doch ein Netz von Gedanken, das ihm den Ruf einbringt, Vater des Anarchismus zu sein. Was der englische Tourist gemeint haben mag, war vielleicht ein Motto, dem Proudhon zugetan war: «Destruo et aedificabo» (Ich zerstöre und baue auf).

Proudhon wird im Jahre 1809 als Sohn eines Handwerkers und späteren Gastwirtes in der Umgebung von Besançon (Ostfrankreich) geboren. Als Kind hütet er Kühe, als Jüngling steht er, die Schriftsetzerei lernend, in einer Druckerei, als Dreißigjähriger arbeitet er bei einem Flußtransportunternehmen. Die Lehre und eine Tätigkeit als Korrektor bringen ihn dazu, sich mit Philosophie und Ökonomie zu befassen.

In den Jahren, in denen er zum Manne reift, erstarkt die Industriebourgeoisie. Zwischen 1830 und 1848 entwickelt sich die industrielle Produktion in Frankreich stärker als in anderen Ländern Europas, wenngleich sie insgesamt hinter der Englands zurückbleibt. Vornehmlich in der Textilbranche und in der Metallurgie verdrängt die Maschine immer mehr die Handarbeit. Die Zahl der mechanischen Webstühle steigt von 600 im Jahre 1835 auf 12000 im Jahre 1844. Ebenso erhöht sich die Produktion von Gußeisen, die Zahl der Dampfmaschinen (1830: 615; 1847: 5000), die Kohle- und Erzförderung. Aber noch sind um 1850 die kleineren Betriebe in der Mehrzahl. Sie beschäftigen

2,8 Millionen Arbeiter, die großen nur 1,3 Millionen. Die Macht liegt in den Händen der Finanz- und Handelsbourgeoisie. Im Gefolge der Revolution von 1830 hat diese den sogenannten Bürgerkönig Louis Philippe in sein Amt eingesetzt und damit die Staatsspitze ihren Klasseninteressen dienstbar gemacht. Zwar stehen Kleinbürgertum und Mittelstand zu dieser bürgerlichen Monarchie in Opposition und verbünden sich zuweilen mit den Arbeitern, doch nur so lange, wie diese nicht eigene Klasseninteressen anmelden.

Die Lebensbedingungen des französischen Proletariats, das noch vorwiegend aus Handwerksgesellen besteht, sind denen des englischen vergleichbar. Der Arbeitstag in Manufakturen und Fabriken beträgt 15 Stunden, bei erbärmlichem Lohn. Das Elend ist groß. Zudem verfügen die Arbeiter über keinerlei Rechte, sich zu organisieren, zu versammeln oder gar zu streiken. Was nicht heißt, daß soziale Windstille herrscht. Schon 1831 treten die Seidenweber von Lyon wie die Bergarbeiter von Ansin in den Streik. Zwar werden sie brutal unterdrückt, doch schärfen diese Aktionen das proletarische Klassenbewußtsein.

Noch wird der Kampf gegen Ausbeutung und Unterdrückung vorwiegend durch geheime Gesellschaften geführt. Solche sind die «Gesellschaft der Menschenrechte» und die «Gesellschaft der Familien», wo sich Proletarier mit bürgerlichen Republikanern zusammenfinden. Doch in der 1837 maßgeblich von Louis-Auguste Blanqui begründeten «Gesellschaft der Jahreszeiten» ist bereits die klassenmäßige Trennung vollzogen, überwiegen die revolutionären Arbeiter.

Vorerst aber bleibt das auffälligste Mittel des Kampfes die Agitation durch Bücher, Broschüren und in der Presse. Die meisten Agitatoren sind allerdings keine Arbeiter, sondern kleinbürgerliche Intellektuelle, die nicht die Revolution auf ihre Fahne schreiben, sondern die Reform.

In den vierziger Jahren läßt Proudhon sich in Paris nieder, bereits ein bekannter Mann, denn er ist im Zeichen schärfster Kritik zum Kampf gegen den Kapitalismus angetreten. Seine erste bedeutende Schrift «Was ist Eigentum?» war bereits 1840 erschienen und hatte große Resonanz ausgelöst. In ihr hat Proudhon übrigens den Begriff Anarchismus, der bislang als Synonym für

Unordnung galt, in das politische Vokabular eingeführt. Die Streitschrift über das Eigentum nun gibt eine Antwort, die Proudhon zu einer Art Schreckgespenst für die Bourgeoisie werden läßt: «Eigentum ist Diebstahl»!

Franz Mehring stellt fest, daß diese Schrift in ihren Vorzügen und Schwächen «wie das erste wissenschaftliche Manifest des französischen Proletariats»[2] wirkte. Und Karl Marx urteilt noch nach dem Tode Proudhons im Januar 1865, daß dieses Werk unbedingt sein bestes sei. «Es ist epochemachend, wenn nicht durch neuen Inhalt, so doch durch die neue und kecke Art, Altes zu sagen ... Man sieht, daß selbst da, wo nur Altes reproduziert wird, Proudhon selbständig findet; daß das, was er sagt, ihm selbst neu war und als neu gilt. Herausfordernder Trotz, der das ökonomische ‹Allerheiligste› antastet, geistreiche Paradoxie, womit der gemeine Bürgerverstand gefoppt wird ..., dann und wann durchschauend ein tiefes und wahres Gefühl der Empörung über die Infamie des Bestehenden, revolutionärer Ernst – durch alles das elektrisierte ‹Qu'est-ce que la propriété?› (Was ist Eigentum, d.V.) und gab einen großen Anstoß bei seinem ersten Erscheinen.»[3]

Allerdings spart Marx auch nicht mit Kritik, die hinter dem Lob um nichts zurücksteht. Man findet, so schreibt er, schon hier den Widerspruch, «daß Proudhon einerseits die Gesellschaft vom Standpunkt und mit den Augen eines französischen Parzellenbauern (später petit bourgeois, ‹Kleinbürgers, d.V.›) kritisiert, andererseits den von den Sozialisten ihm überlieferten Maßstab anlegt.»[4]

In seiner Kritik legt Marx die Konfusion Proudhons bloß. Was das bestehende modern-bürgerliche Eigentum wirklich sei, könne man nur herausfinden, wenn man die Eigentumsverhältnisse nicht als juristischen Ausdruck, als Willensverhältnisse, sondern in ihrer realen Gestalt, also als Produktionsverhältnisse, kritisch analysiere. Dieses aber habe Proudhon nicht geleistet. Seine Antwort «Eigentum ist Diebstahl» sei deshalb auch nur von bürgerlich-juristischem Charakter.

Marx schließt seinen Gedankengang so ab: «Im besten Fall kommt dabei nur heraus, daß die bürgerlich-juristischen Vorstellungen von ‹Diebstahl› auch auf des Bürgers eignen ‹redlichen› Erwerb passen. Andererseits verwickelte sich Proudhon, da der

‹*Diebstahl*› als gewaltsame Verletzung des Eigentums *das Eigentum voraussetzt*, in allerlei ihm selbst unklare Hirngespinste über *das wahre bürgerliche Eigentum.*»[5]

Indes tut die Schrift zunächst ihre Wirkung. Wer von ihren proletarischen Lesern vermag schon mit solcher Gedankentiefe und logischer Schärfe wie Marx deren Schwächen zu enthüllen? Die Erkenntnis, daß kapitalistisches Eigentum an Produktionsmitteln nicht rechtmäßig ist, nicht ein Resultat persönlicher Eigenschaften wie Fleiß und Tüchtigkeit, sondern Aneignung fremder Arbeit (eben Raub) gibt den Ausgebeuteten starke Argumente in die Hand.

Proudhon nimmt allerdings nur das in den Händen von Kapitalisten und Grundeigentümern monopolisierte Eigentum aufs Korn, mit anderen Worten: Er möchte das Eigentum der Großbourgeoisie abschaffen, doch nicht, um es zu vergesellschaften, sondern um aus ihm massenhaftes Kleineigentum zu machen. So sollen «Bourgeoisie und Proletariat im Mittelstand verschmelzen», wie er später verkündet.

Friedrich Engels hat Proudhons Konzept anschaulich beschrieben. «Er will die ‹ewige Gerechtigkeit› und weiter nichts. Jeder soll im Austausch für sein Produkt den vollen Arbeitsertrag, den vollen Wert seiner Arbeit erhalten. Das aber in einem Produkt der modernen Industrie auszurechnen, ist eine verwickelte Sache. Die moderne Industrie verdunkelt eben den besonderen Anteil des einzelnen am Gesamtprodukt, der in der alten Einzel-Handarbeit sich im erzeugten Produkt von selbst darstellte. Die moderne Industrie ferner beseitigt mehr und mehr den Einzelaustausch, auf dem Proudhons ganzes System aufgebaut ist, den direkten Austausch nämlich zwischen zwei Produzenten, deren jeder das Produkt des anderen eintauscht, um es zu konsumieren. Daher geht durch den ganzen Proudhonismus ein reaktionärer Zug, ein Widerwille gegen die industrielle Revolution, und das bald offener, bald versteckter sich aussprechende Gelüst, die ganze moderne Industrie, Dampfmaschinen, Spinnmaschinen und anderen Schwindel zum Tempel hinauszuwerfen und zurückzukehren zur alten, soliden Handarbeit. Daß wir dann an Produktionskraft neunhundertneunundneunzig Tausendstel verlieren, daß die gesamte Menschheit zur ärgsten Arbeitssklaverei verdammt, daß die Hungerleiderei allgemeine Regel wird – was liegt daran, wenn wir es nur fertigbringen, den Austausch so einzurichten, daß jeder den ‹vollen Arbeitsertrag› erhält und daß die ‹ewige Gerechtigkeit› durchgeführt wird? Fiat Justitia, pereat mundus!

Gerechtigkeit muß bestehen –

Und sollt' die ganze Welt zugrunde gehn!»[6]

Der «Vater des Anarchismus» versucht sogar, sein Rezept selbst zu verwirklichen, indem er eine «Volksbank» gründet. Sie soll, ohne Kapital und ohne Gewinn, nur ihren Kunden dienen. Natürlich scheitert dieses Experiment in kurzer Zeit, doch hält Proudhon halsstarrig an seiner Idee fest, die «Herrschaft des Geldes» zu brechen, indem er «jedes Arbeitsprodukt zur gültigen Münze machen» will.

Das Geld abzuschaffen ist in späteren Zeiten von Anarchisten zuweilen versucht worden – mit dem gleichen Fiasko wie bei ihrem Stammvater.

Proudhon hat sein (hier vereinfacht dargestelltes) ökonomisches Konzept nicht gleich in der oben genannten Schrift ausgearbeitet. Doch von dem produktiven Ansatz, die Ausbeutung der Lohnarbeiter durch den Kapitalisten in den Mittelpunkt des Interesses zu rücken, entfernt er sich später mehr und mehr.

Aus seinen ökonomischen Ansichten leitet Proudhon das Projekt für die Organisation der Gesellschaft ab. Er will eine herrschaftsfreie Gesellschaft ohne Regierung. Statt der Autorität des Staates, der konterrevolutionär sei, ein Instrument der Eintreibung von Steuern – Proudhon macht keinen Unterschied zwischen dem bürgerlichen und einem möglichen sozialistischen Staat – schwebt ihm eine Art Föderalismus, eine freie Vereinigung von Gemeinden vor. Diese solle nur durch das Band der gleichberechtigten freien Produzenten zusammengehalten werden. Nach Proudhon ist eine Gesellschaft dann perfekt, wenn sie Ordnung mit Anarchie verbindet. Aus seinen ökonomischen Ideen folgert er, daß in der auf Produktenaustausch angelegten Kleinwirtschaft jeder sein eigener Herrscher sei. Und er doziert: «Die wahre Herrschaft ist die Anarchie.»[7]

Folgerichtig zieht Proudhon auch gegen den bürgerlichen Parlamentarismus zu Felde und erklärt das allgemeine Wahlrecht

Pierre-Joseph Proudhon

zur Konterrevolution. Soweit er die Klassenbedingtheit und die Scheinheiligkeit der bürgerlichen Demokratie bloßstellt, leistet er durchaus Aufklärung. Er verneint jedoch die wenn auch begrenzten Möglichkeiten, die sich dem politischen Kampf des Proletariats durch die Beteiligung an Wahlen eröffnen. Kurioserweise läßt Proudhon sich in die Nationalversammlung wählen, doch erklärt er nachdrücklich: «Ich stimme gegen die Verfassung, nicht weil sie Dinge enthält, die ich ablehne, und die Dinge nicht enthält, die ich billige. Ich stimme gegen die Verfassung, weil sie eine Verfassung ist.»[8]

So buntscheckig wie die Kühe waren, die er als Kind einst gehütet hat, ist die Persönlichkeit Proudhons: Revolutionär, wenn auch nur im Geiste, Kleinbürger und Puritaner, Philosoph und Ökonom, Phantast und Empörer, Moralist und Utopist. Das alles ergibt den ersten «politischen» Anarchisten, der mit seiner radikalen Agitation Aufsehen erregt, der jedoch bezüglich der revolutionären Aktion ein großer Verneiner ist. Während der Revolution von 1848 bemerkt er erschaudernd, daß er dem «sublimen

Schrecken der Kanonade lausche». Einmal, so wird berichtet, soll er sich aktiv betätigt haben – bei der Entwurzelung eines Baumes, der für eine Barrikade bestimmt war. Im übrigen steht er der Revolution voller Skepsis gegenüber: Man dürfe nicht glauben, daß die revolutionäre Aktion das Mittel zur sozialen Veränderung sei. Folgerichtig verfällt er nach der Niederlage der Revolution in rechthaberischen Pessimismus und klagt, die Revolutionäre seien infolge ihrer Disziplinlosigkeit und ihres Unvermögens zersprengt, eingesperrt, entwaffnet, stumm.

Man sieht, historischer Optimismus ist Proudhons Sache nicht. Trotz seiner negativen Haltung zur Revolution ist er alles andere als ein Feigling. Im Januar 1849 richtet er einen heftigen Angriff gegen den kurz zuvor mittels parlamentarischer Manöver gewählten Präsidenten der Republik, Napoleon III. (Neffe Napoleons I.), was ihm eine Anklage wegen Aufruhrs einbringt. Monatelang hält er sich versteckt, bis er schließlich ergriffen und zu drei Jahren Gefängnis verurteilt wird.

Zu dieser Zeit ist seine Beziehung zu Marx, 1844 zustande gekommen, schon Vergangenheit. Marx erinnert daran, weil er selbst bis zu einem gewissen Grade mit schuld sei an Proudhons «‹Sophistication›, wie die Engländer die Fälschung eines Handelsartikels nennen. Während langer, oft übernächtiger Debatten infizierte ich ihn zu seinem großen Schaden mit Hegelianismus, den er doch bei seiner Unkenntnis der deutschen Sprache nicht ordentlich studieren konnte. Was ich begann, setzte nach meiner Ausweisung aus Paris Herr Karl Grün (Publizist, kleinbürgerlicher Demokrat, d. V.) fort. Der hatte als Lehrer der deutschen Philosophie noch den Vorzug vor mir, daß er selbst nichts davon verstand.»[9]

Nach der Schrift über das Eigentum veröffentlicht Proudhon unter anderem ein zweibändiges Werk mit dem Titel «System der ökonomischen Widersprüche oder Philosophie des Elends». Er kündigt dies Marx in einem ausführlichen Brief an mit der Bemerkung: «Ich erwarte Ihre strenge Kritik.» Dazu Marx: «Indes fiel diese bald in einer Weise auf ihn ... (in Marx' Schrift ‹Das Elend der Philosophie›, d. V.), die unserer Freundschaft für immer ein Ende machte.»[10]

In dem französisch geschriebenen Werk, das nach seiner Erstveröffentlichung nur wenig Verbreitung findet, unterzieht Marx den Versuch Proudhons, die Gesetze der Gesellschaft zu entdekken und darzulegen, wie sie sich verwirklichen, nicht nur einer vernichtenden Kritik. Er löst, schreibt Franz Mehring, «auch selbst die Aufgabe, die Proudhon sich gestellt hatte. Marx entdeckte die Gesetze der Gesellschaft, er führte die politische Ökonomie und den utopischen Sozialismus über sich selbst hinaus, um sie organisch im wissenschaftlichen Kommunismus zu verketten, und zwar auch durch die dialektische Methode, nur nicht in ihrer idealistisch-mystifizierenden, sondern ihrer materialistisch-revolutionierenden Form.»[11]

Die «Phantasmagorien», wie Marx die Denkgebilde Proudhons benennt, finden dennoch Abnehmer. Das ist in ihrem Scheinradikalismus begründet. Das Empörerische, die revolutionäre Phrase, der aufrührerische Appell, die Mischung von Negation und Utopie – all das findet in krisenhaft zugespitzten Situationen stets ein Publikum. Und da Proudhon es versteht, wie Karl Marx schreibt, je nach Umständen auffallende, geräuschvolle, manchmal skandalöse, manchmal brillante Paradoxe zu verwenden, «ergriff und bestach seine Scheinkritik und sein Scheingegensatz gegen die Utopisten ... die jeunesse brillante (strahlende Jugend, d. V.), die Studenten, dann die Arbeiter, besonders die Pariser ...»[12].

Dabei steht Proudhon nicht nur argwöhnisch zur Revolution, sondern überhaupt ablehnend dem Bestreben der Arbeiter gegenüber, sich zu verbünden, sich zu organisieren, zu streiken, damit ihre ökonomische Lage sich verbessere.

Im Jahre 1873 schreibt Karl Marx für eine italienische Zeitung einen Aufsatz gegen den Anarchismus. Würden die «Apostel des politischen Indifferentismus», so nennt Marx hier die Anarchisten, klar aussprechen, was sie wirklich meinen und wollen, dann wären sie «von der Arbeiterklasse längst zum Teufel gejagt worden».[13] Dann hätten sie nämlich erklären müssen, wie Marx formuliert: «Die Arbeiterklasse darf sich nicht als politische Partei konstituieren, sie darf unter keinem Vorwand eine politische Aktion unternehmen, weil der Kampf gegen den Staat die Anerkennung des Staats ist, und das steht im Widerspruch zu den ewigen Prinzipien! Die Arbeiter dürfen keine Streiks führen, denn

Kräfte vergeuden, um die Erhöhung des Arbeitslohnes zu erreichen oder seine Kürzung zu verhindern, heißt das *System der Lohnarbeit* anerkennen, und das steht im Widerspruch zu den ewigen Prinzipien der Befreiung der Arbeiterklasse! Wenn sich die Arbeiter in ihrem politischen Kampf gegen den bürgerlichen Staat vereinigen, nur um Konzessionen zu erreichen, dann schließen sie Kompromisse, und das steht im Widerspruch zu den ewigen Prinzipien!»[14]

Marx bezieht sich auf ein 1864 erlassenes Gesetz, das den französischen Arbeitern ein wenn auch beschnittenes Recht zur Koalition gewährt. Zu dieser Zeit schreibt Proudhon wohl gerade sein letztes Buch, unter dem Titel «Die politischen Fähigkeiten der Arbeiterklasse». In diesem verkündet er, daß es ebensowenig ein Recht auf Koalition gebe wie ein Recht auf Betrug und Diebstahl oder wie ein Recht auf Blutschande oder Ehebruch.

Karl Marx berichtet im erwähnten Aufsatz, daß die Angriffe Proudhons auf das Koalitionsrecht der Arbeiter so sehr nach dem Geschmack der Bourgeoisie waren, daß die «Times» einen Streik der Londoner Schneider zum Anlaß genommen habe, Proudhon zu übersetzen und die Streikenden mit seinen Worten zu verurteilen. Und er bringt unter anderem das folgende Beispiel: «Die Bergarbeiter von Rive-de-Gier waren in einen Streik getreten; um sie zur Vernunft zu bringen, eilten Soldaten herbei.

Die Behörde, ruft Proudhon aus, welche die Bergarbeiter von Rive-de-Gier niederschießen ließ, befand sich in einer unglücklichen Situation. Aber sie handelte wie der alte Brutus, als er sich für seine väterliche Liebe oder für seine Pflicht als Konsul zu entscheiden hatte; er mußte seine Kinder opfern, um die Republik zu retten. Brutus zögerte nicht, und die Nachwelt hat nicht gewagt, ihn deswegen zu verdammen.

Kein Arbeiter wird sich erinnern, daß ein Bourgeois jemals gezögert hätte, seine Arbeiter zu opfern, um seine Interessen zu retten. Was für Brutusse sind doch die Bourgeois!»[15]

Sind Proudhons Anschauungen über die Gesellschaft höchst zwiespältig – dennoch bemerkte Marx, daß seine Schriften und seine persönliche Teilnahme den politischen Kampf der Arbeiterklasse förderten –, so vertritt er in bezug auf Familie, Ehe und Sexualität einen Standpunkt, den Alexander Herzen als «roh und reaktioär» bezeichnet. Proudhon verficht einen extremen Puritanismus, der in schroffer Frauengegnerschaft gipfelt. Der Frau weist er allein einen Platz und eine Aufgabe zu: das Heim und die Hausarbeit. Die ihm aus der Kindheit überkommene und am Beispiel der Mutter erfahrene Genügsamkeit und Selbstbescheidung bestimmen sein Bild von der Frau und von ihrer Position im sozialen Leben. In einem Brief an ein junges Mädchen, das ihm dem Äußeren nach der ideale Typ zu sein scheint, schreibt er, daß nach den Gesichtspunkten des Alters, Vermögens, Aussehens und der Moral die der Erziehung kämen. In dieser Hinsicht habe er für die anspruchsvolle Dame, für die Künstlerin oder Schriftstellerin, stets Antipathie empfunden. Die Arbeiterfrau hingegen, die so einfach, gütig, naiv, arbeitsam und pflichtbewußt sei, eben wie er sie in der Adressatin verkörpert zu sehen glaube, gewinne seine Verehrung und Bewunderung.

Proudhons Ideen fallen in den romanischen Ländern wie Frankreich, Spanien, Italien auf mehr oder weniger fruchtbaren Boden. Deren Entwicklung verläuft zögernder als die in Deutschland oder England, und hier ist – wie in Italien, besonders aber in Spanien – die feudale Rückständigkeit noch stark. Dazu kommt, daß die Arbeiterbewegung in Frankreich – immerhin die Heimat Proudhons, wo er lange als Autorität galt – sehr zersplittert ist und zum Teil sektenhaften Charakter besitzt, was allen möglichen, eben auch kleinbürgerlichen Einflüssen das Eindringen erleichtert.

Als im September 1864 die I. Internationale gegründet wird, sind auch Anhänger Proudhons dabei. In den folgenden Jahren versuchen sie, hier ihre Linie durchzusetzen. Über das Auftreten der Proudhonisten auf dem Genfer Kongreß der Internationale 1866 schreibt Marx an seinen Freund Kugelmann: «Die Herrn Pariser hatten die Köpfe voll mit den leersten Proudhonschen Phrasen. Sie schwatzen von Wissenschaft und wissen nichts. Sie verschmähn alle *revolutionäre*, i. e. aus dem Klassenkampf selbst entspringende Aktion, alle konzentrierte, gesellschaftliche, also auch durch *politische Mittel* (z. B. *gesetzliche* Abkürzung des Arbeitstages) durchsetzbare Bewegung ...»[16]

Die Geschichte selbst beantwortete die Frage, welchen Wert die Thesen Proudhons im praktischen Klassenkampf haben, nämlich während der Pariser Kommune von 1871. Darüber schreibt Friedrich Engels: «Obwohl die Proudhonisten stark in ihr vertreten waren, wurde doch nicht der geringste Versuch gemacht, nach Proudhons Vorschlägen die alte Gesellschaft zu liquidieren oder die ökonomischen Kräfte zu organisieren. Im Gegenteil. Es gereicht der Kommune zur höchsten Ehre, daß bei allen ihren ökonomischen Maßregeln nicht irgendwelche Prinzipien ihre ‹treibende Seele› bildeten, sondern – das einfache praktische Bedürfnis.»[17]

Später machen sich Auffassungen Proudhons in verschiedenen Richtungen des Anarchismus bemerkbar – in der Gewerkschaftsbewegung als Anarchosyndikalismus oder in den Ansichten Bakunins, die Friedrich Engels eine karikierte Form des Proudhonismus nennt.

Bis in unsere Zeit wird der Proudhonismus von revisionistischen und antikommunistischen Kräften benutzt, ideologische Munition gegen den wissenschaftlichen Kommunismus und den realen Sozialismus zu fabrizieren.

Heute erscheint der Proudhonismus allerdings nicht in seiner «reinen» Gestalt, sondern vielfach modifiziert und den jeweiligen Gegebenheiten und Zwecken entsprechend zurechtgestutzt. Da machen sich in sozialreformistischen Bestrebungen anarchosyndikalistische Tendenzen bemerkbar, da wird proudhonistisches Gedankenmaterial in separatistischen Bewegungen aktiviert, indem man auf den Föderalismus des Meisters zurückgreift (etwa in Spanien). Der proudhonistische Widerwille gegen die technische Revolution manifestiert sich heute in den kapitalistischen Industriestaaten in ökologischen Bewegungen unter dem Zeichen einer ausgeprägten Feindschaft gegenüber der wissenschaftlich-technischen Revolution. Es wird nicht unterschieden, zu welchen gegensätzlichen sozialen und gesellschaftspolitischen Konsequenzen dieser objektive Vorgang in den beiden Weltsystemen führt. Was als Alternative angeboten wird – Absage an Hochtechnologie, Ablehnung jeglicher Autorität, Propagierung «einfacher» Lebensweise, «Basisdemokratie» –, ist Ausdruck anarchistischer Denk- und Verhaltensweisen und damit letztlich gegen den Fortschritt, gegen die revolutionäre Umgestaltung der Gesellschaft gerichtet. Das kann die herrschende Klasse und deren politische Repräsentaten zwar mitunter stören, verärgern, doch wie vor 150 Jahren so vermag auch heute kein proudhonistisches Konzept am Charakter der Ausbeutungsgesellschaft etwas zu verändern.

Doch Pierre-Joseph Proudhon war nicht der Endpunkt des Anarchismus – auch nicht im vergangenen Jahrhundert.

Lust der Zerstörung

«Welch ein Mensch, welch ein Mensch», ruft Marc Caussidiere aus, Polizeichef von Paris während der 48er Revolution. Er meint Michail Alexandrowitsch Bakunin und fährt fort: «Am ersten Tag der Revolution ist er einfach unbezahlbar, doch am nächsten Tag muß man ihn erschießen.»[1]

Wie kommt Caussidiere zu einem derart extremen Urteil? Und wer ist Bakunin?

Er ist der Mann, der, 1814 geboren, dem Anarchismus des 19. Jahrhunderts eine neue Dimension gibt. Er tritt an mit dem Ziel, aus dem Anarchismus Proudhons, den Marx und Engels als «harmlos und mehr etymologisch» charakterisieren, einen «rebellischen Anarchismus» zu machen. Dazu beutet er verschiedene Soziallehren und philosophische Anschauungen aus in der Absicht, sie mit dem «Kommunismus» zu vermischen, woraus sich die wahre Lehre gesellschaftlicher Umgestaltung ergeben soll.

Als Anarchist wird man nicht geboren, so auch Bakunin nicht. Mag er wohlbehütet auf dem Familiengut Prjamuchino, 200 Kilometer von Moskau entfernt, aufwachsen, so liebt er es doch schon frühzeitig, dramatische Konflikte zu schürzen. Einer seiner Freunde sagt später, Bakunin habe stets, wenn er von irgendwo nach Hause zurückkehrte, etwas Ungewöhnliches vorzufinden erwartet. War das nicht der Fall, dann suchte er einen Weg, Abhilfe zu schaffen.

Zunächst folgt er dem Befehl des Vaters, der gemäß dem Brauch des russischen Landadels den Sohn für die Laufbahn des Armeeoffiziers bestimmt. Tatsächlich dient er auch einige Zeit als Artillerieoffizier, gibt dann aber den Militärdienst auf und geht, damit den Bruch mit der Familie vollziehend, nach Moskau, wo er Mathematiklehrer werden will.

Michail Bakunin

Hier macht er Bekanntschaft mit den Werken der klassischen deutschen Philosophie. Vom subjektiven Idealismus Fichtes und dessen revolutionär-bürgerlichem Aktivismus wird er besonders beeindruckt. Bakunin findet Zugang zu geheimen Studentenkreisen, die die Flamme der Freiheit, von den Dekabristen im Dezember 1825 entfacht, wachzuhalten suchen. Das ist äußerst gefahrvoll, denn Zar Nikolai I. hat nach dem niedergeworfenen Dekabristenaufstand das Land in eiserne Fesseln geschlagen.

Die geheimen studentischen Aktivitäten sind jedoch mehr nach innen gerichtet, auf rein theoretische, philosophische Probleme wie Religion, Gott, Freiheit.

Bakunin genügt das Theoretisieren nicht. Er sucht den direkten Kampf, die offene Aktion, und er hofft, beides dort zu finden, wo die ökonomische und gesellschaftliche Entwicklung weiter fortgeschritten ist: in Deutschland, in Westeuropa. Während im Rußland der vierziger Jahre noch die von den Zarenknechten erzwungene Totenstille herrscht, künden sich weiter westwärts bürgerliche Revolutionen an.

Dorthin drängt es Bakunin. Diesem impulsiven, stets leidenschaftlich handelnden Mann, der in der Folgezeit manch abenteuerliche Unternehmung veranstaltet, werden in der späteren Literatur, etwa zu Anfang unseres Jahrhunderts, meist von bürgerlichen Autoren die verwegensten Namen gegeben: Satan der Revolte, Vertreter der Gewalttätigkeit, Großvater der Bolschewiki (hier merkt man die Absicht sofort!), Ahne der russischen Revolution und ähnliche. Keiner dieser «Titel» trifft den wirklichen Sachverhalt.

In Deutschland wird Bakunin zunächst durch Zeitungsaufsätze bekannt. In den «Deutschen Jahrbüchern für Wissenschaft und Kunst» veröffentlicht er im Jahre 1842 unter dem Pseudonym Jules Elysard eine Artikelserie, die bei der westeuropäischen Intelligenz, vornehmlich unter den Junghegelianern, gebührende Aufmerksamkeit findet. Bakunin ergeht sich hier, den Ideen Hegels schwärmerisch verfallen, in Meditationen über die Rolle des Negativen. Wohl beschwört er die Unabdingbarkeit einer Revolution, doch auf welche Weise! Franz Mehring bemerkt dazu in seiner «Geschichte der deutschen Sozialdemokratie»: «Er wies nachdrücklich auf das unterirdische Grollen der Revolution hin, auf die arme Klasse, das eigentliche Volk, das die im Vergleich zu ihm schwache Reihe seiner Feinde zu zählen, das die wirkliche Vollführung seiner ihm längst zugestandenen Rechte zu fordern beginne. ‹In Rußland selbst, in diesem endlosen und schneebedeckten Reiche, das wir so wenig kennen und dem vielleicht eine große Zukunft bevorsteht – in Rußland selbst sammeln sich dunkle, Gewitter verkündende Wolken. O, die Luft ist schwül, sie ist schwanger von Stürmen … Laßt uns dem ewigen Geiste des Herrn vertrauen, der nur deshalb zerstört und vernichtet, weil er die unergründliche und ewig schaffende Quelle alles Lebens ist. Die Lust der Zerstörung ist zugleich eine schaffende Lust.›»[2] Und Franz Mehring kommentiert: «Ein eigentümlicher Hauch, seltsam gemischt aus Elegie und Fanatismus und auch aristokratischer Blasiertheit, wehte durch den Aufsatz.»[3]

In den vierziger Jahren lernt Bakunin sowohl Marx kennen als auch Weitling, Proudhon, Herzen, Herwegh und andere mehr oder weniger berühmte Köpfe der revolutionär-demokratischen und der proletarischen Bewegung. Der Zarenregierung wird das schnell bekannt, und sie ersucht Bakunin, unverzüglich nach Rußland zurückzukehren. Da er diesem Befehl nicht folgt, leitet man in Moskau ein Gerichtsverfahren gegen ihn ein, das mit der Verurteilung zur Deportation nach Sibirien endet.

Bakunin aber hat seinen Lauf durch Europa schon längst begonnen. Aktion, Aktion, Aktion – das ist seine Devise. Die bis zum Exzeß gesteigerte abstrakte Idee, daß es eine Revolution, ja Revolutionen am laufenden Band geben müsse, treibt ihn vorwärts. Für die mühevolle, zähe, unendliche Geduld fordernde Arbeit zur Organisierung des Proletariats, wie sie von Marx, Engels und den anderen ersten Kommunisten betrieben wird, hat er nicht das geringste Verständnis. An Herwegh schreibt er: «Ich halte mich fern von ihnen und habe ganz entschieden erklärt, ich gehe in ihren kommunistischen Arbeiterverein nicht und will mit ihnen nichts zu tun haben.»[4]

Als im Februar 1848 in Paris die Revolution beginnt, eilt Bakunin an den Ort des Geschehens. Schnell befällt ihn Revolutionstrunkenheit; er hastet von einer Versammlung zur anderen, predigt die allgemeine Gleichheit, die Befreiung aller Slawen, die Vernichtung aller Staaten à la Österreich, den Kampf bis zur Ausrottung des letzten Feindes.

Als die Revolution nicht die von ihm gewünschte Richtung nimmt und sein erstes Entzücken abflaut, verschafft er sich bei der provisorischen Regierung einen Kredit und wendet sich nach Osten.

In allen Ländern Mitteleuropas, ja bis nach Rußland hin, erwartet er die Revolution. Die russische gar werde in zwei bis drei Monaten beginnen, vermutet er. Natürlich erfüllt sich diese Vermutung nicht, denn in Rußland besteht keine revolutionäre Situation.

Die Aktion suchend und überall die Revolution witternd, von den amtierenden Regierungen verfolgt, landet er im Frühjahr 1849 schließlich in Dresden. Es ist die Zeit der Reichsverfassungskampagne in Deutschland, jener Volksbewegung, die das Ziel hat, den deutschen Fürsten eine einheitliche, eben die Reichsverfassung abzutrotzen. Vom 3. bis 9. Mai kommt es in Dresden zu heftigen Barrikadenkämpfen zwischen den Aufständischen und sächsischen wie preußischen Truppen. Das Zeug-

*Dresden 1848.
Gefangene Aufständische
werden über die Elbe-
brücke getrieben*

haus wird erstürmt, der König flieht, eine provisorische Regierung organisiert sich. Bakunin bietet ihr seine Dienste an und
wird zu einem der Führer des Aufstands. Allerdings ist ihm dessen politisches Ziel, nämlich die Reichsverfassung, völlig gleich-
gültig, mehr noch, an Herwegh schreibt er, er glaube nicht an
Verfassungen und Gesetze; die beste Verfassung der Welt
könnte ihn nicht befriedigen. Was die Menschheit brauche, sei
Inspiration, Leben, eine neue gesetzlose und somit freie Welt.

Um so mehr entfesselt er seine unermüdliche, aber mitunter
auch unberechenbare Aktivität bei der militärischen Führung des
Aufstands. So stammt von ihm die Weisung, jeder Führer der
Bürgerwehr dürfe Häuser anzünden, wenn das dem Kampfe
dienlich sei.

Alexander Herzen berichtet, Bakunin habe geraten, die Sixti-
nische Madonna von Raffael auf eine Barrikade zu stellen, wodurch die «kunstliebenden» Preußen vom Schießen abgehalten
werden sollten.

Als die Niederlage des Aufstands erkennbar wird, schlägt Bakunin vor, sich und das Rathaus in die Luft zu sprengen. Der
Vorschlag wird vernünftigerweise verworfen. Bakunin versucht
nun, mit schätzungsweise 1800 Aufständischen durch eine
Lücke in den umzingelnden Truppen nach Böhmen zu entkom-

men. Aber die Kämpfer fallen allmählich ab. Bakunin gelingt die Flucht nach Chemnitz, wo er allerdings gleich nach seiner Ankunft im Hotel «Zum blauen Engel» aufgespürt, verhaftet und dem preußischen Militär ausgeliefert wird.

Niemand ist über die Verhaftung Bakunins befriedigter als das Zarenregime. Augenblicklich wird ein Trupp Soldaten unter Führung eines Offiziers an die Grenze kommandiert mit der Order, den lange Gesuchten in Empfang zu nehmen und ihn, an Händen und Füßen gefesselt, nach Petersburg zu schaffen. Doch der Zar muß noch ein Jahr auf diesen Augenblick warten. Bakunin wird zunächst nach Dresden gebracht und hier verhört, zwei Monate später unter schärfster Bewachung in der Festung Königstein inhaftiert. In einer biographischen Skizze ist über seine Ankunft dort zu lesen: «… natürlich gefesselt, eskortiert an beiden Seiten von je zwei Unteroffizieren mit geladener Pistole; auch vorn und hinten befand sich ein Offizier; das ganze von Infanterie umgeben. Es war Nacht. Trotzdem wurden ihm auch noch die Augen bei der Betretung der Festung verbunden. Das Zellenfenster wurde durch einen Bretterverschlag abgedunkelt.»[5]

Am 14. Januar 1850 wird Bakunin zum Tode verurteilt. Kurz darauf mildert man das Urteil in lebenslängliches Zuchthaus.

Im Mai bringt man ihn an die russische Grenze, von wo er in die Peter-Pauls-Festung nach Petersburg gebracht wird. Hier sitzt er sechs Jahre in Einzelhaft. Zu Anfang dieser Zeit erhält er die Erlaubnis, an Zar Nikolai I. eine «Beichte» zu richten. Darin bittet er in devotem Tone um Vergebung aller Sünden. Am 19. Februar 1852 vermerkt Nikolai I. auf diesem Papier, er sehe für ihn keinen anderen Ausweg als Verbannung nach Sibirien.

Als Nikolai I. im Jahre 1855 stirbt, sitzt Bakunin noch immer im Gefängnis. An den Nachfolger, Alexander II., schreibt er ebenfalls einen Brief im Sinne der «Beichte». Das geschieht am 14. Februar 1857. Der Schluß lautet: «Obwohl ich noch gar nicht so sehr alt bin – ich zähle 44 Jahre – haben die letzten Jahre meiner Kerkerhaft meine Lebensnerven erschöpft und den letzten Rest der Jugend und der Gesundheit zerstört; ich betrachte mich als alt, ich fühle, daß ich nicht mehr lange leben werde. Ich bedaure nicht das Leben, welches tatenlos und nutzlos dahinfließen würde; ein Wunsch aber lebt noch in mir: das letzte Mal in Freiheit aufzuatmen, den hellen Himmel zu erblicken, die frischen Wiesen, das Haus meines Vaters zu sehen, mich vor seinem Grabe zu verneigen; und den Rest meines Lebens meiner betrübten Mutter widmend, möchte ich mich auf würdige Weise zum Tode vorbereiten. Vor IHNEN, HERR, schäme ich mich nicht, meine Schwäche zu gestehen, und ich sage es offen heraus, daß der Gedanke, einsam in der Kerkerhaft zu sterben, mich erschreckt, mich mehr erschreckt als der Tod selber – und ich flehe aus der Tiefe meines Herzens und meiner Seele EURE HOHEIT an, mich wenn möglich von dieser letzten schwersten Strafe zu befreien.

Wie auch das mich erwartende Urteil ausfallen sollte, ich unterwerfe mich ihm demutsvoll im voraus als einem gerechten, und ich wage es zu hoffen, daß es mir erlaubt sei, auch dieses letzte Mal vor IHNEN, HERR, das Gefühl der tiefen Dankbarkeit zu EUREM UNVERGESSLICHEN VATER und zu EURER HOHEIT für alle mir erwiesene Gnade auszusprechen.

Der flehende Verbrecher: Michail Bakunin.»[6]

Im März wird Bakunin nach Sibirien deportiert. Seine Beichte ist erst siebzig Jahre danach, 1921, veröffentlicht worden.

Die Reue hat Bakunin glänzend gespielt. Offenbar lag sie seinem Naturell, entsprang seiner Phantasie, und er hatte sich ganz in sie hineingelebt, um den beabsichtigten Zweck zu erreichen. Der merkwürdige Vorgang wirft aber auch ein bezeichnendes Licht auf die Psyche der Anarchisten des 19. Jahrhunderts, speziell natürlich die Bakunins, in dem sich Eitelkeit und Egoismus, Sentimentalität und Phantastik, Maßlosigkeit und Überheblichkeit zu einem wunderlichen Konglomerat vermischen. Es kommt hinzu, daß Bakunin den Ideen der bürgerlich-nationalistischen Strömung des Panslawismus zugetan ist, die in Rußland den Hort aller Slawen sieht.

Marx und Engels setzten sich mit den panslawistischen Bestrebungen Bakunins scharf auseinander, die er unter anderem in seiner 1862 erschienenen Schrift «Romanow, Pugatschow oder Pestel? Die Sache des Volkes» ausgebreitet hat. (Romanow – Familienname des Zaren; Pugatschow – Führer des Kosakenaufstands von 1773/74; Pestel – Dekabrist, d. V.)

Zar Nikolai I., an den Bakunin erfolglos eine «Beichte» richtete

In Sibirien erlangt Bakunin als Verbannter ungewöhnliche Bewegungsfreiheit. Gouverneur von Sibirien, also Statthalter des Zaren, ist Graf Murawjow-Amurski, ein Vetter Bakunins. Diesem Umstand verdankt er Privilegien, von denen andere dort zwangsweise Lebende nur träumen können. Er erhält sogar einen Paß, der es ihm ermöglicht, das Land unbehelligt zu durchreisen. So etabliert er sich als Kanzleibeamter 4. Grades im Zivildienst und nimmt in Irkutsk seinen Wohnsitz. Auch eine Ehe geht er ein. Im Jahre 1861 gelingt es ihm dann, von Nikolajewsk aus per Schiff nach Japan zu entkommen. In den letzten Tagen des Jahres trifft er via Los Angeles und New York in London ein. Dort bleibt er einige Jahre, bevor er sich in Italien ansiedelt. Die sozialen Bedingungen, die er hier vorfindet, scheinen ihm geeigneter für die Verwirklichung seiner Ideen als die Reviere des Industrieproletariats in England. So vertritt er denn auch bald die Auffassung, daß die soziale Revolution in keinem Lande näher wäre als in Italien. Hier gäbe es im Gegensatz zu anderen europäischen Ländern keine privilegierte Klasse von Arbeitern, die quasi verbürgerlicht sei, weil sie sich durch höhere Löhne literarische Bildung angeeignet habe.

Bakunin ist von einer tief verwurzelten Abneigung gegen allgemeine Bildung wie überhaupt gegen die Wissenschaft erfüllt. Er will das Volk nicht belehren, sondern spontan zum Aufstand führen.

Seine Verachtung der sich weiterbildenden Arbeiter ist nicht persönlich motiviert, eine Laune gar, sondern ein Prinzip. Die bloße Empörung über obwaltende Zustände ist ihm als Motor zur Revolution wichtiger als ein bewußtes Begreifen von gesellschaftlichen Zusammenhängen. So setzt Bakunin nicht auf die Arbeiterklasse, sondern auf Neben- oder Randgruppen.

In Italien, wo er niedere soziale Verhältnisse vorfindet, verarmte werktätige und bäuerliche Massen, kaum eine Arbeiterbewegung, handwerkliche Produktion, gewisse Ähnlichkeiten mit den Verhältnissen im zaristischen Rußland also, hier glaubt er ein fruchtbares Wirkungsfeld für seine Bestrebungen zu finden, deren erster Akt die Abschaffung des Staates sein soll.

In den folgenden Jahren entfaltet Bakunin von Italien und später von Genf aus eine hektische Betriebsamkeit. Noch in Italien tritt er einer bürgerlich-pazifistischen «Friedens- und Freiheitsliga» bei, durch die er hofft, seine Ziele vorantreiben zu können.

Dort nicht zum Zuge gekommen, wird er 1869 Mitglied der I. Internationale, und zwar der Genfer Zentralsektion. Daneben gründet er in Genf eine öffentliche «Allianz der sozialistischen Demokratie» in der Absicht, mit deren – wie er wünscht – rasch wachsendem Einfluß in der Internationale tonangebend zu werden. «Um sich als Haupt der Internationale zur Geltung zu bringen, mußte er als Haupt einer anderen Armee dastehen, deren absolute Ergebenheit gegen seine Person ihm durch eine geheime Organisation gesichert war»[7], schreiben Marx und Engels später. Also gründet Bakunin noch eine Allianz, die der «Internationalen Brüder», geheim selbstverständlich. Mit diesen und anderen Umtrieben wird Bakunin zur Schlüsselfigur von Komplotten, Intrigen, Verleumdungen und nicht zuletzt von Versuchen, die I. Internationale zu spalten.

Marx charakterisiert Bakunins Ansichten als «rechts und links oberflächlich zusammengerafften Mischmasch»[8], der unter anderem eine Gleichheit der Klassen predige, den Mitgliedern Atheismus als Dogma vorschreibe und als Hauptdogma, an Proudhon orientiert, die Nichtbeteiligung an organisierter politischer Bewegung. «Diese Kinderfabel», konstatiert Marx, «fand Anklang (und hat noch gewissen Halt) in Italien und Spanien, wo die realen Bedingungen der Arbeiterbewegung noch wenig entwickelt sind, und unter einigen eitlen, ehrgeizigen, hohlen Doktrinären in der romanischen Schweiz und in Belgien.

Für Herrn Bakunin war und ist die Doktrin ... Nebensache – bloß Mittel zu seiner persönlichen Geltendmachung.»[9]

Die Machenschaften Bakunins gegen die I. Internationale haben Marx, Engels und den Generalrat oft beschäftigt und deren Arbeit zur Entwicklung der Arbeiterbewegung behindert, wenngleich nicht aufzuhalten vermocht.

Wie spielte sich das Leben dieses Mannes ab? Einblick gibt Alexander Herzen, der lange mit Bakunin befreundet war, sich jedoch letztlich wegen dessen anarchistischer Eskapaden von ihm trennte. In seinen Memoiren unter dem Titel «Mein Leben» schreibt Herzen nicht ohne Ironie: «Daß er es zu einer Heirat gebracht hat, kann ich mir nur aus der sibirischen Langeweile erklären. Wie ein Heiligtum bewahrte er alle Gewohnheiten und Bräuche der ‹Heimat›, das heißt des Studentenlebens in Moskau; Haufen von Tabak lagen auf dem Tisch, gewissermaßen vorsorglich als Fourage, unter den Papieren und nicht ausgetrunkenen Teegläsern lag Zigarrenasche ... vom frühen Morgen an zog der Rauch in dicken Schwaden durch das Zimmer, es war, als sei ein ganzer Chor von Rauchern am Werk, die wie um die Wette rauchten, eilig keuchend, den Rauch einziehend, mit einem Wort so, wie einzig und allein Russen und Slawen rauchen. Oft habe ich mich an der Verwunderung des Stubenmädchens Grace ergötzt, wenn die verwirrt und mit einem gewissen Entsetzen mitten in der Nacht bereits zum fünftenmal die volle Zuckerdose und heißes Wasser in diese Werkstatt der slawischen Befreiung hineintrug.»[10] Und an anderer Stelle dieser Erinnerungen: «Er liebte nicht nur das Tosen des Aufstandes und den Lärm des

Klubs, den Marktplatz und die Barrikaden, er liebte auch die vorbereitende Agitation, dieses erregende und gleichzeitig gebremste Leben der Konspiration, der Beratschlagungen, der Nächte ohne Schlaf, der Verhandlungen, Verträge, Berichtigungen, Chiffren, der chemischen Tinte und der Geheimzeichen.»[11]

Das wohl prägnanteste Beispiel für das Intriganten- und Abenteurertum Bakunins ist die Affäre Netschajew.

Bakunin ist unablässig darum bemüht, Kontakte nach Rußland herzustellen. Mit deren Hilfe will er dort den revolutionären Prozeß vorantreiben. Während seines Aufenthalts in der Schweiz erhält er im März 1869 Besuch aus der Heimat: Sergej Gennadewitsch Netschajew, 22 Jahre alt, angeblich aus der Haft in der Petersburger Festung entflohen, Delegierter der Petersburger Studenten. Bei vielen russischen Emigranten in der Schweiz ruft das Auftauchen Netschajews Mißtrauen hervor. Die einen halten es für unglaubwürdig, daß es ihm gelungen sein sollte, aus der Festung zu fliehen, da sie selber dort lange Jahre der Haft erlitten haben. Andere wollen wissen, die Petersburger Studenten hätten keinen Delegierten entsandt. Manche vermuten sogar, Netschajew sei ein Spion der zaristischen Geheimpolizei. Seine Berichte, wonach er als einer der Führer der im Januar an den Hochschulen der Hauptstadt ausgebrochenen Unruhen inhaftiert gewesen sei, werden bezweifelt. Nur einer ist von dem jungen, dunkelhaarigen, undurchsichtigen Ankömmling vorbehaltlos begeistert: Bakunin. Ihm imponiert der «junge Wilde», der «kleine Tiger», wie er Netschajew zu nennen pflegt, ungemein.

Woher kommt, wer ist Netschajew wirklich? Zweifellos, Unruhen unter den Petersburger Studenten gibt es in diesem Januar des Jahres 1869. Der aktuelle Anlaß ist kennzeichnend für das absolutistische Regime des Zaren. Ein Student der Medizinisch-Chirurgischen Akademie hat es unterlassen, einem Inspektor die militärische Ehrenbezeigung zu erweisen. Kurzerhand wird der Student relegiert. Seine Kommilitonen finden sich zu Demonstrationen und fordern die Wiederzulassung. Die Empörung greift über auf die Universität und auf das Technologische Institut. Die jungen Leute stellen Forderungen, zum Beispiel Studentenküchen einzurichten, die ein billiges Essen abgeben; sie verlangen das Recht, sich in Landsmannschaften organisieren zu dürfen, damit sie einander besser unterstützen, Hilfskassen einrichten und über deren Gelder selbst bestimmen können.

Die Lage der Studenten ist trostlos, vornehmlich jener, die nicht aus der herrschenden Klasse, aus der Beamtenschaft oder dem Mittelstand kommen. Viele leben buchstäblich von Wasser und Brot, haben oft nicht einmal ein Obdach. Das gehört zum Normalzustand. Nicht ungewöhnlich ist es auch, daß in der zunächst nur auf wirtschaftliche Verbesserungen orientierten Bewegung nach und nach politische Akzente bemerkbar werden – nicht zum erstenmal übrigens.

Da tauchen Bilder französischer Revolutionäre auf, von Robespierre oder Saint-Just, Porträts russischer Emigranten wie Herzen und Bakunin oder des nach Sibirien verbannten Nikolai Gawrilowitsch Tschernyschewski, dessen «Erzählungen von neuen Menschen» unter dem Titel «Was tun?» im Jahre 1863 erschienen waren. In den studentischen Zirkeln kursieren revolutionäre Gedichte und Flugblätter mit Aufrufen zum Sturz der Selbstherrschaft.

Die berüchtigte III. Abteilung der Kanzlei des Zaren, die politische Geheimpolizei, schickt ihre Spitzel aus mit dem Auftrag, sich Zugang zu geheimen studentischen Zusammenkünften zu verschaffen. War es nicht ein Student, ein gewisser Dmitri Karakosow, der im April 1866 auf Zar Alexander II. geschossen hatte? War von der Regierung danach nicht befohlen worden, die Studenten noch schärfer und auch in ihrer Freizeit zu überwachen? Deutete nicht alles darauf hin, daß die Ideen Tschernyschewskis und anderer revolutionärer Demokraten in der Studentenschaft lebendig waren?

Ende Januar geht in der III. Abteilung die Meldung ein, daß bei einem gewissen Netschajew eine geheime Zusammenkunft stattgefunden habe. Dieser, Lehrer an einer Gemeindeschule und Gasthörer an der Universität, ist in Studentenkreisen nicht ganz unbekannt. Man konnte ihn gelegentlich als radikalen Redner hören oder ihm beim Sammeln von Unterschriften für irgendeine Petition begegnen.

In diesen Tagen erhält ein junges Mädchen, Vera Sassulitsch, die an einigen von Netschajew organisierten Treffen teilgenom-

*Gutsbesitzermilieu, dem Bakunin entstammte
(hier: ein russisches Landgut um 1840 – Hochzeit
eines russischen Gutsbesitzers)*

men hat, von einem Unbekannten ein Kuvert mit zwei Zetteln zugesteckt. Auf dem einen wird mitgeteilt, daß der Beobachter einem Wagen begegnet sei, in dem man Gefangene transportierte. Einer habe das beigefügte Stückchen Papier herausgeworfen. Es enthält die Bitte, es an die angegebene Adresse weiterzuleiten. Der Zettel trägt Netschajews Unterschrift. Er bittet, die Kameraden zu benachrichtigen, daß man ihn festgenommen habe. Sie sollten den Mut nicht verlieren und die Arbeit fortsetzen.

Die Studenten rätseln herum. Ist er tatsächlich jener radikale Revolutionär, als der er stets aufgetreten? Existiert wirklich jene geheime große Verschwörerorganisation, von der Netschajew so oft geredet hat?

Schon beginnen Überlegungen, ob man nicht für den Inhaftierten demonstrieren und seine Freilassung fordern solle, da teilt die Leitung der Gemeindeschule auf Anfrage mit: Besagter Sergej Gennadewitsch Netschajew sei gar nicht verhaftet, und auch ein Haftbefehl gegen ihn läge nicht vor. Die Unruhe der Studenten kann dadurch nicht beschwichtigt werden. Doch plötzlich läuft das Gerücht um, es sei Netschajew gelungen, aus der Festung zu entkommen und ins Ausland zu fliehen. Jetzt werden Zweifel an der Integrität Netschajews laut. Einige Studenten erinnern sich, daß er damit geprahlt habe, er werde bald ins Ausland zu Beratungen mit dortigen Revolutionären fahren. Andere wollen wissen, daß er angefangen habe, Französisch zu lernen, ja, er habe sich sogar von einem Kommilitonen einen Auslandspaß auf dessen Namen beschaffen lassen. Die Mutmaßungen verdichten sich, daß Netschajew seine angebliche Verhaftung nur vorgeschoben habe, um sich einen spektakulären Abgang zu verschaffen. Tatsächlich ist später in den Akten der Abteilung III. ein Vermerk gefunden worden, daß Netschajew lediglich vernommen wurde, zu keiner Zeit aber verhaftet gewesen sei.

Die angebliche Verhaftung jedoch löst unter den Studenten eben jene unruhige aufrührerische Atmosphäre aus, die es der III. Abteilung gestattet, Spitzel in die Studentenschaft einzuschleusen, Namen und Beweise für antizaristische Betätigung zu sammeln. Der Boykott einer Vorlesung schließlich liefert der politischen Polizei den Anlaß zuzuschlagen. Es erfolgen Verhaftungen, Relegierungen, Verbote.

Pjotr Kropotkin, ein russischer Fürst und späterer Volkstümler, der sich in Westeuropa dem Anarchismus anschließt und von dem noch zu berichten sein wird, schreibt in seinen «Aufzeichnungen eines Revolutionärs»: «Im Jahre 1869 hatte Netschajew versucht, aus jungen Menschen, die unter dem Volk arbeiten wollten, eine revolutionäre Geheimgesellschaft zu organisieren. Doch zur Erreichung seines Ziels griff er zu alten Verschwörermethoden und machte selbst vor Betrug nicht halt, um die Mitglieder der Gruppe zu zwingen, ihm zu folgen. Solche Methoden können in Rußland keinen Erfolg haben, und schon bald flog Netschajews Organisation auf. Alle Mitglieder wurden verhaftet; einige der Besten aus der russischen Intelligenz wurden nach Sibirien verbannt, bevor sie irgendetwas hatten machen können.»[12]

Netschajew ist indessen in der Schweiz eingetroffen. Er findet, daß von den prominentesten russischen Emigranten nur Michail Bakunin ihm helfen könne, seinem Sendungsbewußtsein gerecht zu werden. Er hat richtig kalkuliert. Bakunin, inzwischen 56 Jahre alt, von allen Verbindungen nach Rußland abgeschnitten, ist von dem jungen, feurigen «Delegierten» der Petersburger Studenten begeistert. Er glaubt ihm aufs Wort, zum Beispiel, daß es in der fernen Heimat von Verschwörergruppen nur so wimmele und es lediglich darum gehe, sie zu einigen, durch eine starke Hand und durch revolutionäre Aufrufe zum entscheidenden Schlag gegen den Zarismus zu mobilisieren.

Von nun an agieren Bakunin und Netschajew gemeinsam, verfassen Aufrufe und Appelle, so ein «Wort an die russischen Studenten», eine «Formel der revolutionären Frage», die «Prinzipien der Revolution», einen «Revolutionskatechismus» und anderes.

Höhepunkt der Bakunin-Netschajewschen Zusammenarbeit ist zweifellos der sogenannte Revolutionskatechismus. In 26 Paragraphen werden Verhaltensmaßregeln für alle jene gegeben, die im Sinne Bakunins Revolutionär sein wollen. Der «Katechismus» ist in seinem Anspruch, in seiner Diktion, in seiner Borniertheit wie in seiner Arroganz, vor allem aber in seiner Zielsetzung wohl von keiner späteren anarchistischen Verlautbarung übertroffen worden. Die Ausbeuterklassen hätten sich auch keine ihnen genehmere Bestimmung des Begriffs Revolutionär wünschen können – als Vorwand dafür, jede Regung des Proletariats zu diskreditieren und zu unterdrücken, kam sie gerade recht. Abgründe, ja Welten trennen diesen Katechismus von den programmatischen Erklärungen der sich nach dem wissenschaftlichen Sozialismus orientierenden Arbeiterbewegung.

Nachfolgend einige Kostproben aus dem «Katechismus», der die revolutionäre Betätigung zu einem seelenlosen Mechanismus degradiert, der keinen Raum für kämpferische Solidarität läßt und das Ziel, eine menschliche Ordnung zu errichten, diskreditiert. «Der Revolutionär ist ein geweihter Mensch. Er hat keine persönlichen Interessen, nicht einmal einen Namen ... Streng gegen sich selbst, muß er es auch gegen andere sein. Alle Gefühle der Neigung, die verweichlichenden Empfindungen der Verwandtschaft, Freundschaft, Liebe, Dankbarkeit müssen in ihm erstickt werden durch die einzige kalte Leidenschaft des revolutionären Werks ... Tag und Nacht darf er nur einen Gedanken, nur einen Zweck haben – die unerbittliche Zerstörung. Während er diesen Zweck kaltblütig und unaufhörlich verfolgt, muß er selbst zu sterben bereit sein und ebenso bereit, mit eigenen Händen jeden zu töten, der ihn an der Erreichung dieses Zieles hindert ...

Er darf nicht zurückbeben, wo es sich darum handelt, irgendein jener alten Welt angehöriges Band zu zerreißen, irgendeine Einrichtung oder irgendeinen Menschen zu vernichten. Er muß alles und alle gleichmäßig hassen.»[13]

Die Aufrufe Bakunins und Netschajews werden illegal nach Rußland geschmuggelt und dort vornehmlich unter der studentischen Jugend verteilt. Sie fallen zumindest zum Teil auf fruchtbaren Boden. Durch sie wird Netschajew in Petersburg und in Moskau erst richtig bekannt, und nachdem er sich für seine weitere Tätigkeit ausreichend Geld zusammengeschnorrt hat, rüstet er zur heimlichen Rückkehr nach Rußland.

Ende November 1869 gelingt der III. Abteilung in Moskau ein bemerkenswerter Fund. Die Durchsuchung einer Buchhandlung und der Wohnung eines ihrer Angestellten fördert sensationelles Material zutage: nicht nur die schon bekannten Proklamationen, sondern auch Briefpapier mit der Aufschrift «Das Komitee des

Volksgerichts», versehen mit einem ovalen Stempel, der ein Beil zeigt, auch Briefpapier mit der Zeile «Die Russische Sektion der Allgemeinen Revolutionären Allianz», ferner allgemeine Organisationsregeln dieses Bundes, Sitzungsprotokolle, Namens- und Adressenlisten, ja sogar eine Aufstellung mit Namen von Personen, die im Auftrag des «Volksgerichts» beseitigt werden sollen, unter ihnen der Innenminister, der Chef der politischen Polizei, die Generale der III. Abteilung.

Zur gleichen Zeit entdeckt die Polizei in einem abgelegenen Teich des Parks der landwirtschaftlichen Petrowski-Akademie bei Moskau die Leiche eines jungen Mannes. Die Untersuchung ergibt, daß der Jüngling einer Gewalttat zum Opfer gefallen ist. Man findet Würgemale und am Kopf die Spuren eines aus nächster Nähe abgefeuerten Schusses. Der Tote wird als der Student Iwan Iwanow identifiziert. Bei Durchsicht der gerade erst gefundenen Mordliste stößt man auf den Namen des Studenten.

Diesen beiden Vorkommnissen folgen Verhaftungen, Haussuchungen, Verhöre.

Bakunins «jungem Wilden» war es in der kurzen Zeit seit seiner Rückkehr gelungen, die Verschwörerorganisation «Narodnaja Rasprawa» (Volksgericht) zu bilden und unter den Oppositionellen und revolutionär gesinnten Studenten den Eindruck zu erwecken, sie sei ein Zweig der internationalen revolutionären Bewegung. Die Leitung müsse absolut geheim bleiben, und sie fordere von ihren Mitgliedern strengsten Gehorsam, tiefste Verschwiegenheit und bedingungslose Disziplin. Er, Netschajew, sei der Verbindungsmann und Überbringer von Befehlen, die ohne Debatte stets vollständig befolgt werden müßten. Jeder Angehörige der geheimen Organisation habe die unbedingte Pflicht, auf den ihm bekannten Nebenmann aufzupassen und den geringsten Verstoß gegen die Regeln der Konspiration unverzüglich zu melden.

Diese Maßregeln, die Netschajew unter seinen Anhängern verbreitet, die er nötigenfalls mit Drohungen durchzusetzen sucht, stoßen nicht immer auf Verständnis. Der Student Iwanow steht des öfteren in Widerspruch zu Netschajew. Eines Tages kommt es zum offenen Konflikt. Iwanow weigert sich, sogenannte revolutionäre Aufrufe in einer Studentenküche zu verteilen. Man dürfe, so Iwanow, diese soziale Errungenschaft der Studenten nicht gefährden, mehr noch, er bezeichnet die Anordnungen als unsinnig, bringt sogar seine Zweifel an Netschajews Mission offen zum Ausdruck und erklärt, er werde eine eigene Organisation gründen.

Netschajew, der davon erfährt, übermittelt kurz darauf seinen Anhängern einen Befehl des «Volksgerichts»: Iwanow ist wegen Verrats zum Tode verurteilt. Netschajew bestimmt vier seiner Anhänger dazu, das Urteil mit ihm gemeinsam zu vollstrecken. Iwanow wird unter einem Vorwand in eine abgelegene Ecke des Parks der Petrowski-Akademie gelockt. Dort sei angeblich eine Druckpresse versteckt, die geborgen werden müsse. Die fünf überfallen den Studenten; Netschajew tötet Iwanow durch einen Schuß in den Kopf. Die Leiche wird, mit Steinen beschwert, in einen Teich geworfen.

Am folgenden Tag begibt sich Netschajew nach Petersburg. Hier hört er von den Verhaftungen in Moskau, kehrt kurz darauf dorthin zurück – und taucht unter. Er entkommt ins Ausland. Das zaristische Regime mobilisiert alle verfügbaren Kräfte einschließlich seiner Auslandsagenten und Gesandtschaften, um des Flüchtigen habhaft zu werden. Nicht verbürgt ist, daß sich auch Bismarck dafür verwendet haben soll, Netschajew in Preußen aufzuspüren.

Im Januar 1870 ist Netschajew wieder in Genf. Er fühlt sich nun nicht mehr als Lehrling seines Meisters Bakunin, sondern, da einer der meistgesuchten Männer Rußlands, als Revolutionär ersten Ranges.

Wieder versucht er, Geld zusammenzubringen. Er spinnt Intrigen und nimmt Bakunin davon nicht aus, durchschnüffelt dessen Post, entwendet gar Dokumente.

Ohne Netschajews inzwischen habhaft geworden zu sein, eröffnet die zaristische Justiz am 1. Juli 1871 vor dem Petersburger Gerichtshof den Prozeß gegen mehr als 80 Angeschuldigte, vornehmlich Studenten. Seit der Verhaftungswelle im November 1869 schmachten sie in Präventivhaft; zwei der ursprünglich rund 150 Inhaftierten sind inzwischen an den Leiden verstorben, mehrere wahnsinnig geworden.

Mit Bedacht läßt der zaristische Machtapparat den Prozeß öffentlich veranstalten, damit die Welt sehe, was von Revolutionären zu halten sei. Entsprechend ist das Aufsehen, das der Vorgang erregt; nicht nur in Rußland, sondern auch im Ausland. Dennoch hat die Justiz aber nur in diesem Punkt Erfolg. Dank mannhafter Verteidigung durch mutige Anwälte lernt die Öffentlichkeit, einen Trennungsstrich zu ziehen zwischen Netschajew, dem Verführer, dem Mörder an Iwanow, und den angeklagten Studenten.

Karl Marx und Friedrich Engels schreiben über den Prozeß und seine Hintergründe in ihrem Aufsatz «Ein Komplott gegen die Internationale Arbeiterassoziation»: «Sie kamen aus dem Gefängnis, um ihre Verurteilung zu den Bergwerken Sibiriens, zur Zwangsarbeit, zu Gefängnis von fünfzehn, zwölf, zehn, sieben und zwei Jahren anzuhören; und diejenigen, welche vom öffentlichen Gerichtshof freigesprochen wurden, wurden ‹auf dem Verwaltungswege› verbannt.

Ihr Verbrechen bestand darin, einer geheimen Gesellschaft angehört zu haben, die sich den Namen der Internationalen Arbeiter-Assoziation angemaßt und in die sie aufgenommen worden von einem Emissär des internationalen revolutionären Komitees, dessen Mandate mit dem angeblichen Siegel der Internationale gestempelt waren.»[14]

«Die Polizei», formulieren Marx und Engels weiter, «zeigte bei ihren Nachforschungen einen solchen Scharfblick, daß man eine detaillierte Denunziation voraussetzen möchte. In dieser ganzen Affäre spielt der Emissär die zweideutigste Rolle. Dieser Emissär war Netschajew ...»[15]

Netschajew kann sich nach dem Petersburger Prozeß noch eine Zeitlang in der Schweiz halten, doch ist seine Stellung in der gesamten russischen Emigration und nicht nur in ihr erschüttert, ja unmöglich geworden.

Bakunin äußert nach Bekanntwerden der Rolle seines «kleinen Tigers», er hätte sich ganz schön blamiert, so auf Netschajews Lügen hereinzufallen.

Mit Hilfe eines zaristischen Agenten wird Netschajew von der Schweizer Polizei in Zürich verhaftet und im Herbst 1872 an die russische Regierung ausgeliefert. Im darauffolgenden Januar macht man ihm in Moskau den Prozeß und verurteilt ihn wegen

Sergej Netschajew

Mordes an Iwanow zu 20 Jahren Zwangsarbeit und zum lebenslänglichen Aufenhalt in Sibirien. Insgeheim wird er nach Petersburg in die Peter-Pauls-Festung gebracht und dort in Einzelhaft gehalten. Er stirbt am 21. November 1881 an Skorbut und Wassersucht.

Bakunin nimmt nicht eine Zeile, nicht ein Wort von dem anarchistisch-terroristischen Gespinst zurück, das er mit Netschajew verfaßt und verbreitet hat. Spätestens seitdem ist der individuelle Terror eine Komponente des Anarchismus und Bakunin ihr erster Geburtshelfer.

Das Abenteuer mit Netschajew hält ihn nicht davon ab, sich weiterhin, ja sogar mit vermehrter Energie, pseudorevolutionär zu betätigen. Da er in Mitteleuropa, speziell in Deutschland, nicht zum Zuge kommt, wendet er sich vornehmlich nach romanischen Ländern. Er beteiligt sich an aussichtslosen und demzufolge scheiternden Aufständen und Revolten, so im Herbst 1870 in Lyon oder 1874 in Bologna. Über das Treiben Bakunins in Lyon ist in dem schon zitierten Aufsatz von Marx und Engels «Ein Komplott gegen die Internationale Arbeiterassoziation» zu lesen: «Die revolutionäre Bewegung zu Lyon war ausgebrochen. Bakunin stürzt hin, seinem Lieutenant Albert Richard und seinen Unteroffizieren Batelica und Gaspard Blanc zu Hülfe kommend. Am 28. September, dem Tage seiner Ankunft, hatte das Volk sich des Stadthauses bemächtigt. Bakunin nahm Posto darin: der kritische, der lange Jahre hindurch erwartete Moment war endlich da, an welchem Bakunin den revolutionärsten Akt vollziehen konnte, den die Welt jemals gesehen – er dekretierte die *Abschaffung des Staates*. Aber der Staat, in der Form und Gestalt von zwei Kompanien Bourgeois-Nationalgarden, drang ein durch einen Eingang, den zu besetzen man vergessen hatte, fegte den Saal aus und schickte Bakunin eiligst auf den Weg nach Genf.»[16]

Der Staat – oder besser: seine Vernichtung, ist das Lieblingsthema Bakunins, und ihm widmet er auch sein dickes Buch «Staatlichkeit und Anarchie». Marx hält sich nicht für zu gut, der in russisch erschienenen Erstausgabe intensive Aufmerksamkeit zu widmen, zu exzerptieren und, was logisch daraus folgt, zu polemisieren, obwohl sein Urteil über Bakunin im Jahre 1874 schon längst feststeht. Der Grundfehler Bakunins besteht darin, daß er meint, der Staat habe das Kapital erst geschaffen; werde er erledigt, so ginge auch das Kapital zugrunde.

Die I. Internationale hatte bereits 1872 die Konsequenzen aus dem spalterischen Treiben Bakunins gezogen und ihn sowie weitere Anarchisten ausgeschlossen, was Bakunin, zunehmend in Isolation geratend, durch forcierte Aktivität in den romanischen Ländern wettzumachen sucht. Doch scheint seine Energie verbraucht. Nur einmal noch macht er von sich reden, und zwar in echt anarchistischer Manier, nämlich bei dem schon erwähnten Aufstand von Bologna.

Diese Aktion ist allerdings äußerst dilettantisch vorbereitet. Die Pläne werden vorzeitig an die Polizei verraten, etliche Verschwörer verlieren die Nerven und lassen sich zu übereilten Handlungen hinreißen. Bakunin selbst bleibt nichts weiter übrig, als in Priesterkluft verkleidet das Weite zu suchen. Schon vom Tode gezeichnet, gelangt er in die Schweiz, wo er am 1. Juli 1876 stirbt.

Seine Ideen und Anschauungen freilich wuchern weiter, vor allem in den südeuropäischen Ländern. Besonders hier, wo es nicht selten zu Aufständen und Revolten kommt, denen der Erfolg versagt bleibt, fällt die Idee der «Propaganda durch die Tat» auf fruchtbaren Boden.

Die «Schwarze Hand» und die Handschrift Bakunins

Seit Ende des 19. Jahrhunderts geistert durch die bürgerliche Literatur über den Anarchismus eine reichlich undurchsichtige Geschichte. Es handelt sich um eine Geheimorganisation unter dem eigenartigen Namen «Mano Negra» – «Schwarze Hand». Dieser als anarchistisch bezeichnete Bund soll 50 000 Mitglieder gezählt haben, in 150 Abteilungen untergliedert und vornehmlich in Andalusien, Murcia und Estremadura wirksam gewesen sein. In diesen spanischen Provinzen habe die Organisation angeblich die Losung «Rache den Großgrundbesitzern – Verteidigung der Armen» auf ihr Banner geschrieben. Einer verbreiteten Version zufolge steckte die «Mano Negra» Gutshöfe in Brand, raubte die Landbesitzer aus und tötete Verwaltungsbeamte. Die Regierung antwortete mit schärfsten Repressalien, einschließlich Hinrichtungen.

Die historische Forschung hat die Wahrheit bislang nicht ermitteln können. Vieles jedoch spricht dafür, daß es dabei um eine Provokation der Klassenjustiz und der Polizei ging.

Anarchistischen Quellen ist zu entnehmen, daß es eine Organisation des Namens «Mano Negra» überhaupt nicht gegeben habe. Sie sei eine Erfindung der spanischen Gendarmerie, um die barbarische Unterdrückung der Bauernbewegung zu rechtfertigen, die in den achtziger Jahren des 19. Jahrhunderts das spanische Dorf aufwühlte. Ausgangspunkt der abenteuerlichen Geschichte sei ein Akt von Selbstjustiz gewesen: Ein Arbeiter, Mitglied der anarchistischen «Föderation der Arbeiter der spanischen Region», tötete einen anderen, des Verrats verdächtigten Arbeiter. Daraufhin verhaftete die Polizei weit mehr als hundert Menschen, in der Mehrheit Mitglieder der «Föderation». Acht der Festgenommenen wurden hingerichtet, unter ihnen F. Corbacho, der Vorsitzende, und J. Ruiz, Sekretär des anarchistisch geprägten «Landarbeiterverbandes». Dieser Mord – denn um nichts anderes handelte es sich – rief im Volk größte Empörung hervor. Um von den tatsächlichen Vorgängen abzulenken und die Schuld den Anarchisten in die Schuhe zu schieben, verbreitete die Polizei mit Hilfe ihrer Spitzel und Helfershelfer die Legende von der «Schwarzen Hand».

Das Spanien des 19. Jahrhunderts war ein Land härtester Klassengegensätze. Von wenigen regionalen Ausnahmen abgesehen, wo sich die Industrie zu entwickeln begann (Katalonien zum Beispiel mit seinem politischen Zentrum Barcelona), blieb Spanien ein Agrarland. Es gab kein zweites Land in Europa, wahrscheinlich einschließlich des zaristischen Rußlands, in dem die Klassengegensätze so tief waren, so verhärtet, in dem sie so unversöhnlich aufeinanderprallten.

Etwa seit der Jahrhundertmitte verbreiteten sich auch in diesem Land Ideen des Sozialismus, allerdings weniger des wissenschaftlichen als vielmehr des utopischen und des kleinbürgerlichen nach dem Muster von Proudhon.

Es war ausgerechnet ein Abgesandter der von Marx und Engels 1864 in London begründeten Internationalen Arbeiter-Assoziation, der maßgeblich dazu beitrug, den Anarchismus in den aufnahmebereiten spanischen Boden zu pflanzen.

Man schreibt den Oktober des Jahres 1868. An einem dieser Herbsttage trifft in Madrid ein etwa vierzigjähriger, großer, schlanker, dunkelhaariger Mann ein – der Ingenieur Giuseppe Fanelli. Doch nicht die Lösung technischer Aufgaben hat sich der schwarzbärtige, gutaussehende Italiener, der kaum ein Wort Spanisch spricht, vorgenommen. Sein Auftrag ist ganz anderer Art: Gründung und Aufbau einer spanischen Sektion der I. Internationale.

Der erste Weg, den sich Fanelli in Madrid vornimmt, führt ihn in ein Café, das der Treffpunkt von Arbeitern der verschiedenen kleinen Druckereien der Stadt ist. Hier beginnt der Emissär mit seiner Arbeit. Daß er des Spanischen nicht mächtig ist, hält ihn nicht davon ab, sich mit Hilfe des Französischen oder auch mittels seiner italienischen Muttersprache verständlich zu machen.

Ein Augenzeuge namens Anselmo Lorenzo berichtet viele

Jahre später aus seinen Erinnerungen, Fanelli sei ein begeisternder Agitator gewesen, dessen Stimme sich genau dem anpaßte, was er zu sagen hatte.

Fanelli nimmt seine Aufgaben ernst, und so kann am 21. Dezember des Jahres 1868 in Madrid die erste Organisation des spanischen Proletariats ins Leben gerufen werden. Kurze Zeit später wird in Barcelona eine weitere gegründet. Doch kann Fanelli seine Herkunft aus dem Lager Bakunins nicht verleugnen. So ergibt sich die eigenartige Konstellation, daß er die Forderung der Internationale, eigenständige Organisationen des Proletariats zu bilden, zwar erfüllt, diese Organisationen zugleich aber eine anarchistische Orientierung erhalten.

Die Kampftaktik der Anarchisten, sich an parlamentarischen Wahlen nicht zu beteiligen, den Staat zu bekämpfen, wo und wie es nur geht, um ihn umgehend abzuschaffen, ihre Losungen von der grenzenlosen Freiheit ohne jegliche Autorität, eben der Anarchie, wirkte auf die enttäuschten, hungernden, entrechteten, drangsalierten Massen äußerst anziehend.

Das bestätigte auch Paul Lafargue, der Schwiegersohn von Karl Marx, als er nach der Pariser Kommune gezwungen war, in Spanien Asyl zu suchen und sich dort im Sinne der Internationale betätigte. In einem Brief an Friedrich Engels schrieb er unter anderem: «In Spanien spürt man den Einfluß Bakunins. Er war es, der den Männern hier eingeimpft hat, sich nicht mit Politik zu befassen ... Ich habe hier mehrere Männer getroffen, die aus der Schweiz kamen, der Allianz angehörten und überzeugt waren, Bakunin habe den Kommunismus in die Internationale eingeführt, unter der Bezeichnung Kollektivismus.»[1]

Im Zuge der bürgerlichen Revolution von 1868 bis 1874, in dieser Zeit eines das ganze Land erfassenden revolutionären Aufschwungs, hätte sich die historische Chance ergeben, die gesellschaftliche Entwicklung schneller voranzutreiben. Bereits im Februar 1873 hatte der schwächliche König Amadeo den Thronverzicht erklärt und Spanien verlassen. Der Herrscher ließ damit quasi ein machtpolitisches Vakuum entstehen. Es auszufüllen und ein republikanisches, demokratisches Staatswesen zu errichten hätte des entschlossenen und geschlossenen Handelns der jungen Arbeiterklasse und der Bauern sowie aller übrigen fortschrittlichen Kräfte bedurft. Doch ihr politisch-ideologischer Reifegrad reichte dazu nicht. Es ist zu bedenken, daß von den etwa 260 000 Fabrikarbeitern Spaniens fast ein Drittel Anhänger der Anarchisten unter der Flagge Bakunins waren, doch eben in der Internationale. Daher war ihr Einfluß größer, als wenn sie außerhalb dieser Organisation eine eigenständige bakunistische Plattform gebildet hätten.

Friedrich Engels sprach denn auch von der gewaltigen Anziehungskraft, die der Name der Internationale unter den spanischen Arbeitern genoß. Als jedoch die Frage zu entscheiden war, ob die spanische Sektion sich an den Wahlen zu den verfassungsgebenden Cortes beteiligen solle oder nicht, setzte sich das Enthaltsamkeitsprinzip der Bakunisten durch.

Dabei wäre es möglich gewesen, in den Fabrikgebieten Kataloniens, in den Städten Andalusiens, wo die Anhänger der Internationale über Einfluß verfügten, eigene Kandidaten aufzustellen. In die Cortes gewählte Internationalisten hätten als Minderheit wirksam werden und zwischen dem rechten und dem linken Flügel der Republikaner diese oder jene Entscheidung beeinflussen können. Doch dazu kam es nicht. Die Herren Führer der bakunistischen Schule, bemerkte Friedrich Engels sarkastisch, hätten so lange «das Evangelium von der unbedingten Enthaltsamkeit gepredigt, daß sie nicht plötzlich umkehren konnten; und so erfanden sie jenen jammervollen Ausweg, die Internationale als Ganzes sich enthalten, aber ihre Mitglieder als einzelne *nach Belieben* stimmen zu lassen».[2]

Zwar beteiligten sich die meisten Mitglieder der Internationale an den Wahlen, auch die Anarchisten, doch eben ohne eigene Kandidaten, ohne eigenes Programm, ohne eigenes Banner – all dies ein Ausdruck des anarchistischen Individualismus, der die Kraft der Klasse nicht zur Wirkung zu bringen vermag, sondern sie in der Vereinzelung verpulvert.

Auch bei anderen Gelegenheiten während der Revolution erwiesen sich die Anarchisten als unfähig, politisch konstruktiv wirksam zu werden.

Die Wahlen zu den Cortes brachten die Republikaner in die Mehrheit und damit zur Regierungsfähigkeit. So entstand die erste spanische Republik. Regierungschef wurde der linke Republikaner Pi y Margall, ein Mann, der von den Ideen Proudhons beeinflußt war. Er hatte auch Schriften des Franzosen ins Spanische übertragen und sympathisierte mit der Arbeiterbewegung. Pi y Margall begriff, daß sich die Republik auf die Arbeiter stützen muß, demzufolge zeichnete sich das von ihm vorgelegte Programm durch einen betont sozialen Charakter aus. Es sah die Trennung von Kirche und Staat vor, unentgeltliche allgemeine Schulpflicht, gemischte Kommissionen aus Arbeitern und Unternehmern zur Festlegung der Arbeitsbedingungen, Aufhebung der Sklaverei auf Kuba, das seinerzeit noch zum spanischen Kolonialbesitz gehörte, und nicht zuletzt die Ausarbeitung einer neuen Verfassung, die baldmöglichst den Cortes zur Annahme vorgelegt werden sollte. Diese Vorhaben boten die Möglichkeit, die soziale Revolution zu fördern.

Doch die Anarchisten, in ihrem antiautoritären Fetischismus befangen, geblendet von der illusionären Idee, daß jeglicher Staat von Übel sei, liehen ihre Hand nicht Pi y Margall, sondern den Intransigenten, den «Unversöhnlichen», die am 5. Juli 1873 den sogenannten Kantonalaufstand entfesselten.

Wer waren die Intransigenten? Es handelte sich um eine Gruppierung der Republikaner, also von Bürgern und Kleinbürgern, deren Ziel darin bestand, ein föderalistisches Spanien zu errichten, die Republik in unabhängige Kantone aufzuteilen. Die Intransigenten benutzten Wörter, Wendungen, Parolen, kurz eine Phraseologie, die sich sehr links gebärdete. Sie verfolgten damit die Absicht, unter den Arbeitern Verbündete zu finden, besonders unter den Anarchisten.

Was die Bakunisten betraf, so erhofften sie sich von einem Zusammengehen mit den Intransigenten verstärkten Einfluß, zudem kam ihnen der Radikalismus der «Unversöhnlichen» entgegen. So gingen sie mit diesen, die wegen ihrer Zielsetzungen auch Kantonalisten genannt wurden, als in einigen Kantonen Aufstände geschürt und regionale Regierungen gebildet wurden.

Es ist bemerkenswert, daß die Bakunisten in solchen Situationen ihre antiautoritären Prinzipien sehr schnell vergaßen und in den von den Intransigenten installierten Katonalregierungen gern mitwirkten. Hatte Engels doch schon zuvor an Lafargue geschrieben: «Sobald den Bakunisten etwas mißfällt, sagen sie: Das ist *autoritär*, und damit glauben sie, es für immer verurteilt zu haben. Wenn sie, anstatt Bourgeois, Journalisten usw. zu sein, Arbeiter wären, oder wenn sie nur ein wenig die ökonomischen Fragen und die Bedingungen der modernen Industrie studiert hätten, dann wüßten sie, daß keine gemeinsame Aktion möglich ist, ohne einigen den Willen anderer, das heißt einer Autorität, aufzuerlegen ... aber ohne diesen einen leitenden Willen ist keine Zusammenarbeit möglich ... Ich möchte wissen, ob der gute Bakunin seinen dicken Körper einem Eisenbahnwagen anvertrauen würde, wenn diese Eisenbahn nach seinen Prinzipien verwaltet würde, nach welchen sich niemand an seinem Platz befände, wenn es ihm nicht gefällt, sich der Autorität von Verordnungen zu unterwerfen ... Alle diese großartigen ultra-radikalen und revolutionären Phrasen verbergen nur die völlige geistige Misere und die absolute Unkenntnis der Bedingungen, unter welchen sich das tägliche Dasein der Gesellschaft vollzieht ...»[3]

Die Bakunisten handelten in den einzelnen Kantonen auf eigenes Risiko und spielten so auch in dieser Phase der Revolution eine klägliche Rolle. Traten sie in eine lokale Regierung ein, in der die bürgerlichen Republikaner die Mehrheit besaßen, so gaben sie lediglich ihren Namen dazu her, all deren Handlungen zu decken. Arbeiterforderungen durchzusetzen war nicht ihre Sache. Wenn sie es doch einmal versuchten, ließen sie sich von den Bürgerlichen mit schönen Worten und leeren Versprechungen abspeisen.

Am 18. Juli 1873 sah sich die Regierung Margall gezwungen zurückzutreten. Der Höhepunkt der Revolution war überschritten, die Restauration marschierte – daran hatten nicht zuletzt die Anarchisten ihren beschämenden Anteil.

Kurioserweise versuchte ausgerechnet Bakunin, der sich während dieser Zeit in Genf aufhielt, von dem Kantonalaufstand abzurücken. Doch hatten seine Anhänger nicht gerade von ihm das untaugliche Rezept, wonach «die Föderation von unten nach oben gemacht werden müsse»?

Anfang 1874 schließlich führte ein konterrevolutionärer Militärputsch zum Ende der ersten spanischen Republik und auch

der Revolution. Ein Jahr später war die Monarchie wiederhergestellt. Die proletarische Bewegung wurde außerhalb des Gesetzes
gestellt. Sie sammelte sich zu Ausgang des Jahrzehnts jedoch erneut, und 1881 schon tagte in Barcelona der erste Kongreß der
neugebildeten «Federacíon de Trabajadores la Región Española»
(Föderation der Arbeiter der spanischen Region), die Fortsetzung
des bakunistischen Flügels der Internationale aus der Zeit der
Revolution.

In Madrid aber entwickelte sich gleichzeitig der sozialistische
Flügel der spanischen Arbeiterbewegung.

Bestand die spanische Sektion der Internationale während der
siebziger Jahre als einheitliche Organisation, wenn auch schon in
zwei Flügel geteilt – in Marxisten und Anarchisten –, so hatte
sich bereits zwei Jahre vor dem Kongreß in Barcelona die offene
Spaltung vollzogen. Pablo Iglesias, Drucker und proletarischer
Publizist, gründete 1879 die Sozialdemokratische Arbeiterpartei
und trennte sich somit von den Bakunisten. Er hob den Kampf
gegen die Einflüsse des Anarchismus in der spanischen Arbeiterbewegung auf eine höhere Stufe.

Auf diese Entwicklung zugearbeitet hatte seit Anfang der siebziger Jahre auch der schon erwähnte Paul Lafargue, der als Be-
vollmächtigter der Internationale konsequent den Anarchismus
bekämpfte. Schon am 25. November 1871 hatte Friedrich Engels
an ihn geschrieben: «Es ist wichtig, daß wir im Falle einer Spaltung wenigstens einen Stützpunkt in Spanien haben, selbst
wenn die ganze jetzige Organisation mit Sack und Pack ins bakunistische Lager desertierte; und dann sind Sie der einzige, auf
den wir uns verlassen können. Tun Sie also alles mögliche, um
überall die Verbindung mit den Leuten wieder anzuknüpfen, die
uns in einem solchen Fall von Nutzen sein könnten. Die Bakunisten wollen die Internationale durchaus in eine *Abstentionisten-
gesellschaft* (das heißt jeder Politik fernbleibend, d. V.) verwan-
deln, aber das wird ihnen nicht gelingen.»[4]

Auch der Kongreß von 1881 in Barcelona formulierte noch ein
abstentionistisches Programm. In dem dort verkündeten Manifest schrieben die Verfasser in anarchistischer Borniertheit: «Unsere Organisation ist eine rein ökonomische, sie unterscheidet
sich von allen politischen, bürgerlichen und Arbeiterparteien

und steht zu ihnen im Gegensatz. Diese Parteien wurden zur politischen Machtergreifung geschaffen, wir vereinigen uns aber, um die bestehenden juristischen und staatlichen Formen auf einfache ökonomische Funktionen zurückzuführen, um sie durch eine freie Föderation freier Verbände von freien Produzenten zu ersetzen. Aus dem Vorangegangenen ergibt sich, daß wir Gegner jeglicher Parlamentspolitik sind und entschiedene Anhänger des wirtschaftlichen Kampfes und der Zerstörung aller Privilegien und aller Monopole als Ungerechtigkeit in der Organisation der heutigen Gesellschaft.»[5]

In diesen wenigen Sätzen kommt sehr viel von der anarchistischen Utopie zum Ausdruck. Die Verheißungen mögen auf politisch Unerfahrene, der Theorie wenig oder gar nicht Kundige anziehend wirken, doch beweisen sie lediglich, wie wenig durchdacht, die Wirklichkeit ignorierend und die eigenen Möglichkeiten überschätzend in der Regel anarchistische Konzepte beschaffen sind.

Die Bakunisten diffamieren die Politik, indem sie ihr allgemein und für alle Arten von Politik geltend Unmoral, Machtstreben, Privilegismus, Ungerechtigkeit andichten. Doch was ist Politik wirklich? Ist sie nicht konzentriertester Ausdruck des organisierten Kampfes der Klassen um die Durchsetzung ihrer Ziele? Die Politik allgemein zur Unmoral zu erklären heißt doch, Bourgeoisie und Proletariat gleichzusetzen, die Bestrebungen des Proletariats nach Selbständigkeit und schließlich danach, sich zur herrschenden Klasse zu erheben, zu sabotieren. Erst über die Errinung der politischen Macht und durch die soziale Revolution kann die Freiheit für das Proletariat erreicht werden.

Indem die Anarchisten die Politik zu diskreditieren versuchen, den Parlamentarismus in borierter Weise ablehnen, statt ihn für die Verwirklichung proletarischer Interessen zu nutzen, dienen sie letztlich der Bourgeoisie. Sie propagieren die Zerstörung aller Privilegien und aller Monopole, ohne die Voraussetzung dafür, die Umwälzung der Eigentumsverhältnisse, also die Herstellung von gesellschaftlichem Eigentum, auf die Tagesordnung zu setzen. Zerstörung aller Privilegien – das klingt nicht schlecht. Doch setzt es eben die Ablösung des Privateigentums an den Produktionsmitteln voraus, und die ist nicht allein durch den ökonomischen Kampf, sondern durch den ökonomischen u n d politischen Kampf zu verwirklichen.

Der Einfluß der bakunistischen «Föderation», die mit ihrem Programm von Barcelona dem Anarchosyndikalismus, also der Ausdehnung des Anarchismus auf die Gewerkschaftsbewegung und der Reduzierung des gewerkschaftlichen Kampfes auf Streik und Boykott, wesentliche Impulse gab, ist schwer einzuschätzen. Ihre Führer verachteten Statistik, und Fragen nach der Zahl ihrer Mitglieder haben sie stets mit emphatischen Lobpreisungen ihres revolutionären Enthusiasmus beantwortet. Als im Jahre 1882 der zweite Kongreß dieser «Föderation» in Sevilla tagte, sprach man davon, daß die 250 Delegierten rund 70 000 Mitglieder verträten. Der Wahrheitsgehalt dieser Angaben ist nicht überprüfbar. Auf dem zeitgleich zusammentretenden Kongreß des in anarchistischem Fahrwasser segelnden «Landarbeiterverbandes Spaniens» wurde behauptet, er repräsentiere 21 000 Mitglieder. Niemand vermag zu sagen, ob diese Angaben wahr – oder wie bei Anarchisten oft üblich – künstlich hochgeschraubt wurden. Eine Tatsache bleibt jedoch, daß die anarchistische Bewegung in Spanien auch in den achtziger Jahren die sozialistische an Einfluß und Energie übertraf.

Bürgerliche Historiker haben daraus den Schluß gezogen, daß die «Anfälligkeit» der spanischen Arbeiter und Bauern gegenüber dem Anarchismus und ihr darin sich dokumentierender Mangel an Fähigkeit zu revolutionärer Organisiertheit und Disziplin aus dem Nationalcharakter resultiere. Diese These ignoriert die in Spanien so lange anhaltende gesellschaftliche und politische Rückständigkeit, und sie ist auch durch die Geschichte selbst widerlegt worden. Abgesehen davon, daß der Anarchismus sich durch keinerlei nationale Aspekte auszeichnet, hat die spanische Arbeiter- und Gewerkschaftsbewegung im Laufe der Zeit den Anarchismus mehr und mehr überwunden. Nicht zuletzt wird dies durch die Gründung der Kommunistischen Partei Spaniens im Jahre 1920 bewiesen.

In den neunziger Jahren des vorigen Jahrhunderts allerdings lieferte der Anarchismus noch manch traurige Sensation. Einer der Männer, der in dieser Zeit von sich reden macht, ist Fermin Salvochea, Sohn eines wohlhabenden Kaufmanns in Cadiz. Während der Revolution von 1868 bis 1874 befindet er sich auf seiten der linken Republikaner und nimmt aktiv an dem föderalistischen Kantonalaufstand teil, wird mehrmals verhaftet und ist 1871, kaum dreißig Jahre alt, vorübergehend sogar Bürgermeister von Cadiz. Nach weiterer Beteiligung an Revolten wird er in eine afrikanische Strafkolonie verbannt. Hier findet er zum Anarchismus. Er praktiziert ihn auch sogleich mit aller Konsequenz, indem er vor den Augen des Direktors der Strafkolonie die Begnadigungsurkunde zerreißt, die seine Familie, ökonomisch stark und politisch einflußreich, für ihn erwirkt hatte. Salvochea verachtet Gnadenerweise der Obrigkeit und verkündet, es gebe nur zwei Wege zur Freiheit – über Gewalt oder über eine Generalamnestie für alle politischen Gefangenen. Er bleibt noch bis 1886 in der Strafkolonie, dann gelingt es ihm zu fliehen. Er kehrt nach Cadiz zurück und gründet dort eine anarchistische Zeitschrift. In den folgenden Jahren steigt Salvochea zu einem berühmt-berüchtigten Führer des andalusischen Anarchismus auf, verfemt von den Angehörigen seiner Klasse, verehrt von seinen Anhängern, unter denen sich nicht wenige Arbeiter und Bauern befinden.

Man bringt Salvochea sogar mit der «Mano Negra» in Verbindung, ohne daß dafür jedoch schlüssige Beweise gefunden werden könnten. Nachdem er 1890 und 1891 in Andalusien große Demonstrationen von Anarchisten organisiert hat, wird er erneut ergriffen und verbringt fast die ganzen neunziger Jahre in Gefängnissen. Als er 1899 endlich entlassen wird, ist er gesundheitlich ein Wrack und zu wesentlicher Aktivität nicht mehr fähig. Er stirbt im Jahre 1907.

Während Salvochea im Kerker schmachtete, übten sich die Anarchisten unermüdlich in militanten Aktionen gegen die herrschende Klasse. Schon 1889 war eine Bombe im königlichen Schloß detoniert, und in den Jahren zwischen 1893 und 1896 erlebte Spanien eine ganze Welle anarchistischer Attentate, von denen einige durch ihre offenkundige Sinnlosigkeit und Primitivität tiefstes Befremden hervorriefen. Am 26. März 1894 schrieb Friedrich Engels an Pablo Iglesias: «Was die Anarchisten angeht, so sind sie wahrscheinlich im Begriff, sich selbst umzubringen. Diese heftigen Attacken, diese Serie von Attentaten, die unsinnig und im Grunde von der Polizei bezahlt und provoziert sind, müssen schließlich sogar den Bourgeois die Augen über den wahren Charakter dieser Propaganda von Narren und Polizeispitzeln öffnen. Selbst die Bourgeoisie wird mit der Zeit finden, das es absurd ist, die Polizei und durch die Polizei die Anarchisten zu bezahlen, damit sie dieselben Bourgeois, die sie bezahlen, in die Luft sprengen.»[6]

Weder in den neunziger Jahren noch zu irgendeiner späteren Zeit vermochte der terroristische Anarchismus Erkenntnisse zu gewinnen, die über den Gebrauch von Pistolen, Messern und Dynamit hinausgingen.

«Attentäter Seiner Majestät»

Es ist der 11. Mai des Jahres 1878. Wilhelm I., der deutsche Kaiser, fährt wie oft an solchen Frühlingstagen in offener Kalesche durch die Straße Unter den Linden. Plötzlich hört man nahe dem Gefährt den hellen, peitschenden Knall von Revolverschüssen. Ein Attentat? Ein Attentat auf den Kaiser? Ein sonderbares Attentat. Es wird ausgeführt von einem Mann mit Namen Emil Heinrich Max Hödel.

Sonderbar ist dieser Anschlag nicht nur deshalb, weil die Waffe des Schützen zu jenen Mordwerkzeugen gehört, die, wie Franz Mehring schreibt, «um die Ecke schießen». Der Revolver hatte einen «schiefen Lauf und schoß, nach dem Zeugnis eines als Sachverständigen vereidigten Hofbüchsenmachers, auf neun Schritte einen Fuß zu hoch und ebensoviel nach links».[1]

Sonderbar ist diese Tat noch aus anderen Gründen. Hödel ist zu diesem Zeitpunkt ein junger Mann, gerade zwanzig Jahre alt. Doch er ist bereits, wie Franz Mehring es schildert, «ein menschliches Wrack», das die Striemen und Wunden an sich hat, «womit die bürgerliche Gesellschaft die Unglücklichen zu strafen pflegt, die sich ungeladen zu ihren Gastmahlen einfinden».[2]

Hödels Kindheit und Jugend sind von Tristheit und Hoffnungslosigkeit begleitet. Er wird unehelich geboren – im Kaiserreich ein lebenslanger Makel. Schon als Kind übt er sich in Taschendiebereien. Nach einigem Herumvagabundieren landet er in einer Erziehungsanstalt. Von da holt ihn ein Klempner, der ihn als wehrloses Ausbeutungsobjekt mißbraucht.

So herumgeknufft, wächst in Hödel zwar der Haß auf die Gesellschaft, nicht jedoch das Vermögen, zu überlegter politischer Aktivität zu gelangen. Wohl findet er in Leipzig, wo seine Mutter als Wäscherin und sein Stiefvater als Flickschuster ihr Dasein fristen, Anschluß an die Sozialdemokratische Partei, doch seine lumpenproletarischen Gepflogenheiten machen ihn unter den klassenbewußten Proletariern bald unmöglich. Zuweilen spielt er einen «Anarchisten vom reinsten Wasser», wie Franz Mehring in seiner «Geschichte der deutschen Sozialdemokratie» bemerkt. Hödel läßt sich mit dem Schriftsetzer Werner ein, einem der wenigen Anhänger Bakunins in Deutschland, und schließlich hängt er sich an den nationalliberalen Lokalpolitiker und eifernden Sozialistenfeind Sparig, der ihn für sogenannte Enthüllungen über die Sozialdemokratie bar entlohnt. Sodann versucht Hödel, nachdem sich die Leipziger schon längst von ihm getrennt haben, bei Berliner Genossen Einschlupf zu finden, wird aber auch hier unmißverständlich abgewiesen.

Diese Buhlerei Hödels um die Gunst politischer Parteien hat den Zweck, sich interessant zu machen, irgendwie die verlorene bürgerliche Identität wiederzufinden. Nicht zuletzt ist in diesem Umstand die Motivation für das sonderbare Attentat Unter den Linden zu suchen – mehr grober Unfug als lebensbedrohende Tat, ja objektiv fast so etwas wie eine Posse, die Hödel sogar so weit treibt, daß er sich kokettierenderweise als «Attentäter Seiner Majestät» tituliert.

Indes kommt diese Tat der bürgerlichen Justiz höchst gelegen. Sogar der Staatsgerichtshof wird bemüht, um nach spektakulärer Verhandlung den verhinderten «Mörder Seiner Majestät» aufs Schafott zu bringen. Der «patriotische Mob» (Franz Mehring) wird mobilisiert, zieht vor das Kaiserpalais und singt «Nun danket alle Gott» – es ist wie in einer Operette –, und die großbürgerliche «National-Zeitung» meditiert wichtigtuerisch: «Welch große inhaltschwere Entscheidung ist heute über dem Haupte der nichts ahnenden Welt dahingerauscht! Eine kleine Hebung oder Senkung der Pistole ...»[3] und so weiter.

Nachdem die öffentliche Meinung durch eine Pressekampagne gegen die «gemeingefährlichen Bestrebungen der Sozialdemokratie» eingestimmt ist, wird die Gesetzesmaschine von der Regierung auf volle Touren gebracht. Schon unmittelbar nach Bekanntwerden des Attentats telegraphierte Kanzler Bismarck von seiner Residenz Friedrichsruh nach Berlin die Forderung: Ausnahmegesetze gegen die Sozialdemokratie!

Der lange gesuchte Anlaß ist endlich gegeben. Doch im ersten Anlauf gelingt es nicht, die sehnlichst erwünschten Pressionen gegen die Arbeiterbewegung vom Reichstag absegnen zu lassen. Mit 251 gegen 57 Stimmen der sogenannten Freikonservativen lehnen alle Fraktionen die Ausnahmegesetze, die der Sozialdemokratie Presse- und Vereinsfreiheit nehmen sollen, ab. Dabei spielen wohl auch Befürchtungen, daß der Polizei ins Blaue hinein diktatorische Vollmachten übertragen würden, eine gewisse Rolle.

Es sind nur neun Tage seit dem ablehnenden Wort des Reichstages vergangen, da geht die Saat auf, die nach dem Hödel-Streich «der patriotische Mob und das politische Drahtziehertum vom Schlage Bismarcks ausgestreut hatten», wie Franz Mehring feststellt.[4]

Ein Dr. Karl Nobiling, Domänenpächtersohn, dem nichts ferner steht als die Arbeiterbewegung, schießt aus einer Schrotflinte auf den Kaiser. Ort des neuerlichen Attentats wie gehabt: Unter den Linden. Wilhelm I. wird schwer verwundet. Ehe Nobiling – er hatte aus einem Haus geschossen – ergriffen werden kann, jagt er sich eine Kugel in den Kopf, bleibt jedoch am Leben. Immerhin vergehen mehr als drei Monate, bis die erste Nachricht über Nobiling seit dem Anschlag vom 2. Juni 1878 erscheint – die Todesnachricht. Was er in der Zwischenzeit ausgesagt hat, hält die Regierung geheim. Hätte sie das getan, wenn auch nur die Spur einer Verbindung des Attentäters mit der Sozialdemokratie entdeckt worden wäre?

Lesen wir, was Franz Mehring über diesen Nobiling geschrieben hat: «... der ebenso eitle wie unfähige Mensch [gehörte] seinen geistigen Anlagen und Neigungen nach etwa in die Region nationalliberaler Sozialistentöter. Er war noch dümmer als Hödel ... und der Gefängnisarzt, der ihn behandelte, äußerte ... angeregt durch eine historische Bemerkung Schillers über die französischen Capets habe Nobiling nach seiner eigenen Behauptung den Kaiser erschießen wollen, weil dieser sich zum Schaden des Volkes von anderen leiten lasse und der Kronprinz selbständiger regieren würde. Diese idiotische Auffassung stimmt zu der Tatsache, daß Nobiling erblich belastet war ... Er hatte sich keine Stellung erringen können, die seinen Ansprüchen entsprach, und als er vor dem Nichts stand, wollte er nicht ruhmlos aus der Welt scheiden wie andere Selbstmörder, von denen er einmal gesagt hatte, er begreife nicht, wie sie gehen könnten, ohne einen Großen mitzunehmen. Hödels Glorie zeigte seiner Eitelkeit den Weg, nur daß er bei seinem höheren Bildungsgrade den Fluch der Lächerlichkeit erkannte, der dem Attentate Hödels trotz allem anhing. Dagegen schützte er sich durch die bösartige Ausführung seines Mordplans.»[5]

Nun könnte man fragen, was dieser Nobiling und seine Tat mit dem Anarchismus zu tun haben, denn weder gab er sich als Anarchist aus, noch war er ein solcher. Doch er beging, wie Hödel, eine Tat, die auch ein Anarchist hätte begehen können – jedenfalls nach Meinung der herrschenden Klassen und deren Propaganda-Apparat. Und genau hier bot sich der Ansatzpunkt, der Vorwand für die Reaktion, gegen die Arbeiterbewegung vorzugehen. Denn Vorwände waren nötig, weil der Anarchismus im Deutschland jener Jahre über keine Massenbasis verfügte und auch sonst keine auffällige Bewegung war – was den Herrschenden durchaus nicht immer ins Konzept paßte.

Für die Schwäche des Anarchismus gab es objektive und subjektive Gründe. Zweifellos waren das Wirken von Karl Marx und Friedrich Engels in der Arbeiterbewegung sowie die Gründung der Sozialdemokratischen Partei 1869 wesentliche Ursachen dafür, daß anarchistische Anschauungen in Deutschland nicht zum Zuge kamen. Zu den objektiven Gründen gehörte ebenso das ökonomische Erstarken des deutschen Kapitalismus und damit der Arbeiterklasse in den siebziger Jahren des 19. Jahrhunderts. Friedrich Engels konstatierte bereits 1874: «Zum erstenmal, seit eine Arbeiterbewegung besteht, wird der Kampf nach seinen drei Seiten hin – nach der theoretischen, der politischen und der praktisch-ökonomischen (Widerstand gegen die Kapitalisten) – im Einklang und Zusammenhang und planmäßig geführt. In diesem sozusagen konzentrischen Angriffe liegt gerade die Stärke und Unbesiegbarkeit der deutschen Bewegung.»[6] So konnte sich der Marxismus in der deutschen Arbeiterbewegung relativ früh ausbreiten und anarchistische Einflüsse abwehren.

Kaiser Wilhelm I. 1878 in Berlin.
Attentate auf ihn boten den Vorwand zum Erlaß
des berüchtigten Sozialistengesetzes

Doch schon vor hundert Jahren verstand es die bürgerliche Meinungsmaschinerie, Lüge und Verleumdung im politischen Tageskampf einzusetzen. So verbreitete der offiziöse «Telegraph» in jenen Tagen die erfundene «amtliche Mitteilung», Nobiling habe ausgesagt, wiederholt in Berlin sozialistische Versammlungen besucht zu haben. Die regierungsfreundlichen Blätter schürten eine Pogromstimmung. An einem einzigen Tage, am 8. Juni

1878, verurteilte die berüchtigte siebente Deputation, also die quasi für politische Vergehen zuständige Strafkammer des Berliner Stadtgerichts, sieben Personen zu insgesamt 22 Jahren Gefängnis. Allesamt waren sie «sozialistischer Agitation» verdächtig und angeklagt, sich nicht den geltenden Gesetzen gemäß verhalten zu haben. Einem Angeklagten erlegte man zweieinhalb Jahre Haft auf, weil er auf dem Heimweg in deutlich angetrunkenem Zustand von sich gegeben hatte: «Wilhelm ist tot, er lebt nicht mehr.»

Eine Frau in Brandenburg erhielt eineinhalb Jahre Gefängnis, da sie auf die erste Nachricht von Nobilings Attentat gesagt hatte: «Der Kaiser ist wenigstens nicht arm, er kann sich pflegen lassen.»

Wegen einer ähnlich harmlosen Äußerung wurde in Bonn ein Mann in erster Instanz zu drei Monaten und in der zweiten Instanz sogar zu drei Jahren Gefängnis verurteilt.

Liberale Zeitungen, die begonnen hatten, die wegen Majestätsbeleidigung inszenierten Prozesse statistisch zu erfassen, hörten schon bald damit auf. Wohl weniger, weil sie von der Gesinnungsschnüffelei und der Sucht der Behörden, immer neue «anarchistische Untaten» zu entdecken, angewidert waren, sondern gewiß mehr aus der Erwägung heraus, solcherart Angelegenheiten im Interesse eigener Reputation besser nicht weiter zu verfolgen. In nur einem Monat war von deutschen Gerichten auf weit über 500 Jahre Gefängnis wegen Majestätsbeleidigung erkannt worden!

Bismarck hatte nun die öffentliche Stimmung, die er brauchte, um die Sozialdemokratische Partei schlagen zu können. Nein, eine erneute Vorlage der Gesetzentwürfe im Reichstag kam für ihn nicht in Frage. Neun Tage nach dem zweiten Attentat löste er den Reichstag auf und schrieb für den 30. Juli 1878 Neuwahlen aus. Die Zeit bis dahin nutzte die Reaktion nicht nur in der oben beschriebenen Manier.

Der erste Schlag galt den Organisationen der Sozialdemokratie. Partei- und Gewerkschaftsversammlungen, die in dieser Zeit stattfinden sollten, wurden von der Polizei verboten, meist unter fadenscheinigen Begründungen. Einmal war es ein offenstehendes Fenster, das der Polizei die Handhabe bot, die Versammlung aufzulösen, weil sie ja «unter freiem Himmel» stattfinde. Ein anderes Mal war es ein nicht freier Mittelgang im Saal oder der Umstand, daß eine dichtgedrängte Menge durch die Fenster in den Versammlungsraum sehen und dabei eine Scheibe eingedrückt werden könnte; auch ein Hund, der in den Versammlungsraum gelaufen war, mußte als Vorwand herhalten. Im Königreich Sachsen wurden alle Versammlungen sofort aufgelöst, in denen auch nur einmal das Wort Attentat fiel ...

Die politische Verfolgung wurde flankiert von der wirtschaftlichen Unterdrückung klassenbewußter Arbeiter. Der preußischdeutsche Historiker Heinrich Gotthard von Treitschke geiferte sogar: «Warum erklären unsere großen Unternehmer nicht, daß sie in ihren Werken keinen Arbeiter beschäftigen werden, der an der sozialdemokratischen Wühlerei teilnimmt?»[7] Bald darauf veröffentlichten bürgerliche Zeitungen lange Listen von Firmen, die sich verpflichteten, keine Sozialdemokraten mehr einzustellen.

Das Denunziantentum griff um sich. Oft praktizierten Polizeiagenten den Trick, in Arbeiterversammlungen oder schlechthin in Gastwirtschaften, in denen Arbeiter verkehrten, plötzlich aufzuspringen und ein Hoch auf den Kaiser auszubringen. Wer dann nicht mitmachte, womöglich sogar sitzenblieb oder die Kopfbedeckung nicht zog, hatte umgehend eine Klage wegen Majestätsbeleidigung am Halse.

Diese Atmosphäre tat der Bismarck-Regierung wohl, sie schien ihr für die Wahlen bestens geeignet zu sein. Wenngleich sie ihr wichtigstes Ziel, die Sozialdemokraten vom Reichstag fernzuhalten, nicht erreichte – trotz aller Schikanen zogen neun Vertreter der Arbeiterbewegung in das neugewählte Parlament ein –, so ergab sich doch eine Umschichtung zugunsten der Konservativen.

Am 19. Oktober 1878 nahm der Reichstag mit 221 gegen 149 Stimmen das berüchtigte Sozialistengesetz an. Nun begann die Hetzjagd gegen die Arbeiter und ihre Partei erst richtig. Aber es begann auch eine Zeit großer Standhaftigkeit der Arbeiterklasse. Als besonders infam erwies sich die Verhängung des sogenannten kleinen Belagerungszustands über Teile von Berlin und Umgebung. Der in § 28 des Sozialistengesetzes vorgesehene

Fall sollte gewissermaßen vorbeugend gegen mögliche Attentate gelten. Doch, so Franz Mehring, «auch nicht ein Berliner Arbeiter dachte daran, Bismarcks Spiel zu spielen, ein Attentat oder einen Putsch zu provozieren».[8] Der § 28 wurde in zwei seiner Bestimmungen angewendet, «in der lächerlichsten», wie Franz Mehring bemerkt, «die das Waffentragen ohne Erlaubnisschein verbot und die nur allerlei komische Zwischenfälle veranlaßt hat, und in der gehässigsten, die der Polizei die Ausweisung aller ihr mißliebigen Personen gestattete».[9]

Dieser Bestimmung fielen Dutzende Berliner Sozialdemokraten zum Opfer, die augenblicklich ausgewiesen wurden und sich irgendwo anders in Deutschland eine neue Existenz aufbauen mußten, um ihre Familien weiter ernähren zu können.

Mit Bekämpfung des Anarchismus hatte das alles nichts zu tun.

Es sind nur einzelne unter den ohnehin nicht zahlreichen Anarchisten in Deutschland, die entweder mangels besseren Wissens oder aus Abenteuerlust den wirtschaftlichen und politischen Druck der herrschenden Klasse mit Terror zu beantworten suchen, wie im nächsten Kapitel genauer ausgeführt wird. Sie dienen damit nicht der Sache, für die sie anzutreten vorgeben, sondern sie liefern dem Polizeiapparat immer neue Vorwände, die sozialistische Bewegung zu verfolgen. So erleichtern sie es der reaktionären Propaganda, revolutionär mit anarchistisch gleichzusetzen, eine Gepflogenheit, die mit Vorliebe bis in die Gegenwart angewandt wird.

Eine große Zeit der Spitzel

«Während die deutsche Sozialdemokratie immer mehr über die bürgerlichen Parteien hinauswuchs, wurde der deutsche Anarchismus immer mehr vom Lockspitzeltum genarrt», schrieb Franz Mehring zur Situation gegen Ende des 19. Jahrhunderts. «Nicht als ob die deutschen Anarchisten durchweg aus Lumpen und Maulhelden oder auch nur aus zurückgebliebenen Arbeitern bestanden hätten; es befanden sich feurige, leidenschaftliche Naturen darunter, die dem psychologisch erklärlichen, aber politisch verhängnisvollen Irrtum verfielen, daß die gewaltsame Unterdrückung der Arbeiterklasse nur gewaltsam gebrochen werden könne. Die eigentliche Gefahr der anarchistischen Bewegung lag gerade in solchen Männern wie dem holsteinischen Tischler Neve, die jeden Augenblick bereit waren, ihre Freiheit und ihr Leben an ihre Überzeugung zu setzen. Ihr zuverlässiger Charakter verschaffte ihnen Vertrauen bei den Arbeitern, während ihre fanatische Beschränktheit sie den Einflüsterungen der Lockspitzel zugänglich machte. Dennoch gelang es der anarchistischen Agitation nicht, eine irgend nennenswerte Ausbreitung unter den deutschen Arbeitern zu gewinnen.»[1]

Die anarchistische Aktion dieser Jahre ist eine seltsame Mischung von politischem Revoluzzertum und krimineller Aktivität, wie sie knapp hundert Jahre später in der BRD eine – selbstverständlich modifizierte – Wiederkehr erlebte. Oft waren die anarchistischen Grüppchen mit Polizeispitzeln durchsetzt. Im Herbst 1883 erregt eine ganze Serie von Attentaten, Raubmorden und Explosionen das Aufsehen der Öffentlichkeit, was von der kaiserlichen Staatsmaschinerie und den bürgerlichen Parteien gierig zur Diskreditierung der Sozialdemokratie ausgeschlachtet wird. Kurz aufeinander folgen im Oktober 1883 der

*Niederwalddenkmal,
bei dessen Einweihung
1883 Reinsdorf
beabsichtigte, den Kaiser
zu töten*

Raubmord an einem Apotheker und der Mord an einer Schild-
wache in Strasbourg sowie eine Dynamitexplosion im Gebäude
des Polizeipräsidiums Frankfurt a. M., im November ein Raub-
mordanschlag auf den Stuttgarter Bankier Heilbronner, im Dezember die Erschießung des Polizeibeamten Hlubek in Wien, im
Januar 1884 der Mord an dem Polizeiagenten Eisert und dessen
beiden Söhnen sowie die Erschießung des Polizeiagenten Blöch.
Nicht alle Verbrechen werden aufgeklärt; die bleibende Unge-
wißheit kann der reaktionären Propaganda nur dienlich sein.

Von sich reden macht auch der Schriftsetzer August Reinsdorf
in Westfalen. Er stammt aus der Umgebung von Leipzig und ist
schon 1877 wegen anarchistischer Umtriebe aus der Sozialdemokratie ausgeschlossen worden. In Elberfeld-Barmen sammelt er
fünf oder sechs meist junge Leute um sich, die er zu Dynamitat-
tentaten anstiftet. Ihm wird auch der Anschlag auf das Polizeipräsidium in Frankfurt a. M. zugeschrieben. Reinsdorf, der von
Franz Mehring als Verschwörer nach dem Geschmack der Polizei charakterisiert wird, beabsichtigt, am 27. September 1883 in
Rüdesheim am Rhein den deutschen Kaiser samt Gefolge bei der

Einweihung des Niederwalddenkmals in die Luft zu sprengen. Der Verlauf dieser anarchistischen Aktion ist nur als tragikomisch zu bezeichnen. Weil der Attentäter sich kurz zuvor den Fuß verletzt hat, sollen ihn nun zwei seiner Gefährten vertreten. Doch diese vergessen, einen wasserdichten Zünder für das Sprengmittel zu kaufen. Da es in der Nacht vor der Zeremonie geregnet hat, versagt die Bombe.

Wie dieses Attentat, das nicht die geringsten Spuren hinterließ, dennoch «entdeckt» werden konnte, und weshalb seine «Entdekkung», so schreibt Franz Mehring, «nicht gleich an die große Lärmglocke gehängt wurde, die unaufhörlich über die ‹sozialistischen Attentäter› tönte, blieb auch bei den späteren Verhandlungen vor dem Reichsgerichte sehr im unklaren».[2]

Im Dezember 1884 wird Reinsdorf, der an vorgeschrittener Schwindsucht leidet, verhaftet, später zum Tode verurteilt. Anfang des folgenden Jahres wird er hingerichtet. Er verschmäht es, wie zwei Mitglieder seiner Gruppe, die ebenfalls zum Tode verurteilt sind, um Gnade zu bitten. Franz Mehring: «… nicht in der Haltung eines politischen Märtyrers, aber gelassen und gleichmütig, ein Schlemperlied auf den Lippen, verlebte er seinen letzten Tag, und ehe sein Haupt unterm Beile fiel, rief er: Nieder mit der Barbarei!»[3]

Der bekannteste Vertreter des Anarchismus in diesen Jahren ist Johann Joseph Most, wenngleich er durch seine aggressive Agitation nur geringen Einfluß zu gewinnen vermag. Die deutsche Sozialdemokratie unter Führung von August Bebel und Wilhelm Liebknecht orientiert sich in ihrem Kampf auf den wissenschaftlichen Sozialismus und erteilt sozialistischem Abenteurertum die verdiente Abfuhr.

Most wird als Sohn eines Schreibers in das Geburtenregister der Stadt Augsburg eingetragen, unter dem Datum des 5. Februar 1846. Nachdem er seine Lehre als Buchbinder abgeschlossen hat, begibt er sich, gerade 17 Jahre alt, auf Wanderschaft. Wie viele Zeitgenossen seines Standes findet er Anschluß an die sich formierende Arbeiterbewegung. Er ist zweiundzwanzig, als er sich in Österreich politisch aktiv zu betätigen beginnt. Knapp zwei Jahre später, im Juli 1870, wird er deswegen vor Gericht gestellt. August Bebel berichtet in seinen Lebenserinnerungen darüber: «Mitten in die Kriegswirren (gemeint ist der Deutsch-Französische Krieg 1870/71, d. V.) traf die Nachricht aus Wien ein, daß Oberwinder, Andreas Scheu, Most und Pabst wegen Hochverrats, ersterer zu sechs Jahren, die anderen zu fünf Jahren Zuchthaus, verschärft für jeden durch einen Fasttag im Monat, verurteilt worden seien. Außerdem wurde für Oberwinder und Most die Ausweisung aus den österreichischen Ländern nach verbüßter Strafe ausgesprochen. Die übrigen Angeklagten wurden zu geringeren Strafen verurteilt. Ein Hauptanklagepunkt war die Beteiligung am Eisenacher Kongreß (Gründung der Sozialdemokratischen Arbeiterpartei, der «Eisenacher», im August 1869, d. V.) ... und die Anerkennung des Eisenacher Programms, das nur durch Gewalt durchgesetzt werden könne.»[4]

Im Landgerichtsgefängnis zu Wien, wo Most die Terrorstrafe absitzen muß – er wird übrigens 1871 amnestiert –, verfaßt er das bekannte Arbeiterlied «Wer schafft das Gold zutage», dessen erste und letzte Strophe lauten:

Wer schafft das Gold zutage?
Wer hämmert Erz und Stein?
Wer webet Tuch und Seide?
Wer bauet Korn und Wein?
Wer gibt den Reichen all ihr Brot
und lebt dabei in bittrer Not?
    Das sind die Arbeitsmänner,
    das Proletariat!
    Das sind die Arbeitsmänner,
    das Proletariat!
...
Ihr habt die Macht in Händen,
wenn ihr nur einig seid!
Drum haltet fest zusammen,
dann seid ihr bald befreit.
Drängt Sturmschritt vorwärts in den Streit,
wenn auch der Feind Kartätschen speit!
    Dann siegt, ihr Arbeitsmänner,
    das Proletariat!

Im Jahre 1871 wird Most, nachdem er aus Österreich ausgewiesen ist, eingetragenes Mitglied der Sozialdemokratischen Arbeiterpartei. Er siedelt sich in Chemnitz an, dem heutigen Karl-Marx-Stadt, übernimmt die Redaktion der «Chemnitzer freien Presse» und erwirbt sich Verdienste um die Ausbreitung der SDAP in dieser Industriestadt.

Bis Mitte der 70er Jahre steht Most zu den Prinzipien der deutschen Sozialdemokratie und wirkt aktiv mit an der Verbreitung des wissenschaftlichen Sozialismus. Er unternimmt sogar den – freilich mißglückten – Versuch, «Das Kapital» von Karl Marx den Arbeitern in einer Bearbeitung nahezubringen. Friedrich Engels schreibt darüber in einem Brief vom 18. April 1883: «Als er noch in Deutschland war, veröffentlichte Most einen ‹populären Auszug aus Marx' ‹Kapital›. Marx wurde ersucht, ihn für eine zweite Auflage durchzusehen. Ich tat diese Arbeit gemeinsam mit Marx. Wir fanden, daß es unmöglich war, mehr als die allerschlimmsten Böcke von Most auszumerzen, wollten wir nicht das ganze Ding von Anfang bis Ende neu schreiben. Marx erlaubte auch bloß, daß seine Verbesserungen hineingesetzt würden und auf die ausdrückliche Bedingung hin, daß sein Name nie in irgendeine Verbindung gebracht würde selbst mit dieser verbesserten Ausgabe von Johann Mosts Machwerk.»[5]

Wegen einer Rede über die Pariser Kommune wird Most im Jahre 1874 zu 26 Monaten Gefängnis verurteilt. Ein Jahr zuvor war er aus Chemnitz ausgewiesen worden. Über die mehr als zweijährige Haft in Berlin-Plötzensee veröffentlichte er eine Broschüre unter dem Titel «Die Bastille am Plötzensee». Darin schildert er seine Gefängniserlebnisse und, so August Bebel, «die Art und Weise, wie er und andere hinter dem Rücken der Beamten sich allerlei Vorteile beschafft und die Beamten hinters Licht geführt hatten».[6]

August Bebel bezeichnete die Veröffentlichung der Schrift als unklug, denn kaum war sie erschienen, da verlangte der Minister des Innern Aufklärung über die geschilderten Vorgänge. Mehrere Beamte der Haftanstalt wurden daraufhin bestraft und entlassen, die Gefängnisordnung verschärft angewendet. Most selbst muß dies am eigenen Leibe erfahren, als er im Jahre 1878 abermals zu einer Gefängnisstrafe verurteilt wird und diese in

Johann Most

Plötzensee abzusitzen hat. Dazu wird er in strengste Isolierhaft genommen. Wenn er seine Zelle verläßt, muß er eine schwarze Maske anlegen, damit ihn niemand erkennen kann.

Most war zunächst Teilnehmer verschiedener Parteikongresse und auch Mitglied des Reichstages. Während seiner Berliner Zeit, ab 1876, verließ er jedoch die revolutionären Positionen.

Anfang Dezember 1878, nach Erlaß des Sozialistengesetzes, wird er aus Berlin ausgewiesen. Er entschließt sich, in die Vereinigten Staaten auszuwandern, bleibt aber zunächst in England, wo er sich dem Londoner Kommunistischen Arbeiterbildungsverein angliedert. Er beteiligt sich an der Herausgabe einer Zeitung, die den Titel «Freiheit» erhält. Über dem Kopf erscheint die Zeile «Gegen die Tyrannen sind alle Mittel berechtigt». Als Unterzeile wird formuliert: «Organ der revolutionären Sozialisten», obwohl weder die sozialdemokratische Parteiführung unterrichtet noch deren Zustimmung oder gar Hilfe erbeten wurde.

In seinen Lebenserinnerungen berichtet August Bebel über das Abgleiten des Johann Most auf anarchistische Positionen und schreibt im Zusammenhang mit der neugegründeten Zeitung:

«Anfangs wurde das Blatt leidlich vernünftig redigiert. Aber Most hätte nicht Most sein müssen, wenn Vernunft und Einsicht lange hätten bei ihm vorhalten sollen. Jedes Verantwortungsgefühls bar, von Natur zum Exzentrischen neigend, durch die aus Deutschland kommenden Nachrichten über immer neue Gewaltstreiche der Behörden immer mehr und mehr empört, ließ er sich zu immer radikalerem Vorgehen verleiten.

Bald genug kämpfte er auch mit blindem Fanatismus gegen die Partei und besonders ihre Führer, deren Taktik er nicht begriff. Was nicht mit Lärm in Szene gesetzt wurde, existierte für ihn nicht. Kritiklos öffnete er jedem Klatsch und Tratsch, namentlich wenn er sich gegen die in Deutschland lebenden Führer richtete, bereitwillig die Spalten seines Blattes ... Schließlich fühlte er sich isoliert und wurde nach und nach ein Opfer seiner Umgebung, die seiner Eitelkeit schmeichelte und seinen Radikalismus zu höchster Höhe anstachelte. Er konnte sich von jetzt ab in radikaler Übertreibung nicht genug tun ... Und da Menschenkenntnis nie seine Stärke war und er Schmeichlern sich leicht zugänglich erwies, nisteten sich in der Redaktion und Expedition seines Blattes Agenten des Berliner Polizeipräsidiums ein, die ihn zu allen Tor- und Tollheiten verleiteten. Das Geschimpfe auf die Fürsten und Kronenträger nahm pathologischen Charakter an; er begann Rezepte für die Anfertigung von Bomben und Sprengstoffen zu veröffentlichen und befürwortete die Propaganda der Tat, die gegenüber dem Geschwätz in den Parlamenten einzig und allein am Platze sei. Vom Herbst 1883 ab geriet er in einen wahren Blutrausch; er hetzte und stachelte zu Attentaten an, und wo seine Anhänger ein solches vollbrachten, brach er in Jubelrufe aus und pries die Attentäter als Retter der Menschheit. Wurde einer seiner Gehilfen als Polizeispitzel entlarvt, wie dies im Laufe seiner Wirksamkeit in London öfter geschah, so war das ein ihm widerfahrenes Pech, das ihn aber nicht zur Vorsicht mahnte.»[7]

Von anderer Seite, nämlich der deutschen Polizei, wird in Geheimberichten bestätigt, inwieweit Most sich anarchistisch engagierte, wobei bemerkenswert ist, wie intensiv der Polizeiapparat die anarchistische Tätigkeit bespitzelte. In einem Bericht vom 31. Dezember 1880 wird mitgeteilt: «Neben der Förderung der

Revolution beschäftigt sich Most aber auch noch lebhaft mit dem Gedanken an die Begehung von Gewalttaten und Attentaten, welche seinen Intentionen nach dazu dienen sollen, das Volk aus seiner Lethargie zu wecken und der Revolution günstig zu stimmen. Diese Idee hat er nicht nur ebenfalls in der ‹Freiheit› wiederholt ausgesprochen, in der sogar schon einzelne Personen bedroht, sondern auch in der ‹Revolution Sociale› (in Paris erscheinendes anarchistisches Wochenblatt, d. V.), deren Mitarbeiter er ist, und in öffentlichen Reden plädiert er dahin, daß Attentate legitim und nützlich seien und daß die Monarchien als die größten Feinde des Volkes mit allen Mitteln, den Königsmord eingeschlossen, bekämpft werden müssen. Einen ganz hiermit übereinstimmenden Inhalt hat auch eine Zuschrift, welche er selbst, Dave, der Österreicher Scheu und 6 andere Revolutionäre vor einiger Zeit an F. Pyat gerichtet haben und in welcher der Königsmord als ein verdienstliches Werk gepriesen wird, welches das Herz jeden wahren Freundes der Humanität höher schlagen mache, sowie ein Mostscher Artikel in der russischen revolutionären Zeitung ‹Narodnaja Wolja› (Volkswille, d. V.).

Die vorhin aufgezählten Emissäre waren zum Teil mit der gelegentlichen Begehung von Gewalttaten gegen Personen und Sachen von ihm beauftragt. Ob der Beweis des gegen Reinsdorf vorliegenden Materials gelingen wird, ist fraglich. Er ist indes von Most selbst als Lehrmeister Hödels bezeichnet, und in der Schweiz ist offen darüber gesprochen worden, daß er nach Deutschland gekommen sei, um gelegentlich eine ‹Sardinenbüchse (mit Dynamit) anzubringen›, was auch seinen Grundsätzen und Neigungen durchaus entsprechen würde.»[8]

An dem Polizeibericht fällt auf, wie intensiv die Verfasser bemüht waren, Most als einen Revolutionär zu charakterisieren, der außerdem eben Anarchist wäre. In den «Übersicht» genannten Berichten wurden zudem Begriffe wie «revolutionärer Anarchist» verwendet. Sie sollten dem Nutzer – Polizeidienststellen und staatliche Organe im In- und Ausland – suggerieren, die Anarchisten seien quasi von den Sozialdemokraten vorgeschickte Gesinnungsfreunde. Diese Lesart haben die Polizeiapparate und bürgerlichen Massenmedien bis heute beibehalten, wenn auch in zeitgemäßeren Varianten.

Bereits im August 1880 wird Most von dem in Wyden in der Schweiz illegal tagenden Parteikongreß aus der SDAP ausgeschlossen.

Da sein Blatt das Attentat auf Zar Alexander II. verherrlicht hat, wird er zu einer Haftstrafe verurteilt, nach deren Verbüßung er in die USA auswandert. Dort gehört er zu den ersten, die anarchistische Anschauungen verbreiten. Im Jahre 1883 schließt er verschiedene anarchistische Gruppen zu einer internationalen Vereinigung zusammen. Bis an sein Lebensende – er stirbt am 17. März 1906 in Cincinatti – bleibt er einer der führenden Anarchisten und ein Gegner des Marxismus.

Auf dem Heumarkt von Chicago

Im Jahre 1888, also während das Sozialistengesetz noch in Kraft ist, erscheint in Zürich eine deutschsprachige Schrift unter dem Titel «Acht Opfer des Klassenhasses». Sie berichtet, wie es im Untertitel heißt, vom «Leben und Sterben der verurteilten Chicagoer Arbeiterführer», ist herausgegeben von einer «Mitgliedschaft Deutscher Sozialisten» und geht im Deutschen Reich heimlich von Hand zu Hand. Es ist noch nicht lange her, daß vielerorts durch Anarchisten verübte Attentate von sich reden machten. Was da im fernen Chicago geschehen ist, wird von der bürgerlichen Propaganda nun ebenfalls mit dem Anarchismus verquickt und in vollen Zügen gegen die revolutionäre Arbeiterbewegung mißbraucht. Was hatte sich in Chicago ereignet?

Die Antwort ist im Jahre 1886 zu finden. An jenem 1. Mai beginnt in Industriezentren der USA, so auch in Chicago, ein auf mehrere Tage angelegter Generalstreik. Es geht um den Achtstundentag. Etwa 350 000 Arbeiter in rund 11 500 Betrieben treten in den Ausstand. Der 1. Mai ist in den USA ein sogenannter Moving-Day, ein Tag der Bewegung – sprich: der Umzüge, der Übersiedlungen, des Abschlusses von Arbeitsverträgen, von Lieferungen und dergleichen mehr, ein Tag vorerst ohne direkte politische Bedeutung. Doch zunehmend orientieren sich die Gewerkschaften mit ihren sozialpolitischen Forderungen auf diesen Tag unter der Hauptlosung: Achtstundentag. Die Agitation dafür wird nach US-amerikanischem Stil betrieben, man trägt «Acht-Stunden-Schuhe», raucht «Acht-Stunden-Tabak» und singt das «Acht-Stunden-Lied».

Schon 1866 hatte der Allgemeine Arbeiterkongreß zu Baltimore erklärt: «Das erste und große Erheischnis der Gegenwart, um die Arbeit dieses Landes von der kapitalistischen Sklaverei

Chicago heute.
Quer unter dieser Brücke erstreckte sich früher der Haymarket (Heumarkt)

zu befreien, ist der Erlaß eines Gesetzes, wodurch 8 Stunden den Normalarbeitstag in allen Staaten der amerikanischen Union bilden sollen. Wir sind entschlossen, alle unsere Macht aufzubieten, bis dies glorreiche Resultat erreicht ist.»[1]

Und Karl Marx bemerkte im «Kapital», die erste Frucht des Bürgerkrieges, der 1865 beendet war, sei die «Achtstundenagitation, mit den Siebenmeilenstiefeln der Lokomotive vom Atlantischen bis zum Stillen Ozean ausschreitend, von Neuengland bis nach Kalifornien».[2]

In der eingangs genannten Schrift wird nun im Stil der damaligen Zeit geschildert: «Das Ereignis auf dem Heumarkt zu Chicago ist unlöslich mit der großen amerikanischen Achtstundenbewegung verbunden, deren letzter Kulminationspunkt der 1. Mai 1886 war ...

Im Oktober 1884 beschloß die Gewerkschafts-Föderation der Vereinigten Staaten und Kanadas, welche in Chicago tagte, daß vom 1. Mai 1886 an acht Stunden einen Arbeitstag bilden sollten, und daß jedes Gewerk alles aufbieten sollte, um diesen Beschluß durchzuführen. Im November 1885 traten in Chicago eine Anzahl von Leuten, darunter George A. Schilling und William Gleeson, zusammen und organisierten eine Achtstunden-Association für Chicago …

In Folge der Anstrengungen dieser Liga wurde die Achtstunden-Bewegung in Chicago allgemein und verstärkte dadurch dieselbe Bewegung in anderen Städten …

Was nun die Tätigkeit der später in Chicago Ermordeten und ihrer Freunde in dieser Bewegung speziell anbelangt, so ist zu berichten, daß im Oktober 1883 eine Gruppe von Leuten unter dem Titel Internationale Arbeiter-Assoziation in Pittsburg zusammentrat. August Spies und Albert N. Parsons waren Delegaten zu dieser Konvention und nahmen hervorragenden Anteil an den Verhandlungen derselben. Diese Organisation erklärte, daß die Wahlmethode die Arbeiterbewegung ihrem Ziele nicht näher bringe, und schilderte in lebhaften Farben die Ungerechtigkeit des gegenwärtigen Gesellschaftssystems. Die Notwendigkeit einer gewaltsamen Revolution zur Beseitigung dieses Systems wurde offen betont.

Die Internationale, als ausgesprochen revolutionäre Organisation, zählte in Chicago bald mehrere Gruppen. Die ‹Arbeiterzeitung›, der ‹Vorbote› und die ‹Fackel› waren ihre Organe unter den Deutschen, und im Oktober 1884 wurde auch der ‹Alarm› als englisches Organ der Internationale, mit Parsons als Redakteur, gegründet …

Massenversammlungen wurden auf öffentlichen Plätzen und am Seeufer abgehalten. In all diesen Versammlungen waren Spies, Parsons und Fielden die eifrigsten Agitatoren. Während des Sommers hielten die Chicagoer Gruppen unter freiem Himmel, und während des Winters in geschlossenen Lokalen Massenversammlungen ab …

Während nun beide Parteien, die Kapitalisten sowohl wie die Arbeiter, sich auf den am 1. Mai erwarteten großen Kampf vorbereiteten, brach in der Ackerbau-Gerätschaftsfabrik von McCormick in Chicago ein Konflikt aus. Am 16. Februar 1886 um halb zehn Uhr Morgens wurde die Fabrik geschlossen und 1200 Arbeiter aufs Pflaster geworfen …

Jeder Arbeiter, der auf irgendwelche Weise die Ungnade der Firma McCormick auf sich heraufbeschworen hatte, war nicht nur entlassen, sondern auch auf eine ‹schwarze Liste› eingetragen worden, so daß viele unter den Entlassenen nicht im Stande waren, in anderen ähnlichen Fabriken Arbeit zu finden.

Am 2. März fand eine Massenversammlung der Ausgeschlossenen statt. A. N. Parsons und Michael Schwab hielten Reden. Diese Versammlung war zum Teil einberufen worden, um gegen die bewaffnete Intervention von vierhundert uniformierten Polizisten und 300 bis an die Zähne bewaffneten ‹Pinkertonianern› (Privatpolizei, die häufig von Fabrikanten bei Streiks gegen die Arbeiter aufgeboten wurde, d. V.) zur Einschüchterung der Arbeiter zu protestieren. Eine von einem Ausgeschlossenen an einen Angestellten der McCormickschen Fabrik oder an sonst einen Arbeiter gerichtete Bitte, die Stellung eines der Ausgeschlossenen nicht anzunehmen, wurde in Folge des Eingreifens der Polizei zu einem Verbrechen gegen den Staat gestempelt, und die bewaffneten Janitscharen des Kapitals, welche durch den Staat bezahlt wurden, knüppelten friedliche Bürger zu Boden, durchsuchten sie, luden sie auf ihre Patrouillewagen und ließen sie in die Gefängnisse werfen.

Diese alltäglichen stürmischen Szenen erhitzten selbstverständlich die Gemüter aller Arbeiter in Chicago und trugen dazu bei, daß sich aller Augen auf die Achtstunden-Bewegung und den allgemeinen Streik am 1. Mai richteten. In allen Teilen der Stadt wurden allabendlich Versammlungen abgehalten, und die später zum Teil ermordeten Agitatoren für diese Achtstunden-Bewegung waren in vielen dieser Versammlungen die Hauptredner ...

Schon am 3. Mai war der Streik fast allgemein geworden. An diesem Tag ereigneten sich die Mordtaten der ‹Pinkertonianer› vor McCormicks Fabrik. Ein Streiker hatte einen Arbeiter, der trotz des Streiks dort Arbeit genommen, tätlich angegriffen. Die Banditen des Kapitals waren eilig zur Stelle und eröffneten ein mörderisches Feuer auf die versammelten Aufständigen. Die Angegriffenen stoben nach allen Richtungen auseinander.»[3]

Die Schilderung, auf tagesaktuellen Berichten fußend, ist nicht ganz exakt. Es gab Banden von bewaffneten Streikbrechern, geschützt von der staatlichen und der privaten Polizei, die gegen die streikenden Arbeiter vorgingen. Bei dem Zusammenstoß am 3. Mai waren tatsächlich sechs Arbeiter als Todesopfer zu beklagen. Dies war der Anlaß, für den 4. Mai 1886 eine Protestversammlung auf dem Haymarket, dem Heumarkt, einzuberufen. Die Erregung unter den Arbeitern war groß. Sie widerspiegelt sich auch in einem von August Spies verfaßten Flugblatt, in dem zu lesen war: «Ihr habt jahrelang unermeßliche Unbilden ertragen; Ihr habt Euch zu Tode gearbeitet; Ihr habt die Schmerzen des Hungers und des Mangels ertragen; Ihr habt den Fabrikherren Eure Kinder geopfert – kurz, Ihr seid all diese Jahre hindurch erbärmliche Sklaven gewesen. Warum? Um die unersättliche Habgier zu befriedigen, um die Truhen Eurer faulen und diebischen Herren zu füllen. Wenn Ihr sie jetzt bittet, Eure Bürde ein wenig zu erleichtern, dann senden sie ihre Bluthunde aus, um auf Euch zu schießen, Euch zu töten.»[4]

Und so schildert August Spies selbst die Ereignisse am Abend des 4. Mai in Chicago: «Nach dem Abendessen kam mein Bruder zu mir ins Haus. Ich forderte ihn auf, mit mir zur Versammlung zu kommen, was er auch that. Wir gingen langsam die Milwaukee Ave hinab. Es war warm, ich hatte die Kleider gewechselt, der Revolver, den ich trug, war für meine Tasche zu groß und unbequem. Im Vorbeigehen ließ ich ihn in Frank Staubers Eisenwarenladen zurück. Es war etwa ein Viertel nach acht Uhr, als wir an Desplaines und Lake ankamen. Ich hatte den Eindruck, daß ich deutsch sprechen sollte, was gewöhnlich den englischen Reden folgte. Dies war die Ursache, weshalb ich so spät kam ... Ich sprach etwa 20 Minuten lang. Dann sprach Parsons. Das Publikum war sehr ruhig. Parsons beschränkte sich auf die Achtstunden-Frage und sprach sehr lange ... Es war etwa 10 Uhr, als Fielden zu reden begann. Einige Minuten später zog eine dunkle und drohende Wolke vom Norden herauf. Die Versammelten, oder mindestens zwei Drittel derselben, befürchteten, es werde regnen, und verließen die Versammlung. ‹Bleibt noch eine Minute länger›, sagte Fielden, ‹ich werde sofort schließen.› Nicht über 200 Menschen waren noch anwesend. Eine Minute später stellten sich hundert Polizisten (andere Quellen sprechen von 150 Mann, d. V.) auf und marschierten im Schnellschritt auf die Versammlung zu.

Seinen Stock in befehlender Weise erhebend, rief Kapitän Ward dem Fielden zu: ‹Im Namen des Volkes des Staates Illinois

99

Kundgebung auf dem Heumarkt 1886

befehle ich dieser Versammlung, sich aufzulösen!› Ich stand zur
Zeit hinter Fielden auf dem Wagen.

‹Kapitän, dies ist eine friedliche Versammlung›, erwiderte Fielden, während der Kapitän sich herumdrehte und seinen Leuten
einen Befehl gab, den ich verstand wie: ‹Greift sie an!› In diesem
Augenblick wurde ich von meinem Bruder von dem Wagen gezogen und hatte gerade den Fußboden erreicht, als eine furchtbare Detonation erfolgte. ‹Was ist das?› frug mein Bruder. ‹Ich
glaube eine Kanone›, war meine Antwort. Im Augenblick begann die Füselade der Polizei. Jedermann lief davon. All dies
war so unerwartet, als ob plötzlich eine Wolke geplatzt wäre. Ich
verlor meinen Bruder im Gedränge und wurde in nördlicher
Richtung vorwärts geschoben. Leute fielen, von Kugeln getroffen, rechts und links. Während ich die Gasse nördlich von
Crane's Fabrik kreuzte, liefen eine Anzahl Polizisten in die
Gasse hinein. Mehrere derselben riefen, sie seien getroffen worden. Sie waren augenscheinlich von ihren eigenen Kameraden
beschossen worden und suchten in der Gasse Schutz. Ich war in
einer parallelen Linie mit ihnen, und die Kugeln pfiffen mir um
den Kopf herum. Ich fiel ein- oder zweimal über andere, welche
zu Boden gestürzt waren, entkam jedoch sonst unverletzt nach
Zepf's Wirtschaft an der Ecke von Lake Str. Hier hörte ich zuerst,
daß der Knall durch eine Explosion hervorgerufen worden sei,
und zwar, wie man glaubte, durch eine Bombe. Einzelheiten

Die Bombenexplosion auf dem Heumarkt

konnte ich nicht erfahren. Etwa eine halbe Stunde später fuhr ich ... nach Hause, um zu sehen, ob mein Bruder verwundet sei. Er hatte eine gefährliche Wunde erhalten. In dem Augenblick, als ich sagte: ‹Es ist wahrscheinlich eine Kanone›, hatte er sich zur Seite gewandt und gesehen, daß ein Revolverlauf gerade auf meinen Rücken gerichtet war. Er packte die Waffe und die Kugel traf ihn. (Er wurde wiederhergestellt.)

Am nächsten Morgen berichteten die Blätter, daß die Polizei die ganze Nacht nach mir gesucht habe und daß ein Verhaftungsbefehl gegen mich erlassen worden sei. Niemand war während der Nacht in meiner Wohnung. Der Bericht war eine Lüge. Ich ging zur gewohnten Stunde nach der Redaktion und begann zu arbeiten. Um neun Uhr erschien Detektiv Jim Bonfield und sagte mir, der Polizeichef wolle mit mir sprechen. Ich ging mit ihm nach der Polizeizentralstation. Zwei andere Detektive verhafteten Schwab und meinen Bruder Christ, welcher nach der Redaktion gekommen war, um zu hören, was am Abend zuvor geschehen war. Die Thatsache, daß sein Name Spies war, genügte, um ihn unter der Anklage des Mordes zu verhaften.»[5]

Die in Zürich erschienene Schrift schildert nun die Folgen der Explosion auf dem Heumarkt: «Die Bombe, die von unbekannter Hand geworfen, auf dem Heumarkte in die Reihen der die Versammlung ungesetzlich sprengenden Ordnungswächter niederfiel, hatte in Verbindung mit dem darauf folgenden Revolver-

101

feuer sieben Polizisten getötet und sechzig andere schwer verwundet. Das Revolverfeuer ging im wesentlichen von der Polizei aus, die so die eigenen Kollegen erschoß.

In den nächsten Tagen nach der Affäre wurde jeder, der mit der Internationalen Arbeiter-Assoziation auch nur entfernt etwas zu tun hatte, verfolgt, eingesperrt und aufs Rücksichtsloseste eingeschüchtert. Es herrschte während des ganzen Monats Mai eine wahre Schreckensherrschaft in Chicago. Die ‹Arbeiterzeitung› wurde zuerst suspendiert und später erst wieder unter Zensur der Polizei herausgegeben. Eine große Anzahl von Verhaftungen fand statt. ‹Geständnisse› wurden in der brutalsten Weise erzwungen, und schließlich wurde gegen S p i e s , F i e l d e n , P a r s o n s , S c h w a b , E n g e l , L i n g g , F i s c h e r und N e e b e die Anklage auf Mord erhoben, die im Laufe des Prozesses, als die Staatsanwaltschaft sah, daß sie damit keine Verurteilung erreichen werde, umgewandelt wurde in eine Anklage auf Verschwörung zur Ermordung von Polizisten.

Von diesen Angeklagten waren zur Zeit der Explosion der Bombe nur Spies und Fielden auf dem Heumarkt. Fischer und Parsons hatten die Versammlung bereits verlassen und Schwab, Engel, Lingg und Neebe gar nicht an derselben teilgenommen. Parsons hatte seine Frau und seine beiden Kinder im Alter von 5 und 7 Jahren mit in die Versammlung genommen. Ein Beweis, wie wenig dieser ‹Verschwörer› an den Ausbruch von Unruhen dachte. Von den Angeklagten wurde Neebe bis zur Verhandlung auf freiem Fuß gelassen. Parsons hielt sich bis dahin verborgen, um der Untersuchungshaft zu entgehen … Am Tage des Beginns der Verhandlungen gegen ihn und seine Genossen stellte er sich freiwillig dem Gerichte.

Die Anklage wollte Blut um Blut; sie wollte eine Verurteilung um jeden Preis. Es galt nicht allein, die getöteten Polizisten zu rächen, es galt besonders, und das war für die Bourgeoisie die Hauptsache, in den Angeklagten die Arbeiterbewegung zu treffen. ‹Die Arbeiter sollen wie Ratten in ihre Höhlen zurückgejagt werden›! rief der Staatsanwalt Grinell aus, und dann instruierten er und sein Genosse Richter Gary die Geschworenen, daß es genüge, aufreizende Artikel zu schreiben, ganz allgemein mit Bomben und Feuerwaffen zu drohen, um, sobald eine Tat verübt werde, dafür verantwortlich zu werden. Und auf Grund dieser Behauptung wurden die acht Angeklagten verurteilt.

Daß die ‹aufreizenden Artikel›, die man den Angeklagten zur Last legte, eine Folge waren von ebenso ‹aufreizenden Artikeln› seitens der kapitalistischen Presse Chicagos, das wurde von dem ‹unparteilichen› Richter nicht in Betracht gezogen. Die ganze Bitterkeit der Klassenkämpfe, die sich Anfang Mai in Amerika, und speziell in Chicago, abspielten, wurde bei dem Verfahren gegen die Angeklagten nicht berücksichtigt. Und doch mußten, wenn nur der Schein von Gerechtigkeit gewahrt bleiben sollte, die ernsten Zeiten mit in Rechnung gezogen werden. Die ‹Chicago-Times› hatte kurz vorher über die Arbeitslosen geschrieben: ‹Es ist sehr hübsch, wahres Elend zu bessern; aber die beste Mahlzeit für einen lumpigen Tramp (Vagabunden, d. V.) ist Blei. Man sollte genügend Portionen geben, um ihren Appetit und ihre Gefräßigkeit zu stillen›, und die Chicagoer ‹Tribüne› brachte folgendes: ‹Der einfachste Plan ist der, den Arbeitslosen und Bettlern Arsenik in das Mittagessen zu streuen. Das bewirkt in kürzester Frist den Tod und ist anderen Bettlern eine Warnung, sich in respektvoller Entfernung zu halten.› Daß solche Roheiten der Bourgeoispresse auf den Ton der Arbeiterzeitung zurückwirken mußten, ist klar, und daß der intensive Klassenhaß, der bereits durch die verschiedensten Vorgänge in der Chicagoer Arbeiterschaft hervorgerufen war, durch derartige Angriffe aufs Äußerste gesteigert werden mußte, liegt auf der Hand …»[6]

In dieser Pogromstimmung endet der Prozeß mit sieben Todesurteilen (Neebe erhält 15 Jahre Zuchthaus), obwohl es der Klassenjustiz nicht gelingt, auch nur den Schein eines Beweises dafür zu erbringen, daß einer oder mehrere der Angeklagten sich in irgendeiner Weise schuldig gemacht hätten.

Zwei der Verurteilten, Schwab und Fielden, werden vom Gouverneur des Staats Illinois «begnadigt». Ihnen wird eine lebenslange Haft auferlegt. In der Nacht, bevor die anderen fünf Verurteilten hingerichtet werden sollen, kommt einer von ihnen, der Zimmermann Louis Lingg, unter mysteriösen Umständen in seiner Zelle ums Leben: Sein Kopf wird durch eine Dynamitpatrone zerrissen. Die übrigen vier – Albert Richard Parsons, Adolph Fischer, Georg Engel und August Spies – werden am 11. Novem-

Die ermordeten Chicagoer Arbeiterführer
Albert Richard Parsons (oben links), Adolph Fischer (oben rechts),
Georg Engel (unten links), August Spies (unten rechts).

*Das am 25. Juni 1893
enthüllte Denkmal für
die ermordeten Arbeiter-
führer auf dem Chicagoer
Friedhof Foresthome*

ber 1887 durch den Strang hingerichtet. Schon unter dem Galgen, ruft Spies aus: «Die Zeit wird kommen, da unser Schweigen im Grabe mächtiger sein wird als unsere Reden.»[7]

August Spies wie auch andere an führender Stelle wirkende Männer, Parsons, Engel, Schwab, hingen mehr oder weniger anarchistischen Auffassungen an. Diese waren aus der Konfrontation zwischen der ideologisch noch nicht gefestigten Arbeiterbewegung mit der brutal herrschenden Bourgeoisie erwachsen, begünstigt durch die von faulen Kompromissen geprägten Praktiken der rechtsopportunistischen Gewerkschaftsführer und gefördert durch Anarchisten, die aus Europa eingewandert waren, wie Johann Most, der in New York über erheblichen Einfluß verfügte.

In Chicago, wo Spies und Parsons wirkten, war eine mehr anarchosyndikalistische Richtung wortführend, die dem wissenschaftlichen Sozialismus nicht in allem ablehnend gegenüberstand. Friedrich Adolph Sorge, Freund und Kampfgefährte von Marx und Engels, äußerte, daß Spies «... den Anarchismus als ethische Seite des Sozialismus auffaßte und daß von ihm folgende Worte stammten: ‹... Unser Programm ist das Kommunistische Manifest›».[8]

Parsons verfaßte ein Buch mit dem Titel: «Anarchismus: Philosophie und wissenschaftliche Grundlage.» Es war aber keinesfalls ein Werk etwa im Sinne Bakunins oder in der Denkrichtung von Most. Parsons vollendete das Buch noch 1887 im Gefängnis. Er beschäftigte sich darin mit der amerikanischen Geschichte, mit der Entwicklung des Kapitalismus und des Proletariats in den USA sowie mit dem ersten Band von Karl Marx' «Kapital» und mit dem «Kommunistischen Manifest».

Der Anarchismus Parsons war im Grunde eine Plattform, von der aus der Kampf des Proletariats gegen die Bourgeoisie entfaltet werden sollte. Das geht auch aus den Losungen hervor, die aus jener Zeit überliefert sind und unter denen die Agitation in der Arbeiterklasse geführt wurde: «Lohn ist Sklaverei!» – «Ausbeutung ist legitimierter Raub!» – «Arbeiter! Organisiert euch!» – «Freiheit ohne Gleichheit ist Lüge!»

Der Zentrale Arbeiterverband Chicagos, also die Gewerkschaftsorganisation der dortigen Proletarier, stand unter der anerkannten Führung von Parsons und Spies. Allerdings überschätzten die Anarchosyndikalisten von Chicago den Kampf um den Achtstundentag, was zum Beispiel in einer Erklärung Parsons' vom 3. April 1886 zum Ausdruck kam und worin sich eben dessen anarchistisches Denken niederschlug: «Der Versuch, den Achtstundentag einzuführen, wird das kapitalistische System ins Wanken bringen und ein solches Chaos und große Schwierigkeiten auslösen, daß eine soziale Revolution unvermeidlich wird.»[9]

Diese Überschätzung ist charakteristisch für die Ungeduld, durch die sich der Anarchismus auszeichnet, ebenso auch für das mangelnde Einschätzungsvermögen, die begrenzte Fähigkeit, eine Situation auf ihre revolutionären Potenzen hin «abzuklopfen», eine begründete Strategie für den Klassenkampf zu entwikkeln. Parsons lehnte beispielsweise auch jeglichen Kompromiß im politischen Kampf strikt ab – zweifellos eine falsche Reaktion auf das Kompromißlertum der rechtsopportunistischen Gewerkschaftsführer.

Doch was den Gerichtsprozeß, die Verfolgung, die Ermordung der Chicagoer angeht, so ist klar: Die Arbeiterbewegung sollte getroffen werden. Der Anarchimus, dem die Verurteilten anhingen, war nicht von terroristischer Art. Die Vorgänge, von denen die konstruierte Anklage ausging, hatten mit Anarchismus nichts zu tun. Die Angeklagten hatten zu büßen für den Kampf der Arbeiter um den Achtstundentag. Das Rezept der herrschenden Klasse samt ihrer Justiz war in Chicago kein anderes als sonstwo: Den Kampf der Arbeiterklasse um sozialen Fortschritt unter jedem Vorwand – ob Anarchismus, Aufruhr, Mord – zu diskreditieren und abzuwürgen.

Es vergingen nur knapp sechs Jahre, da war die herrschende Macht in der Person des eben gewählten Gouverneurs von Illinois gezwungen, das Urteil zu kassieren, die noch Inhaftierten freizulassen, die Hingerichteten zu rehabilitieren. Man mußte anerkennen, daß es sich um einen Justizmord gehandelt hatte.

Im selben Jahr weihten die Chicagoer Arbeiter am Grabe der Märtyrer des Haymarkets auf dem Waldfriedhof ein Denkmal ein. Es steht noch heute dort.

Mit Dynamit gegen den Zarismus

Im Februar des Jahres 1881 legt man dem russischen Zaren Alexander II. mehrere Berichte vor. Es sind Recherchen der Geheimpolizei. Sie geben Auskunft darüber, was Spitzel und Agenten bei der Beschnüffelung antizaristischer Regungen ermittelt haben.

In dem Papier von Hauptmann Wanden-Bergen, Sektionschef der III. Abteilung, der Geheimpolizei, stößt der Zar auf eine Passage, in der geschildert wird, daß in der Malaja Sadowaja ein Stollen gegraben worden sein soll, um unter die Straße eine Mine legen zu können. Es sei bekannt, daß der Zar nach der allsonntäglichen Wachtparade in der Michailow-Manege entweder die Straße am Katharinenkanal zur Rückfahrt zum Winterpalast benutze oder aber den Weg durch die Malaja Sadowaja nehme. So müsse als Termin für den nächsten Anschlag auf das Leben Seiner Majestät einer der kommenden Sonntage befürchtet werden. Als Konstrukteur der Mine wird Nikolai Iwanowitsch Kibaltschitsch angegeben, der in Kreisen der Nihilisten als Erfinder einer Flugmaschine gelte, die ihn angeblich befähigen soll, in den Weltraum zu gelangen.

Der Zar liest auch den Bericht des Dworniks (Hausmeister, d. V.) Tschenkow, der in einem Gebäude in der Malaja Sadowaja seiner Arbeit nachgeht. Der Informant teilt mit, ein Ehepaar Kobosew habe die Kellerwohnung gemietet und gebe vor, eine Käse- und Butterhandlung einrichten zu wollen. Mann und Frau seien nachts häufig außer Haus. Die Frau trage Stiefeletten mit hohen Absätzen, auch rauche sie Zigaretten.

Schließlich findet der Zar noch einen Bericht, aus dem hervorgeht, wie sorgfältig seine Beamten die vorstehenden Aussagen überprüft haben. Allerdings seien nirgends, auch nicht im Keller Kobosews, Anzeichen bemerkt worden, die auf einen Attentatsversuch hindeuten. Dennoch wird der Zar «dringendst» ersucht, der Wachtparade am kommenden Sonntag fernzubleiben.

Das «Dringendst» entspricht durchaus der Lage, in der sich Alexander II. befindet. Im Verlaufe von nur zweieinhalb Jahren sind sechs Attentate auf ihn verübt worden, und jeden Tag kann das nächste folgen. Nur zufälligen Umständen hat er es bisher zu verdanken, daß er noch am Leben ist. – Doch gehen wir chronologisch vor.

Jeden Tag begibt sich der Tischler Stepan Nikolajewitsch Chalturin in den Winterpalast, um dort seine Pflichten zu erfüllen. Den Wachmannschaften ist der tüchtige und freundliche Mann schnell zu einem guten Bekannten geworden. Seine Werkstatt samt kleinem Ruheraum befindet sich im Keller, genau unter dem Gelaß der Palastwache. Darüber, im zweiten Stock, liegt der Speisesaal des Zaren.

Von den Polizisten hat keiner auch nur die geringste Ahnung, was sich während des Dienstes unter ihren Füßen vollzieht. Stepan Chalturin ist nicht der biedere Tischler, als der er sich ausgibt. Er hat bereits eine politische Vergangenheit. Im Dezember 1878 rief er zusammen mit dem Schlosser Viktor Obnorski den Nordrussischen Arbeiterbund, kurz Nordbund genannt, ins Leben. Er entstand aus geheimen Arbeiterzirkeln, die sich schon zu Beginn der 70er Jahre herausgebildet hatten. Obnorski und Chalturin besaßen bei den etwa 200 Mitgliedern des Nordbundes große Autorität. Diese erste Arbeiterorganisation im zaristischen Rußland nahm die revolutionären Ideen der westeuropäischen Sozialdemokratie auf und ging von richtigen Positionen aus an die Aufgabe, das russische Proletariat für den politischen Kampf zu mobilisieren. In seinem Programm forderte der Nordbund die politische Freiheit, denn nur sie könne die Organisation vor der Willkür der Behörden schützen. Damit wäre die Möglichkeit gegeben, die eigene Weltanschauung richtig auszubilden und die Propaganda mit größerem Erfolg zu führen.

Die Forderung nach politischer Freiheit war zugleich eine Antwort an jene Gruppierungen, die individuellen Terror anderen Kampfformen vorzogen und politische Arbeit verschmähten. Doch war dem Nordbund ein nur kurzes Dasein beschieden. Im

Zar Alexander II.

Jahre 1879 fiel Viktor Obnorski der Geheimpolizei in die Hände; die zaristische Justiz verurteilte ihn zur Zwangsarbeit. Zwei Jahre später, nachdem die geheime Druckerei des Bundes entdeckt, die dort tätigen Arbeiter verhaftet, Maschinen und Flugblätter beschlagnahmt worden waren, hörte die Organisation auf zu bestehen. Angesichts dieser Rückschläge zweifelte Chalturin an seiner politischen Aufgabe und sah entgegen seinen bisherigen Auffassungen einen Ausweg nur noch im Terrorismus.

Seit Chalturin im Winterpalast tätig ist, schmuggelt er fast täglich kleine Portionen Dynamit in seinen Ruheraum. Nahezu einen Monat lang, fast den ganzen Januar 1880, geht das gut. Da verhaftet die zaristische Geheimpolizei ein führendes Mitglied der Organisation «Volkswille» (Narodnaja Wolja). Bei der Visitation des Mannes entdeckt man eine Skizze, die dem Grundriß des Winterpalastes entspricht. Der Speisesaal des Zaren ist mit einem Kreuz bezeichnet. Eine augenblicklich erfolgte Razzia im Zarensitz fördert jedoch nichts zutage. Das Versteck, in dem Chalturin das Dynamit aufbewahrt, wird nicht gefunden. Dennoch richtet die Polizei eine Beobachtungsstelle ein. Einer der dort Wachdienst ausübenden Beamten ist allerdings arglos, er freundet sich sogar mit Chalturin an und hegt die stille Hoffnung, daß der geschickte und belesene Tischler sein Schwiegersohn werde. Den jedoch drängt es, seinen Plan schnellstens zu verwirklichen. Er geht das Risiko ein, auch jetzt noch Dynamit in den Palast zu schmuggeln.

Dann, am 5. Februar 1880, ist es soweit. Um die Mittagsstunde verläßt Stepan Chalturin seine Arbeitsstelle – die Sprengstoffladung ist zur Detonation vorbereitet. Wenn der Zar sich im Speisesaal aufhält, soll das Paket hochgehen.

Die Detonation erfolgt pünktlich. Wachraum und Speisesaal werden zerstört. Etliche Mann Wachpersonal kommen ums Leben, die Angaben schwanken zwischen zehn und fünfzig; dreißig werden verletzt. Doch der Zar bleibt ungeschoren. Er befand sich nicht im Speisesaal, da er auf einen Gast wartete, der sich verspätet hatte.

Stepan Chalturin kann diesmal noch entkommen. Nach einem weiteren Anschlag wird er gefaßt und kurz darauf hingerichtet.

Alexander II. scheint tatsächlich vom Glück begünstigt. War es nicht auch so, als er sich nach dem letzten Sommeraufenthalt auf der Krim zurück in die Hauptstadt Petersburg begab? An drei Stationen der langen Reise waren Minen gelegt worden. Die erste, bei Odessa, kam nicht zur Wirkung, da der Zug des Zaren und der seines Gefolges eine andere Strecke genommen hatten. Die zweite Mine, bei Alexandrowsk, versagte. Die dritte, in Moskau, detonierte zwar, doch da die beiden Züge zufällig in anderer Reihenfolge gefahren waren, traf es nicht den Zaren.

Jetzt, im Frühjahr 1881, soll erneut ein Anschlag versucht werden. Die Fahndung läuft auf Hochtouren. Doch sie kann nichts mehr verhindern. Am 1. März 1881 wird Alexander II. durch eine von dem Narodowolzen Ignati Grinewizki geworfene Bombe – dieser kommt dabei selbst ums Leben – getötet.

Mit der Auslöschung des Zaren ist auch das Ende des Geheimbundes «Narodnaja Wolja» gekommen. Die Polizei verhaftet die meisten Mitglieder; ein Verräter hat sie ans Messer geliefert. Nur wenigen gelingt es zu entkommen. Der Zarismus zerfällt nicht, wie die Narodowolzen es gehofft hatten.

Stepan Chalturin

Wer waren all diese Frauen und Männer, die ihr Leben wagten? Man muß bedenken: Die antizaristische revolutionäre Bewegung im Rußland der zweiten Hälfte des 19. Jahrhunderts war sehr differenziert. Vor dem Eintritt der ersten bedeutenden Organisationen der Arbeiterklasse in die Geschichte waren es die Volkstümler, die Ideen des Widerstandes gegen den Zarismus entwickelten – meist junge Leute, Studenten, Intellektuelle, mit dem brennenden Willen, in das Volk zu gehen – deshalb die Bezeichnung Volkstümler. Sie begaben sich in die Dörfer und versuchten wie die Bauern zu leben und zu arbeiten. Meist hatten sie allerdings nur geringen Erfolg. Rückblickend auf diese Zeit, vornehmlich auf die siebziger Jahre, schrieb Lenin in einem Aufsatz, der 1901 in der Zeitschrift «Sarja» (Morgenröte) veröffentlicht wurde, daß es «glücklicherweise» in Rußland auch «Hitzköpfe» gab, die «mit revolutionärer Propaganda ins Volk gingen». Doch er bemerkte einschränkend: «... obgleich sie unter dem Banner einer Theorie marschierten, die ihrem Wesen nach nicht revolutionär war ...»[1]

Sie folgten nämlich den Konzeptionen von Theoretikern – der wichtigste in diesem Zusammenhang war Pjotr Lawrow –, die

112

Das Attentat auf Zar Alexander I. am 1. März 1881
in der Phantasie der Zeichner

moralische Kategorien zum Zentrum ihrer Anschauungen machten, statt eine wissenschaftliche Analyse der Gesellschaft anzustreben, und denen der Klassenkampf fremd war. Lawrow forderte Pflichterfüllung und Verantwortung des einzelnen vor dem Volk. Der Revolutionär müsse bereit sein zu leiden und zu opfern. Von solchen Gedankengängen bis zu dem Standpunkt der Selbstaufopferung ist es nicht weit. Und die Idee des Opfertums führte schließlich in der Praxis zum Fetischismus – die Revolution als Selbstzweck. Damit isolierten sich diese «Revolutionäre» vom Volk. Das meint Lenin, wenn er die Theorie der Volkstümler als nicht revolutionär bezeichnet.

Dennoch bleibt das historische Verdienst der Volkstümler unbestritten: Durch ihr mutiges Handeln, ja, auch durch ihre Attentate auf Vertreter der Selbstherrschaft (die gesellschaftlichen Erfahrungen im zaristischen Rußland waren über diese Position noch nicht hinaus gelangt – im Gegensatz zu Attentaten im 20. Jahrhundert), Signale gegeben zu haben. Sie waren Wegbereiter, nicht zuletzt für die proletarisch-revolutionäre Bewegung. Es ist nicht zufällig, daß einige Volkstümler später zu marxistischen Positionen fanden, wie Vera Sassulitsch, die 1878 ein Attentat auf den zaristischen General Trepow verübt hatte.

Nikolai Iwanowitsch Kibaltschitsch war es nicht mehr möglich, zu tieferen Erkenntnissen zu gelangen. Einen Tag schon nach dem Attentat auf Zar Alexander II. am 1. März 1881 wird Hauptmann Wanden-Bergen des «unsichtbaren Bombenchefs», den er ein Jahr lang gejagt hat, habhaft. Am 5. April beginnt der Prozeß gegen die Attentäter.

In seinem jungen Leben, er ist 27 Jahre alt, als man ihn vor Gericht stellt, hat Nikolai Kibaltschitsch am eigenen Leibe verspürt, was Zarismus bedeutet. Schon früh entdeckte er seine besondere Liebe zur Wissenschaft und Technik. Als er mit siebzehn Jahren das Gymnasium von Nowgorod-Sewersk verließ, trug er stolz die Medaille für gute Leistungen am Rockaufschlag. Geradezu begierig hatte er weiteres Wissen aufgesogen, erst am Institut für Ingenieurwesen, dann an der Medizinisch-Chirurgischen Akademie in Petersburg. Englisch, Deutsch, Französisch erlernte er in schnellem und hartem Selbststudium, denn er wollte Fachliteratur im Original lesen können. Aber auch revolutionäre Schriften studierte er.

Drei von den zehn bewußten Jahren seines Lebens mußte Nikolai Kibaltschitsch in Untersuchungsgefängnissen zubringen – ohne jegliches Urteil, geschweige denn einen Prozeß. Sein «Verbrechen»: Er hatte einem Bauern ein Buch gegeben, «Das Märchen über die vier Brüder». Es war verboten – wie fast alles unter der Herrschaft Alexander II., den Lenin später einen Henker nannte. Das Urteil gegen N. I. Kibaltschitsch wurde nach dreijähriger «Untersuchung» in einem «Prozeß» von zehn Minuten Dauer gesprochen: eine Woche Gefängnis. Danach öffneten sich ihm zwar die Tore des Kerkers, doch blieben dem politisch Verdächtigen die Tore der Hochschule für immer verschlossen. Eine Verordnung bestimmte, daß jeder, der in ein politisches Verfahren verwickelt gewesen war, Petersburg zu verlassen habe. «Umsiedlung in entlegene Gebiete des Reiches» nannte man das. Wer dem Befehl nicht folgte, wurde zwangsweise deportiert.

Nikolai Kibaltschitsch jedoch blieb. Namen und Wohnung mußte er oft wechseln. Er schloß sich den Narodniki, den Volkstümlern, an, die vor der Entstehung marxistischer Gruppen in Rußland die revolutionäre Arbeit leisteten. Und er fand den Weg zu der Gruppe «Narodnaja Wolja», die seiner Auffassung nach am konsequentesten gegen den Zarismus kämpfte, denn er glaubte, der Tod des Zaren würde das Volk befreien. Als der Techniker, der Wissenschaftler unter den Revolutionären, stellte er die Waffen her, neuartige Bomben und Minen, die den Zaren töten sollten.

Kibaltschitsch entwarf sogar unter anderem ein Projekt, das den wissenschaftlichen und technischen Möglichkeiten seiner Zeit weit voraus war, nämlich das eines raketengetriebenen Flugapparates. Noch im Gefängnis arbeitete er daran und übergab seinem Anwalt das Ergebnis dieser Gedankenarbeit mit der Bitte, es der Nachwelt zu erhalten.

Für das zaristische Regime nimmt der Prozeß den geplanten Ausgang, wenn auch nicht in jeder Phase den gewünschten Verlauf. Neben Nikolai Iwanowitsch Kibaltschitsch sind angeklagt: Der Bauernsohn Andrej Iwanowitsch Sheljabow, 30 Jahre, Leiter der Gruppe; der Student Nikolai Iwanowitsch Ryssakow, 20 Jahre; der Arbeiter Timofej Michailowitsch Michailow, 21 Jahre; die Kleinbürgerin Hesja Mironowna Helfman, 26 Jahre; die Adlige Sofia Lwowna Perowskaja, 27 Jahre.

Als der Sachverständige umständlich den Mechanismus der Bombe erläutert, unterbricht ihn Kibaltschitsch: «Bitte, hören Sie auf! Sie ermüden das Gericht, Herr Sachverständiger! Ich kann Ihnen diesen Vorwurf nicht ersparen! Sie lenken das Gericht von seiner Aufgabe ab, von seiner Aufgabe nämlich, uns alle, die wir hier auf der Anklagebank sitzen, als Mörder zum Tode zu verurteilen! ...

Hier wird stundenlang darüber debattiert, ob wir Söhne von leibeigenen Bauern sind oder Söhne von Priestern. Hier wird sinnlos darüber debattiert, ob die Bomben, die ich gemacht habe, eine neuartige Konstruktion sind oder nicht. Ob es möglich war, daß ich solche Bomben am Küchentisch hergestellt habe! Darüber wird debattiert. Ist es nicht unwichtig, wie ich die Bomben hergestellt habe? Das Wie ist doch unsagbar unwichtig! Keiner fragt hier, warum ich es getan habe, keiner! Ich werde sagen, warum ich es getan habe! Der Zar mußte getötet werden. Ich sage, er mußte sterben, weil er der Repräsentant eines unmenschlichen, bösen, verabscheuungswürdigen Prinzips war, des Prinzips der Alleinherrschaft. Ein Prinzip, das sich der geschichtlichen Entwicklung mit Terror entgegenstemmt! Nicht wir sind die Terroristen! Das Zarentum ist eine Inkarnation des Terrors! Wir sind die Ohnmächtigen, die aufwachten. Die endlich aufwachten! Bringt uns doch um! Tut es doch endlich! Das Zarentum wird zu Ende gehen! Die Alleinherrschaft liegt im Sterben! Daran können die Herrn dort, die uns zum Tode verurteilen werden, nichts mehr ändern ...»[2]

Am 10. April 1881 wird das Urteil gefällt: Tod durch den Strang.

Kurz darauf hängen in den Straßen von Petersburg Plakate, in denen mitgeteilt wird, daß am 15. April 1881, um 9 Uhr morgens, die Staatsverbrecher Perowskaja, Sheljabow, Kibaltschitsch, Michailow und Ryssakow der Todesstrafe durch den Strang auf dem Semjonowski-Platz unterzogen wurden. Was die Verbrecherin, Kleinbürgerin Helfman betrifft, so heißt es, wird die Hinrichtung derselben wegen ihrer amtlich festgestellten Schwangerschaft auf Grund des Gesetzes bis zu deren Genesung verschoben.

Hesja Mironowna Helfman stirbt im Jahr darauf in der Gefängniszelle.

Vom Schicksal ihres Kindes wird nichts bekannt.

Von der zaristischen Justiz
hingerichtete Volkstümler
Nikolai Kibaltschitsch (oben links)
Andrej Sheljabow (oben rechts)
Sofia Perowskaja

Über die Hinrichtung gibt es einen Augenzeugenbericht in deutscher Sprache. Er stammt von Richard Graf von Pfeil und Klein-Ellguth, Generalmajor im russischen Heer. Dieser preußische Offizier stand im Dienste des Zaren. Als er Jahre später nach Deutschland zurückkehrte, veröffentlichte er seine Aufzeichnungen, die er am Morgen des 15. April 1881 in Petersburg niedergeschrieben hatte. Hier einige Auszüge:

«Um acht Uhr verließen die beiden Karren, welche die Verbrecher trugen, den Hof des Gerichtsgebäudes. Die langen, offenen, von schlechten Pferden gezogenen Karren waren schwarz angestrichen. Die Gefangenen waren an Eisenstangen gekettet. Auf der Brust jeder eine schwarze Tafel, auf welcher in weithin lesbarer Schrift ‹Kaisermörder› geschrieben war.

Die Wagen fuhren bis dicht an das Gerüst heran; dort befreite man die Gefangenen von ihren Stricken, Ketten und Kapuzen, und je zwei Polizisten führten sie die Stufen zum Galgen hinauf. Die Truppen präsentierten, und die Verlesung des Urteils begann. Nach Beendigung der Verlesung betraten mehrere höhere Geistliche das Gerüst; die Verurteilten traten ihnen entgegen. Der älteste Geistliche erteilte ihnen den letzten Segen. Dann verließen die Priester die Richtstätte, und der Staatsanwalt überwies die Gefangenen dem Henker. Sie nahmen nun noch, sich gegenseitig küssend, voneinander Abschied. Nun begann die grausige Tätigkeit des Henkers, der sich inzwischen seinen Rock ausgezogen hatte und in rotem Hemd dastand. Mit seinen Gehilfen zog er den Verurteilten die Überwürfe über den Kopf, die so eingerichtet waren, daß der vordere Teil des Halses frei war. Hierbei faßte er zuvor in roher Weise jeden vorn an den Hals, wohl um sich zu überzeugen, ob die Schleife gut gelegt werden könne. Allen wurden die Arme auf dem Rücken zusammengebunden.

Als erster bestieg Kibaltschitsch die verhängisvollen Stufen. Der Henker legte ihm die Schlinge um den Hals, stieg die Stufen hinab, ein Ruck, und der Körper schwebte in der Luft; keine Bewegung deutete mehr ein Zeichen des Lebens an. Hierauf führten zwei Gehilfen Michailow die Stufen hinauf; dieser schien bereits das Bewußtsein verloren zu haben, denn nur dadurch, daß beide ihn unterstützten, hielt er sich aufrecht. Als der Henker ihm die Schlinge um den Hals gelegt und den Strick fest angezogen hatte, sank er zusammen, so daß er bereits an dem Strick hing, obwohl seine Füße noch die Stufen berührten. Der Henker zog dieselben fort, und das Schreckliche geschah! Der Strick riß, und der Verurteilte stürzte hinab. Er kam, wohl durch die Heftigkeit des Sturzes, wieder zur Besinnung, denn man konnte deutlich sehen, daß er sich allein, ohne die Hilfe der Henkersknechte, aufrichtete. Schnell waren die Stufen wieder herangeschoben, abermals betrat er dieselben; der Henker legte ihm einen anderen Strick um, zog die Schlinge fest, rückte die Stufen fort – und wieder riß der Strick, und der Unglückliche stürzte zum zweitenmal …

Ein Zeichen des Unwillens ging durch die Reihen der Zunächststehenden und pflanzte sich, immer lauter werdend, unter den Tausenden von Zuschauern fort. Generaladjutant Baron Driesen rief unwillig dem Henker etwas zu. Dieser kniete neben Michailow nieder, machte ihm eine neue Schlinge um den Hals, die er fest zuzog, und hing dann mit Hilfe seiner Knechte den kein Lebenszeichen mehr von sich Gebenden endgültig auf. Der Anblick war geradezu grauenerregend! Aber welche entsetzlichen Minuten für die drei noch verbleibenden Verurteilten, welche durch die Hüllen alles sehen konnten!

Zwei neue Stricke wurden in die Ringe gezogen. Dann kam Sheljabow an die Reihe, welcher zwischen Kibaltschitsch und Michailow gehängt wurde. Dessen Hinrichtung dauerte nur einen Augenblick. Der Tod schien sofort einzutreten. Auch die der Perowskaja ging rasch vorüber; sie hatte sichtbar schon das Bewußtsein verloren, bevor die Stufen fortgezogen wurden, denn sie fiel, während sie noch auf diesen stand, vornüber in die Schlinge. Endlich als letzter kam Ryssakow an die Reihe. Auch er schien fast ohne Bewußtsein zu sein; doch mußte auch bei ihm der Henker einen Fehler gemacht haben, denn, nachdem er einige Minuten hing, fing er an, Bewegungen zu machen, worauf der Henker die Schlinge fester zuzog. Während der ganzen Zeit ertönte lauter Trommelwirbel. Über eine halbe Stunde blieben die Verurteilten hängen …»[3]

Die imperialistische Propaganda mit ihrem ausgeklügelten Manipulationsapparat hat oft versucht, eine Traditionslinie zu konstruieren, die von Bakunin über die Narodowolzen bis zu den verschiedensten terroristischen Gruppierungen im Kapitalismus der Gegenwart reicht. Der Zweck ist offenkundig: Der Terrorismus soll dem Bürger als etwas der «westlichen Zivilisation» Fremdes suggeriert werden, dessen Wiege in Rußland gestanden habe. Doch wie bereits an anderer Stelle verdeutlicht, ist das Entstehen des Anarchismus und seiner terroristischen Varianten vor allem mit dem Kapitalismus verknüpft, und der Terrorismus ist nicht erst seit den Attentaten auf den russischen Zaren bekannt. Zudem darf man die Beweggründe der Narodowolzen nicht außer acht lassen bei der Beurteilung der Lage im damaligen Rußland. Die Organisation «Narodnaja Wolja» formulierte in ihrem Programm eine Reihe politischer Forderungen – allgemeines Wahlrecht, eine ständige Volksvertretung, die Selbständigkeit der Dorfgemeinschaft (hier liegt zugleich eine ihrer Grenzen, da sie den Klassenkampf und das Proletariat als revolutionäre Klasse ignorierte). Die Narodowolzen richteten ihren Haß und schließlich ihre Attentate auf den Zaren, weil sich in ihm die abscheuliche Selbstherrschaft wie in einem Brennspiegel konzentrierte. Wäre der Zar, dieses Symbol der als gottgewollt dargestellten unmenschlichen Ordnung, beseitigt, würde dies wie ein Signal wirken, und das Volk würde sich wie ein Sturm erheben.

Der Zar fiel, doch der Sturm blieb aus, weil die Narodowolzen die Situation, ihr eigenes Wirken und die Ausstrahlung des Attentats weit überschätzt hatten. Der neue Zar, Alexander III., verschärfte noch den Staatsterror. Lew Tolstoi schrieb: «Untaten, die auf Anweisung von Königen und Kaisern geschehen …, sind unvergleichlich grausamer als alle Morde, welche die Anarchisten verüben …»[4]

Schon im Jahre 1879 hatte Friedrich Engels eben auf Grund der spezifischen Situation im zaristischen Rußland Verständnis für jene Revolutionäre bekundet, die sich gegen die Grausamkeiten des staatlichen Polizeiapparates mit Pulver und Blei verteidigten.

Doch dieses Verständnis kann nicht ausgelegt werden als eine Bejahung des individuellen Terrors, der zur Taktik im proletarischen Klassenkampf erhoben wird. Das beweist die konsequente Abwehr des Bakunismus und seiner Auswüchse durch Marx und Engels. Lenin befindet sich mit ihnen in voller Übereinstimmung, wenn er Jahrzehnte später, 1916, schreibt, daß individuelle

Attentate als revolutionäre Taktik unzweckmäßig und schädlich seien: «Nur die Massenbewegung kann als wirklicher politischer Kampf angesehen werden.»[5]

Die falsche Theorie der Narodowolzen vom «aktiven Helden» und dem «passiven Haufen» vermochte wohl kaum etwas dazu beizutragen, die Massen aufzuklären und zu mobilisieren – außer daß sie ihnen vielleicht die Erfahrung vermittelte, dieser Weg war nicht der richtige.

Bemerkenswert ist in diesem Zusammenhang ein Brief von Friedrich Engels an Georgi Plechanow zu den Ursachen des Terrorismus in Rußland. Der Brief ist am 26. Februar 1895, vierzehn Jahre nach dem Attentat auf Alexander II., geschrieben worden. Es heißt darin: «... Übrigens, in einem Lande wie dem Ihrigen, wo die moderne Großindustrie auf die ursprüngliche Bauerngemeinde aufgepfropft ist und alle Zwischenphasen der Zivilisation nebeneinander bestehen, in einem Lande, das außerdem von einer mehr oder weniger wirksamen geistigen chinesischen Mauer umgeben ist, die der Despotismus errichtet hat, in einem solchen Lande darf man sich nicht wundern, wenn dort die seltsamsten und unmöglichsten Ideenverbindungen entstehen ...

Allmählich, mit dem Anwachsen der Städte, wird die Isolierung der talentvollen Leute verschwinden und mit ihr diese geistigen Verwirrungen, die zurückzuführen sind auf die Abgeschlossenheit, auf die Zusammenhanglosigkeit der zufälligen Kenntnisse dieser merkwürdigen Denker und auch ein wenig – bei den Volkstümlern – auf die Verzweiflung, ihre Hoffnungen schwinden zu sehen. In der Tat, ein exterroristischer Volkstümler könnte schließlich sehr wohl ein Anhänger des Zarismus werden.»[6]

Nichts außer Phrasen

Karl Marx und Friedrich Engels haben bereits im Jugendalter begonnen, sich theoretisch und politisch mit dem Anarchismus auseinanderzusetzen und dessen Untauglichkeit und Schädlichkeit für den Kampf des Proletariats nachzuweisen.

Wladimir Iljitsch Lenin wird in aller Schärfe mit der Attentatspraxis bereits als 17jähriger gewissermaßen körpernah, in der eigenen Familie, konfrontiert. Man schreibt 1887. Es ist gerade sechs Jahre her, daß Mitglieder der Gruppe «Narodnaja Wolja» Zar Alexander II. beseitigt haben. Die Volkstümler haben zu dieser Zeit ihren progressiven Höhepunkt in der antizaristischen revolutionären Bewegung Rußlands schon überschritten. Sie werden durch ihre mehr und mehr dem individuellen Terror zuneigenden Bestrebungen zum Hindernis im Kampf gegen Zarismus und Kapitalismus. Dennoch finden sie vornehmlich unter jungen Intellektuellen immer noch Anhänger. Auch Alexander Uljanow, der Bruder Lenins, gehört zu einer Gruppierung dieser Art, die mit Attentaten und Bombenanschlägen den gesellschaftlichen Fortschritt voranbringen wollen.

Das wird jedoch zunehmend erschwert, seit die von Nikolai I. im Jahre 1826 geschaffene berüchtigte III. Abteilung mehr und mehr Erfahrungen sammelt, wie man Oppositionelle bespitzelt und überwacht. So kommt es, daß der Versuch, ein Attentat auf Alexander III. zu verüben, bereits in der Vorbereitungsphase entdeckt wird. Am 1. März 1887 schlägt die Ochrana, die von Alexander III. weiter ausgebaute Geheimpolizei, in Petersburg zu und nimmt reihenweise Verhaftungen vor.

Eine Freundin der Familie Uljanow erinnert sich, wie sie infolge der Nachricht von der Verhaftung Alexanders sowie auch der Schwester Lenins, Anna, zum Gymnasium eilte, um Wladi-

Petersburg, Newskiprospekt, Ende des 19. Jhd.

mir Iljitsch die traurige Botschaft zu überbringen und mit ihm zu beratschlagen, wie man die Mutter möglichst schonend informieren könne. In ihren Erinnerungen an diese Stunden notierte W. W. Kaschkadomowa, vor ihr habe nicht mehr der frühere sorglose, lebensfrohe Junge gesessen, sondern ein erwachsener Mensch, der über eine wichtige Frage in tiefes Nachdenken versunken war. Er habe die Sache sehr ernst genommen und gemeint, das könne für Sascha (Alexander, d. V.) schlecht enden.

Alle Versuche Maria Alexandrownas, den ältesten Sohn zu retten, bleiben erfolglos. Am 8. Mai 1887 wird Alexander Uljanow in der Festung Schlüsselburg hingerichtet.

Wladimir Iljitsch kann den Tod des Bruders nur schwer verwinden. Bei aller Hochachtung vor dessen Mut vermag er nicht die Distanz zu überbrücken, die sich aus den von Alexander bevorzugten Kampfmethoden ergeben hat. Den individuellen Terror hält Lenin schon zu dieser Zeit für völlig ungeeignet, die zaristische Selbstherrschaft zu überwinden. Zunächst ist es wohl mehr eine erahnte als eine wissenschaftlich-begründete Erkenntnis, wenn er den Standpunkt einnimmt, daß ein solcher Weg nicht der richtige ist.

Wenige Jahre später wird Lenin ein weiteres Mal, wenn auch

nur gedanklich, mit dem Terrorismus konfrontiert. Darüber berichtet sein jüngerer Bruder Dmitri Iljitsch. Im Sommer 1894 kommt es zwischen beiden während eines Spaziergangs zu einem Gespräch. Dmitri zu Wladimir: «Wir haben doch so viele Kameraden, die wir schon lange gut kennen, warum sollten wir uns nicht daranmachen und eine Terroristenorganisation gründen?› Das war noch so ein Rest von Narodowolzentum bei mir. Wladimir blieb sofort stehen: ‹Und wozu brauchen wir das? Nehmen wir einmal an, uns gelänge ein Attentat, es gelänge, den Zaren zu töten; was hätte das für eine Bedeutung?›

‹Was heißt, was für eine Bedeutung? Es hätte gewaltigen Einfluß auf die Gesellschaft!›

‹Auf welche Gesellschaft? Welche Gesellschaft meinst du? Diese liberale Gesellschaft, die Karten spielt, Stör mit Meerrettich ißt und von einer gestutzten Konstitution träumt? Meinst du diese Gesellschaft? Diese Gesellschaft sollte dich nicht interessieren, sie ist für uns uninteressant. Wir müssen an die Arbeiter denken, an die öffentliche Meinung der Arbeiter. Karl Marx hat sich in Westeuropa gerade deshalb an die Spitze der Arbeiterklasse gestellt, weil die Arbeiter das revolutionäre Element der kapitalistischen Ordnung sind.›

Das genügte, daß ich nie mehr auf dieses Thema zurückkam.»[1]

Es vergehen nur acht Jahre, bis Lenin sich mit aller Konsequenz und Schärfe, die ein Kommunist in diesen Dingen nur aufbringen kann, dem politischen Abenteurertum entgegenstellt. Nachdem die Bewegung der Volkstümler gegen Ende des 19. Jahrhunderts hauptsächlich durch das Wirken Lenins und Plechanows politisch und theoretisch überwunden war – jahrelang erwies sie sich als Haupthindernis für die Verbreitung des Marxismus in Rußland –, formierten sich gewissermaßen als deren Erben die Sozialrevolutionäre. Diese kleinbürgerlich-revolutionäre Partei, die zwar zunächst progressive Ziele anstrebte – so die Errichtung einer demokratischen Republik und die Aufteilung des Großgrundbesitzes –, übernahm jedoch von den Narodowolzen in deren Nachfolge eine wesentliche Kampfmethode: den individuellen Terror.

Lenin sah sich mehrmals genötigt, sich in verschiedenen Zu-

Alexander Iljitsch Uljanow, 1887 in der Festung Schlüsselburg hingerichtet

sammenhängen mit den Positionen und der Kampftaktik der Sozialrevolutionäre polemisch auseinanderzusetzen. Er analysierte ihre Stellung zum Marxismus, in der russischen revolutionären Bewegung, zur Bauernschaft und nicht zuletzt eben zum Terrorismus. Die Sozialrevolutionäre müssen bekämpft werden, notierte Lenin 1902, weil sie den Terror in ihr Programm aufgenommen haben und ihn als Mittel des politischen Kampfes propagieren. Der Terror, bemerkte Lenin weiter, wie ihn die Sozialrevolutionäre anwendeten und propagierten, stehe in gar keiner Verbindung mit der Arbeit in den Massen. Vor allem lenkten terroristische Akte von der Aufgabe ab, eine revolutionäre Arbeiterpartei zu organisieren.

«Revolutionäres Abenteurertum» betitelte Lenin dann auch zwei Aufsätze, die am 1. August und am 1. September 1902 in der «Iskra», der ersten marxistischen Zeitung in Rußland, erschienen. Hier analysierte er das Programm und die Politik der Sozialrevolutionäre und beschäftigte sich dabei ausführlich mit dem Terrorismus-Problem. Lenins Aufsatz ist deshalb so aufschlußreich, weil seine prinzipielle Kritik auch dem Leser von heute hilft, das Wesen dieser Erscheinung in der Gegenwart zu erkennen.

Zimmer, in dem Alexander Uljanow seine Gymnasiastenjahre verbrachte

Zelle in der Festung Schlüsselburg

«Die Sozialrevolutionäre bemerken naiverweise nicht», schreibt Lenin, «daß ihre Neigung zum Terror ursächlich aufs engste mit der Tatsache zusammenhängt, daß sie von Anfang an abseits von der Arbeiterbewegung standen und auch weiterhin vor ihr stehen, ohne auch nur bestrebt zu sein, zur Partei der ihren Klassenkampf führenden revolutionären Klasse zu werden. Eifriges Schwören veranlaßt einen sehr oft, aufzuhorchen und die Aufrichtigkeit dessen anzuzweifeln, was eine so scharfe Würze erfordert. Und ich muß häufig an die Worte denken: Werden sie denn des Schwörens nicht müde?, wenn ich die Beteuerungen der Sozialrevolutionäre lese: Durch den Terror rükken wir die Arbeit unter den Massen nicht in den Hintergrund. Beteuern das doch dieselben Leute, die von der sozialdemokratischen Arbeiterbewegung, welche die Massen tatsächlich auf die Beine bringt, bereits abgerückt sind und auch weiterhin von ihr abrücken, wobei sie sich an Bruchstücke beliebiger Theorien klammern.»[2]

Lenin nahm sich ein Flugblatt der Sozialrevolutionäre vor, in dem sie zu begründen versuchten, weshalb der Terror die beste Methode des Kampfes sei. Es heißt darin: «Wir rufen zum Terror auf nicht anstatt der Arbeit unter den Massen, sondern gerade für diese Arbeit und zugleich mit ihr.»[3] Diese Worte, so Lenin, springen ins Auge, weil sie in dreimal so großen Lettern gedruckt seien wie der übrige Text. Und er polemisiert: «In der Tat, wie einfach: Man braucht nur ‹nicht anstatt, sondern zugleich› fett zu drucken – und alle Einwände der Sozialdemokraten, alle Lehren der Geschichte fallen sofort in sich zusammen.»[4]

Der sozialrevolutionäre Unsinn bestehe in der Annahme, daß «das Arbeitervolk» nicht so bald «aus dem Dunkel» hervortreten werde, woraus der Schluß gezogen wird, durch «systematischen Terror» werde sich die Waagschale zu ihren Gunsten neigen. Wörtlich: «Jeder terroristische Schlag nimmt gleichsam der Selbstherrschaft einen Teil ihrer Kraft und verlagert (!) diese ganze Kraft (!) auf die Seite der Freiheitskämpfer.»[5] Lenin bezeichnet diese Haltung als größtes Vorurteil der Terroristen in seiner gröbsten Form.

Als Musterbeispiel der sozialrevolutionären Position charakterisiert Lenin dann die folgende in dem Flugblatt angestellte Erwägung: «Gegen die Volksmenge hat die Selbstherrschaft Soldaten, gegen die revolutionären Organisationen – die geheime und öffentliche Polizei, was wird sie aber retten vor einzelnen Personen oder kleinen Zirkeln, die sich unaufhörlich, ohne sogar einander zu kennen, zum Angriff vorbereiten und angreifen? Keine Macht wird gegen die Unauffindbarkeit helfen. Unsere Aufgabe ist also klar: Jeden mächtigen Gewalttäter der Selbstherrschaft (womit vornehmlich Minister gemeint sind, d. V.) durch das einzige Mittel absetzen, das die Selbstherrschaft uns gelassen hat – durch den Tod.»[6]

Die Vernarrtheit in die individuelle Aktion mache die Sozialrevolutionäre blind gegenüber den objektiven Bedingungen, bemerkte Lenin. Aber gerade diese Blindheit bringe die wirkliche Mentalität der Terroristen zum Ausdruck. Und wörtlich: «Die Theorie von der Verlagerung der Kraft (nämlich von der Organisation auf einzelne, d. V.) findet ihre natürliche Ergänzung in der Theorie von der Unauffindbarkeit, einer Theorie, die nicht nur die ganze Erfahrung der Vergangenheit, sondern auch jeden gesunden Menschenverstand auf den Kopf stellt. Daß die einzige ‹Hoffnung› der Revolution die ‹Menge› ist, daß gegen die Polizei einzig und allein eine revolutionäre Organisation kämpfen kann, die (in der Tat, nicht in Worten) diese Menge führt, ist eine Binsenwahrheit. Eine Schande, das beweisen zu müssen! Und nur Leute, die alles vergessen und absolut nichts hinzugelernt haben, konnten den ‹umgekehrten› Schluß ziehen und sich zu dem hanebüchenen, himmelschreienden Blödsinn versteigen, daß die Selbstherrschaft vor der Menge durch die Soldaten ‹gerettet› werden könne, vor den revolutionären Organisationen durch die Polizei, daß es aber vor Einzelgängern, die auf die Minister Jagd machen, *keine Rettung* gebe!!»[7]

«Wie gut kennen wir diese Sprache von Leuten», schreibt Lenin weiter, «die frei sind von dem Zwang fester sozialistischer Überzeugungen, von der lästigen Erfahrung jedweder Volksbewegung! Das unmittelbar Handgreifliche und Sensationelle der Ergebnisse verwechseln sie mit dem Praktischen. Die Forderung, unbeugsam auf dem Klassenstandpunkt zu stehen und den Massencharakter der Bewegung zu wahren, ist für sie ein ‹unbestimmtes Theoretisieren› ... Die Sozialdemokratie wird stets vor

Abenteurertum warnen und unerbittlich Illusionen entlarven, die zwangsläufig mit völliger Enttäuschung enden.»[8]

Lenin sah sich auch in späteren Jahren veranlaßt, Anarchismus und Terrorismus zu entlarven und zu bekämpfen. Als im November 1905 die Anarchisten verlangten, einen ihrer Vertreter in das Exekutivkomitee der Arbeiterdeputierten aufzunehmen, also in das höchste Organ der Sowjets, der ersten Keimform späterer, sich im Jahre 1917 herausbildender sozialistischer Staatsmacht, wurde dies abgelehnt. Lenin billigte die Entscheidung. Er schlußfolgerte: «Wir werden daher auch alle Mittel des geistigen Kampfes aufbieten, damit der Einfluß der Anarchisten auf die russischen Arbeiter ebenso nichtig bleibt, wie er es bisher war.»[9]

Dieses Versprechen haben die Bolschewiki unter Führung Lenins stets erfüllt. Zu keiner Zeit, weder in der Revolution von 1905 noch in der Februarrevolution von 1917 und schon gar nicht in der Großen Sozialistischen Oktoberrevolution, haben die Anarchisten einen Einfluß gewonnen, der den Prozeß des revolutionären Fortschritts hätte aufhalten oder in eine falsche Richtung lenken können. Doch hat es des angestrengten Kampfes und auch mancher Opfer bedurft, um die als richtig erkannte Linie der Revolution gegen alle Widerstände durchzusetzen.

Schwarz
in der roten Revolution

Moskau im Jahre 1919. Im ausgedehnten Zentrum der Stadt liegt die Leontjew-Gasse. Dort befindet sich in einem ehemaligen Bürgerhaus der Sitz des Moskauer Komitees der Kommunistischen Partei Rußlands, der Bolschewiki. Dieses Jahr ist das schwerste, das die revolutionäre Macht zu überstehen hat. Seit Anfang 1918 hat die innere, die weißgardistische Konterrevolution und die militärische Intervention der kapitalistischen Hauptmächte das Land mit Krieg und Verwüstung überzogen. Seit Mitte 1918 toben erbitterte Schlachten an den Fronten in allen vier Himmelsrichtungen.

Am 25. September haben sich im Haus des Moskauer Parteikomitees mehr als hundert Funktionäre versammelt. Es sind vornehmlich Lektoren und Agitatoren aus den Stadtbezirken. Die Genossen nehmen Informationen über die Konterrevolution entgegen, besonders über die Verschwörung des «Nationalen Zentrums», einer von der russischen Bourgeoisie organisierten und gelenkten illegalen Gruppierung. Diese versucht, im Hinterland der Fronten aktiv zu werden, namentlich in Petrograd und in Moskau Aufstände zu entfesseln, um auf diese Weise – und unterstützt von ausländischen Interventen – die Sowjetmacht zu liquidieren.

Jäh wird die Veranstaltung unterbrochen. Durch berstende Fensterscheiben fliegt aus dem Garten ein dunkler Gegenstand in den Versammlungsraum – eine Bombe. Die Detonation ist fürchterlich. Zwölf der Teilnehmer sind auf der Stelle tot. Aus den Trümmern werden in den nächsten Stunden fünfundfünfzig zum Teil Schwerverletzte geborgen. Unter den Opfern des blutigen Anschlags findet man Genossen Sagorski, den Sekretär des

Moskauer Komitees der KPR(B), einen der fähigsten jungen Funktionäre in der Partei Lenins.

Tage danach wird in Moskau ein von unbekannter Hand hergestelltes Flugblatt verbreitet, in dem sich ein «Gesamtrussisches Komitee der revolutionären Partisanen» als Urheber des Attentats bezeichnet. Da die Sprache des Flugblatts sich bekannter anarchistischer Wendungen bedient, vermutet die Tscheka (Abkürzung für «Gesamtrussische Außerordentliche Kommission zum Kampf gegen Konterrevolution, Sabotage und Spekulation»), daß man auch in dieser Richtung ermitteln müsse.

Genau eine Woche nach dem hinterhältigen Anschlag nehmen Tschekisten in einem Eisenbahnzug bei Brjansk eine verdächtige weibliche Person fest. Sie wird als Mitglied der ukrainischen anarchistischen Gruppe «Nabat» («Sturmgeläut») identifiziert. Man findet bei der Frau namens Kaplun den Brief eines gewissen A. Baron – offenbar gehört er zum Zentrum von «Nabat» –, in dem zu lesen ist: «Moskau ist jetzt auf der Hut. Vor ein paar Tagen detonierte im dortigen Parteikomitee der Bolschewiki eine Bombe, über zehn Menschen wurden getötet. Es scheint sich um eine Aktion der illegalen Anarchisten zu handeln, mit denen ich nichts gemein habe. Sie verfügen über Millionensummen und werden von einem Mann beherrscht, der sich einbildet, ein Napoleon zu sein. Heute werden sie wahrscheinlich eine Mitteilung veröffentlichen, daß sie den Anschlag verübt haben.»[1]

Damit wird klar, daß man in Anarchistenkreisen über den Anschlag informiert war. Während des Oktobers und Anfang November werden in Moskau und verschiedenen anderen Orten illegale Anarchisten aufgespürt. Die Tscheka stellt dabei Waffen, Bomben, Namenslisten und anderes Material sicher. Einer der Verhafteten ist geständig. Er bestätigt, daß die illegalen Anarchisten den Bombenanschlag in der Leontjew-Gasse verübt haben. Die nach dieser Aussage aufgenommene Spur führt in die Siedlung Kraskowo bei Moskau, wo sich in einem Sommerhaus der Stab der Gruppe einquartiert haben soll.

In der Nacht zum 5. November 1919 ziehen Tschekisten einen Ring um das Haus. Doch statt sich zu ergeben, lassen die Anarchisten, die sich tatsächlich dort befinden, sofort die Waffen sprechen. Das Gefecht währt an die zwei Stunden.

Nachdem die Eingeschlossenen erkannt haben, daß weiterer Widerstand zwecklos ist, legen sie Feuer und lassen etliche Sprengladungen hochgehen. Sechs Anarchisten kommen dabei ums Leben.

Die Verhöre der Verhafteten bringen endgültig Klarheit über die Urheber des Anschlags auf das Haus des Moskauer Parteikomitees. Der Anarchist Baranowski (Deckname Popow) gesteht: «Das Attentat in der Leontjew-Gasse ist von Anarchisten der Untergrundbewegung verübt worden. An ihm waren fünf Mann beteiligt, und zwar ich selbst, Pjotr Sobolew (er hat die Bombe geworfen), Mischa Gretschanikow, Fedja Nikolajew und noch einer, der in dem Sommerhaus in Kraskowo umgekommen ist und dessen Familiennamen ich nicht nennen will.»[2]

Wie den Aussagen Baranowskis und weiterer Anarchisten zu entnehmen ist, war der Bombenanschlag nur eine von verschiedenen verbrecherischen Taten, die das «Gesamtrussische Komitee der revolutionären Partisanen» inszenierte. Auch die Mitglieder der Partei der linken Sozialrevolutionäre von Moskau sind an den Aktionen jenes «Komitees» beteiligt. Hauptsächlich rekrutiert es sich aus Moskauer Anarchisten, die dem Terrorismus anhängen und gegen die Sowjetmacht agieren.

Gründer besagten «Komitees» ist ein gewisser Kasimir Kowalewitsch. Zu dem Zeitpunkt, da die Gruppe entlarvt und zerschlagen wird, besteht sie aus nicht mehr als dreißig Mann. Im Verlaufe des Sommers 1919 hatte man sich «konstituiert», indem Bankfilialen – wohlgemerkt sowjetische, denn die Banken waren ja nationalisiert – und Betriebskassen ausgeraubt wurden. Allein der Überfall auf die Kasse des Patronenwerkes in Tula brachte fast 3,5 Millionen Rubel Beute ein. Das Geld, das sie auf diese Weise den Werktätigen geraubt hatten, verwendeten die «revolutionären Partisanen» für die Beschaffung von Waffen, Dynamit, einer Druckmaschine, und sie richteten davon auch das Haus in Kraskowo als Stabsquartier ein.

Zwar erbringt die Große Sozialistische Oktoberrevolution auch Beispiele dafür, daß einzelne Anarchisten kühn und aufopferungsvoll ihr Leben in die Schanze schlagen und für den Sieg der proletarischen Sache eintreten. Doch unter den verschiedenen anarchistischen Gruppierungen, die in der revolutionären Zeit zu den handelnden Kräften gehören, kommt es kaum zu einem Konsens im Sinne der Revolution, und Kontakte sowie Aktionseinheit mit den Bolschewiki unter der Führung Lenins sind eine Seltenheit.

Trotzdem gehen die Bolschewiki zunächst davon aus, daß auch die Anarchisten die gleiche Gelegenheit haben wie alle anderen, sich als Revolutionäre zu beweisen, und daß sie nach ihrer Haltung und ihrem Handeln zu beurteilen sind.

Doch auch im revolutionären Rußland der Jahre 1917, 1918, 1919 halten die anarchistischen Gruppen sich für völlig selbständig und unabhängig und lehnen jegliche organisierte Aktion oder gar Aktionseinheit ab. Sie erkennen keinerlei Autorität an, auch nicht die einer sozialistischen Staatsmacht, konkret der Sowjets. Vielmehr fordern die meisten den sofortigen Übergang zu einer Gesellschaft ohne Staat. Das Prinzip des demokratischen Zentralismus lehnen sie ab. Ginge es nach ihnen, so sollten die örtlichen Organe die gesamte Macht repräsentieren und die Betriebe eine Art von Kollektivbesitz werden, ausschließlich jenen gehörend, die in ihnen arbeiten, nicht aber der Gesellschaft.

In verschiedenen Städten besetzen Anarchisten die Villen von Kapitalisten. Unter dem Vorwand, die Revolution verteidigen zu wollen, bilden sie bewaffnete Abteilungen, die abseits der Sowjets und der gerade erst entstehenden sozialistischen Justiz Enteignungen vornehmen mit der Begründung, «Mittel für die Organisation» beschaffen zu müssen. Da die Anarchisten zudem von der Registrierung ihrer Mitglieder und dergleichen Ordnungsprinzipien nicht viel halten, dringen auch kriminelle Elemente ungehindert in die verschiedenen Gruppierungen ein.

Unter dem Banner des Anarchismus werden Wohnungen, Geschäfte und Magazine geplündert. Keine drei Monate nach dem Sieg der Oktoberrevolution gründen Anarchisten am 31. Januar 1918 einen «Rat der Moskauer Föderation anarchistischer Gruppen». Dieser Rat läßt eigenmächtig das Haus des ehemaligen Kaufmannsklubs in Moskau besetzen und errichtet dort sein Hauptquartier. Als Ziel der «Föderation» wird angegeben, anarchistische Lehren zu verbreiten und neue Mitkämpfer zu gewinnen. Man bildet auch eine bewaffnete Abteilung, die den Namen

«Schwarze Garde» erhält und die angeblich gegen die Konterrevolution kämpfen soll. In Moskau entstehen verschiedene anarchistische Gruppen, die sich revolutionär anmutende Namen geben: «Awangard» (Vorhut), «Uragan» (Orkan), «Borzy» (Die Kämpfer) und andere. Einige der Gruppen akzeptieren den obengenannten Rat der Föderation, andere wieder wollen nichts mit ihm zu tun haben, wollen autonom bleiben.

Außerhalb der Sowjets, der legitimen Organe der Revolution, zu agieren, darein legen viele Anarchisten all ihren individualistischen Ehrgeiz. Die Folge kann nur sein, daß solche Handlungen zunehmend konterrevolutionären Charakter annehmen. Ein Beispiel dafür ist die sogenannte Operation Opium in Moskau. Im Frühjahr 1918 erscheinen Anarchisten im Büro der Handelsgesellschaft «Kaukasus und Merkur». Sie weisen eine Vollmacht vor, die von der «Gesamtrussischen Föderation der kommunistischen Anarchisten» stammt, und verlangen die Herausgabe des gesamten Opiums, das sich in den Lagern befindet. Begründung: Es sei schädlich für die Gesellschaft und müsse daher vernichtet werden. Der Kommissar des Handelsunternehmens fordert, die Vollmacht müsse vom verantwortlichen Sowjet gegengezeichnet sein. Die Anarchisten akzeptieren dies und kehren kurze Zeit danach mit einer Bestätigung zurück, unterzeichnet von einem Mitglied des Präsidiums der Soldatensektion des Moskauer Sowjets. Daraufhin wird ihnen das Opium ausgeliefert.

Über den ziemlich ungewöhnlichen Vorgang ist jedoch auch die Tscheka verständigt worden, und ihr Vorsitzender, Feliks Dzierżyński, weist an, die Angelegenheit sofort zu prüfen. Es erfolgt eine Haussuchung im Hotel «Metropol», wo F. G. Gorbow sich aufhält, Anführer der Gruppe, immerhin als Vertreter der anarchistischen Föderation Mitglied des Gesamtrussischen Zentralexekutivkomitees, also eines wichtigen Organs der Revolution. Bei Gorbow finden die Tschekisten Bomben, Revolver und eine große Menge Geld. Gorbow wird verhaftet, ebenso ein weiterer Teilnehmer der «Operation Opium», A. Swetlow, bei dem außer Bomben, Handfeuerwaffen und Munition auch noch Vorräte an Lebensmitteln, Tee u. ä. gefunden werden, woran es ja derzeit im ganzen Lande mangelt. Die Untersuchung ergibt, daß die von den Anarchisten nachträglich beschaffte Unterschrift gefälscht worden ist. Das Opium wird schließlich bei einem Spekulanten gefunden, dem die Anarchisten die gesamte Menge, rund 200 Pakete zu je 5 Kilo, für 100 000 Rubel verkauft haben. So handhaben die Anarchisten die Vernichtung des «für die Gesellschaft schädlichen» Opiums.

Nachdem die Revolutionsregierung im Frühjahr 1918 ihren Sitz in Moskau eingerichtet hat, veröffentlicht die Tscheka folgende Mitteilung: «Die vordringlichste Aufgabe der Gesamtrussischen Tscheka ist der Kampf für die völlige Sicherheit und Unantastbarkeit der Persönlichkeit und des Vermögens der Bürger vor der Willkür und den Gewalttätigkeiten eigenmächtiger Eindringlinge und Banditen, Räuber und Rowdys sowie gewöhnlicher Gauner, die es wagen, sich als (legale) Anarchisten, Rotgardisten und Mitglieder anderer revolutionärer Organisationen auszugeben. Im Kampf gegen diese doppelten Verbrecher, die gern Verbindungen mit Konterrevolutionären, Angehörigen von Stoßtrupps und Weißgardisten eingehen und sie bei sich aufnehmen, wird besonders entschieden und schonungslos vorgegangen.»[3]

In der Nacht zum 12. April 1918 entwaffnen Tschekisten und Rotarmisten während einer gemeinsamen Aktion verschiedene verdächtige Gruppen, die sich Anarchisten nennen. Etwa 400 Personen werden festgenommen. Die Tscheka erklärt, daß sich diese Maßnahme ausschließlich gegen Kriminelle und Banditen richte. Anarchisten, die sich nicht an Plünderungen und anderen kriminellen Vergehen beteiligt hätten, würden freigelassen. Von den 400 Verhafteten sind dies gerade 20.

Ob gewollt oder ungewollt, es bleibt eine Tatsache, daß die Anarchisten sowohl durch ihre «Ideologie» als auch durch ihr Verhalten und ihre Sorglosigkeit in organisatorischen Belangen dem Verbrechen und der Kriminalität Vorschub leisten, diesen oft sogar einen Deckmantel bieten.

Das geht auch aus einer anderen Erklärung der Tscheka, ebenfalls im Frühjahr 1918 veröffentlicht, hervor: «Die Abteilung bei der Gesamtrussischen Tscheka zum Kampf gegen die Kriminalität leistet gegenwärtig eine intensive Arbeit zur Säuberung Moskaus von verbrecherischen Elementen. Ein großer Teil der Verbrecher, die wir ausgehoben haben, sind Personen, die sich auf diese oder jene Weise in die ideologische Strömung des Anarchismus eingeschlichen haben. Lapschin-Lipkowitsch, der Führer der ‹Grakom›-(Bürgerkomitee-)Bande, der vor kurzem erschossen worden ist, hat beim Verhör viele seiner Komplizen verraten. Durch seine Hinweise werden jetzt noch unverschämte, empörend große Verbrechen aufgedeckt, an denen Mitglieder der Gruppen der ‹anarchistischen› Plattform beteiligt gewesen sind. Während einer ‹Enteignung› hat Lapschin-Lipkowitsch bekanntlich Baturin durch unmenschliche Folter zu Tode gequält. Er skalpierte sein Opfer, goß Kölnischwasser auf die Wunde und versuchte so, aus Baturin herauszupressen, wo er sein Geld versteckt hatte. Bei dem Verhör wurde außerdem bekannt, daß dieser Lapschin auf einer Versammlung ‹anarchistischer› Gruppen verlangt hatte, alle Mitglieder der Gruppen, so unterschiedlich ihre Namen auch seien, müßten das uneingeschränkte Recht auf Requirierungen und Konfiskationen als ihr Glaubensbekenntnis ansehen. Denen, die nicht damit einverstanden waren, wurde vorgeschlagen, sich dazu zu äußern. Aber in der Versammlung fand sich nicht ein einziger, der sich wenigstens für ein beschränktes Recht auf Requirierung ausgesprochen hätte. Viele Gruppen standen miteinander in Kontakt und verübten gemeinsam Plünderungen, darunter die 1. Samarer Abteilung, die 2. Abteilung ‹Grakom›, ‹Burja› (Sturm) und andere. Mitglieder dieser Gruppen verübten Dutzende Plünderungen, wobei sie sich Geld in Höhe von mehreren Millionen Rubeln aneigneten ...»[4]

Die entscheidende Frage, an der sich in der Großen Sozialistischen Oktoberrevolution die Geister, sprich: Bolschewiki und Anarchisten, scheiden, ist die nach der Funktion der Sowjets, also nach der Macht. Die Losung der Bolschewiki «Alle Macht den Sowjets!» enthält in der Sicht der Anarchisten einen unauflösbaren Widerspruch: Die Macht, also Staatlichkeit, der Hauptgegenstand des anarchistischen Angriffs – und Sowjets, wie der Anarchismus sie versteht: als losen Zusammenschluß, als im Grunde unverbindliches Gremium für Debatten. Und so wettern sie schon in der Februarrevolution von 1917 gegen die Konzeption der Bolschewiki, die in den Sowjets die Keimform der revolutionären Macht sehen. Lenin äußert sich dazu auf dem VII. Parteitag im März 1918. Er verweist auf die in der russischen

Revolution zutage getretene Schöpferkraft des Volkes und auf die großen Erfahrungen, die es im Jahre 1905 gewonnen hat. Die Bildung der Sowjets bereits während des Februar 1917 schuf die Voraussetzung, im Oktober die Macht zu ergreifen, denn der Erfolg hing allein davon ab, ob bereits fertige Organisationsformen der Bewegung vorhanden waren, die Millionen umfaßte. Diese fertige Form waren eben die Sowjets, und es galt nun, die Macht «aus dem Embryonalzustand, in dem sie sich in den ersten Tagen der Revolution befand, zur gesetzlich anerkannten Form zu machen, die im Russischen Staat feste Form angenommen hat in Gestalt der Russischen Sowjetrepublik».[5]

Ein gravierender Beweis für die gegenrevolutionären Positionen ist auch das Handeln der Anarchisten im Frühjahr 1921 in Kronstadt. Sie gebärden sich ultrarevolutionär und setzen im örtlichen Sowjet gegen den Widerstand der Bolschewiki einen Beschluß durch, wonach die Wohnungen sozialisiert werden sollen. Zudem wollen sie die Sowjets durch eine «Konföderation freier Gemeinden» ersetzen, und sie schicken ihre Leute nach Petrograd mit dem Auftrag, in den Fabriken Streiks gegen die Sowjetmacht zu organisieren.

Höhepunkt konterrevolutionärer Aktivitäten im Norden ist die Meuterei von Kronstadt, die freilich nicht allein auf das Konto der Anarchisten kommt, an der sie jedoch maßgeblich beteiligt sind. Kleinbürgerlichen Elementen – Menschewiki, Sozialrevolutionären, Anarchisten – war es gelungen, die Matrosen aufzuwiegeln und ihnen zu suggerieren, es sei erforderlich, sogenannte demokratische Freiheiten für alle politischen Kräfte einzuführen, die Sowjets neu zu wählen, die wegen antirevolutionärer Handlungen Verurteilten freizulassen und anderes mehr. Man verhaftet den Vorsitzenden des örtlichen Sowjets und den Kommissar der Baltischen Flotte. Es wird ein «Provisorisches Revolutionskomitee» von Kronstadt gewählt.

Dieses Komitee wirkt äußerst anziehend auf bürgerliche und konterrevolutionäre Kräfte auch im Ausland. So schreibt der Führer der Kadetten, der ehemaligen russischen Bürger- und Gutsbesitzerpartei, P. N. Miljukow, in einer Emigrantenzeitschrift über das Programm des sogenannten Revolutionskomitees: «Dieses Programm kommt in der kurzen Losung ‹Nieder mit den Bolschewiki, es leben die Sowjets› zum Ausdruck. ‹Es leben die Sowjets!› bedeutet gegenwärtig vermutlich, daß die Macht von den Bolschewiki an die gemäßigten Sozialisten übergehen soll, die die Mehrheit in den Sowjets erhalten werden ...»[6] Damit ist heraus, was die Meuterer, die Anarchisten, die mit ihnen gehen, und andere wollen: Sowjets ohne Bolschewiki, Sowjets, die früher oder später ihres revolutionären Charakters beraubt, zu Organen bürgerlicher Macht werden.

Lenin spricht am 8. März 1921 auf dem X. Parteitag der KPR(B) zu den Geschehnissen: «Zwei Wochen vor den Kronstädter Ereignissen schrieb man bereits in den Pariser Zeitungen, daß in Kronstadt ein Aufstand ausgebrochen sei. Es ist ganz klar, daß hier die Sozialrevolutionäre und die ausländischen Weißgardisten ihre Hände im Spiel hatten; und zugleich lief diese Bewegung auf eine kleinbürgerliche Konterrevolution hinaus, kam das kleinbürgerliche anarchistische Element zum Zuge ... Hier zeigte sich das kleinbürgerliche, anarchistische Element, das mit den Losungen des freien Handels auftritt und stets gegen die Diktatur des Proletariats gerichtet ist ... So klein oder geringfügig zunächst – wie soll ich mich ausdrücken – die Machtverschiebung, die die Kronstädter Matrosen und Arbeiter vorschlugen, gewesen wäre – sie wollten die Bolschewiki in bezug auf die Freiheit des Handels korrigieren, also scheinbar keine große Verschiebung, scheinbar dieselben Losungen: ‹Sowjetmacht›, mit einer kleinen Änderung oder nur einer Korrektur –, in Wirklichkeit aber dienten hier die parteilosen Elemente nur als Trittbrett, als Stufe, als Brücke, über die die Weißgardisten kamen.»[7]

Nachdem alle Versuche, den Konflikt friedlich beizulegen, gescheitert sind, gibt der Revolutionäre Kriegsrat der Republik den Befehl, den Aufstandsherd zu liquidieren. Die 7. Armee unter M. N Tuchatschewski, unterstützt von Hunderten Delegierten des X. Parteitages, stellt in wenigen Tagen – zwischen dem 15. und dem 18. März 1921 – die Sowjetmacht wieder her.

Im Zusammenhang mit den Ereignissen in Kronstadt bringt Lenin auf dem Parteitag einen Resolutionsentwurf ein, in dem analysiert wird, welche politischen und sozialen Ursachen dem Geschehen zugrunde liegen. Nachdem festgestellt ist, daß in der Partei eine syndikalistische und anarchistische Abweichung zutage getreten ist, erläutert die Resolution, «daß in die Reihen der Partei ehemalige Menschewiki eingetreten sind, sodann auch Arbeiter und Bauern, die sich die kommunistische Weltanschauung noch nicht ganz zu eigen gemacht haben; hauptsächlich aber ist diese Abweichung durch die Einwirkung des kleinbürgerlichen Elements auf das Proletariat und die KPR hervorgerufen worden, eines Elements, das in unserem Lande außerordentlich stark ist und unvermeidlich Schwankungen in der Richtung zum Anarchismus erzeugt, besonders in Augenblicken, wo sich die Lage der Massen infolge der Mißernte und der äußerst verheerenden Folgen des Krieges kraß verschlechtert hat und wo durch die Demobilisierung der Millionenarmee viele Hunderttausende Bauern und Arbeiter ins Land hinausgeschleudert werden, die nicht sofort imstande sind, richtige Einkommensquellen für ihre Existenz zu finden.»[8]

Kronstadt ist für Lenin ein Anlaß, sich analysierend mit den historischen, politischen und sozialen Ursachen anarchistischer Aktivitäten nach der Oktoberrevolution zu befassen, und zwar in prinzipieller Weise. Die Erkenntnisse, die Jahrzehnte zuvor Marx und Engels bei der Herausbildung des wissenschaftlichen Sozialismus und im Kampf gegen kleinbürgerliche wie anarchistische Auffassungen entwickelten, nimmt Lenin während des X. Parteitages ein weiteres Mal auf und wendet sie auf die neue historische Situation an.

Der Umstand, daß in Kronstadt das kleinbürgerlich-anarchistische Element zum Zuge gekommen ist, müsse eingehend untersucht werden, betont Lenin, denn die erzeugte Stimmung «wirkte sich sehr stark auf das Proletariat aus. Sie wirkte sich auf die Betriebe in Moskau aus, sie wirkte sich in einer ganzen Reihe von Orten in der Provinz aus. Diese kleinbürgerliche Konterrevolution ist zweifellos gefährlicher als Denikin, Judenitsch und Koltschak zusammengenommen, weil wir es mit einem Land zu tun haben, wo das Proletariat die Minderheit bildet, weil wir es mit einem Land zu tun haben, in dem die wirtschaftliche Zerrüttung das bäuerliche Eigentum in Mitleidenschaft gezogen hat, und außerdem haben wir noch eine solche Sache wie die Demobilisierung der Armee, die aufständische Elemente sonder Zahl geliefert hat ... Wir dürfen nicht vergessen, daß die Bourgeoisie bemüht ist, die Bauernschaft gegen die Arbeiter aufzuwiegeln, daß sie versucht, das kleinbürgerliche, anarchistische Element gegen die Arbeiter unter deren Losungen aufzuwiegeln, was unmittelbar zum Sturz der Diktatur des Proletariats und folglich zur Wiederaufrichtung des Kapitalismus, der alten gutsherrlichen Macht führen würde. Hier liegt die politische Gefahr auf der Hand.»[9]

Lenin verweist auch auf die Methoden und Mittel, durch die das kleinbürgerlich-anarchistische Element überwunden werden kann und muß. Ein wesentlicher Faktor sei der Übergang der Kleinbesitzer zur vergesellschafteten, kollektiven, gemeinschaftlichen Arbeit. Eine Reihe gesetzgeberischer Akte sei zu diesem Zweck erfolgt, doch als entscheidend bezeichnet Lenin die praktische Verwirklichung, das heißt, «wenn man eine sehr starke Großindustrie besitzt, die fähig ist, dem Kleinproduzenten solche Vorteile zu bieten, daß er den Vorzug dieser Großwirtschaft in der Praxis einsieht».[10]

Lenin betont, daß die Frage stets so und nicht anders von den Marxisten gestellt wurde, die über die soziale Revolution und ihre Aufgaben nachdachten. Eine der Besonderheiten in Rußland sei die: «Bei uns ist das Proletariat nicht nur in der Minderheit, sondern in der verschwindenden Minderheit, die Bauernschaft aber bildet die ungeheure Mehrheit. Die Verhältnisse aber, unter denen wir die Revolution verteidigen mußten, brachten es mit sich, daß sich die Lösung unserer Aufgaben als unerhört schwierig erwies. Alle Vorzüge der Großproduktion in der Praxis aufzuzeigen, vermochten wir nicht, denn diese Großproduktion ist zerstört, sie selbst muß das kläglichste Dasein fristen ...»[11]

Auf dem X. Parteitag spielte die Auseinandersetzung mit dem von Proudhon überkommenen Anarchosyndikalismus in Gestalt der Forderungen nach «Selbstverwaltung der Produzenten» eine Rolle. Diese von der «Arbeiteropposition» vertretene Linie forderte die prinzipielle Kritik Lenins heraus. Der Parteitag beschäftigte sich ausführlich mit dieser Problematik, und Lenin selbst nahm mehrmals das Wort, um die grundsätzliche Haltung der Bolschewiki in dieser Frage darzulegen.

Die «Arbeiteropposition» wollte der Partei einen Kurs in der

Wirtschaftspolitik aufdrängen, der darauf hinauslief, den Staat und seine Organe von der Organisierung der Produktion auszuschließen. Lenin formulierte in seinem Resolutionsentwurf an den Parteitag, warum der Anspruch der Anarchosyndikalisten unbedingt zurückgewiesen werden mußte. «Die Ideen, die dieser und zahlreichen ähnlichen Erklärungen zugrunde liegen, sind theoretisch von Grund aus falsch, denn sie bedeuten den völligen Bruch mit dem Marxismus und Kommunismus sowie mit den Ergebnissen der praktischen Erfahrung aller halbproletarischen Revolutionen und der jetzigen proletarischen Revolution.

Erstens vereinigt der Begriff ‹Produzent› den Proletarier mit dem Halbproletarier und mit dem kleinen Warenproduzenten und gibt somit den Grundbegriff des Klassenkampfes und die Grundforderung, zwischen den Klassen genau zu unterscheiden, radikal preis.

Zweitens ist die Orientierung auf die parteilosen Massen bzw. das Liebäugeln mit ihnen, das in der angeführten These zum Ausdruck kommt, eine nicht weniger radikale Abkehr vom Marxismus.

Der Marxismus lehrt ..., daß nur die politische Partei der Arbeiterklasse, d. h. die kommunistische Partei, imstande ist, eine solche Avantgarde des Proletariats und der gesamten werktätigen Massen zu vereinigen, zu erziehen und zu organisieren, die allein fähig ist, den unvermeidlichen kleinbürgerlichen Schwankungen dieser Masse, den unvermeidlichen Traditionen und Rückfällen in zünftlerische Beschränktheit oder zünftlerische Vorurteile unter dem Proletariat zu widerstehen und die ganze zusammengefaßte Tätigkeit des gesamten Proletariats zu leiten, d. h. es politisch zu leiten, und durch das Proletariat alle werktätigen Massen zu leiten. Anders ist die Diktatur des Proletariats nicht zu verwirklichen.»[12]

Am Schluß des entsprechenden Absatzes im Resolutionsentwurf wird besonders hervorgehoben: «Die falsche Auffassung von der Rolle der kommunistischen Partei in ihrem Verhältnis zum parteilosen Proletariat und sodann im Verhältnis des ersten und des zweiten Faktors zur gesamten Masse der Werktätigen ist eine grundsätzliche theoretische Abkehr vom Kommunismus und eine Abweichung in der Richtung zum Syndikalismus und

Anarchismus, diese Abweichung aber durchdringt alle Auffassungen der Gruppe der ‹Arbeiteropposition›.»[13]

Auch die Begriffe «Produzent» oder «Vereinigung der Produzenten», wie die Anhänger der Plattform sie gebrauchen, unterzieht Lenin schärfster Kritik. Zwar berufen sie sich auf Engels, der eben diese Begriffe auch benutzt habe, erklärt Lenin, aber was die Opposition «vergessen» hat, nämlich daß bei Engels die Rede von der kommunistischen Gesellschaft ist, in der ja die Klassen nicht mehr existieren werden. Wenn es in der Gesellschaft keine Klassen mehr gibt, so Lenin, dann werde sie nur aus arbeitenden Produzenten bestehen. Was jedoch Marx und Engels stets streng unterschieden hätten, nämlich die Periode, in der es noch Klassen gibt, und jene, in der es keine mehr gibt, das «übersehen» die Vertreter der Plattform. So schädlich wie ihre Abweichung in theoretischer Hinsicht ist, so ist sie es auch in praktischer Beziehung. Denn ihnen zu folgen würde bedeuten, die von der Sowjetmacht bereits begonnene praktische Arbeit zum Aufbau neuer Wirtschaftsformen nicht fortzuführen, sondern sie in kleinbürgerlich-anarchistischer Manier zu zerstören. Dies brächte, wie Lenin betont, nur den Triumph der Konterrevolution.

Im Frühjahr 1919 kommt es in Moskau zu einer bemerkenswerten Begegnung zwischen einem führenden Kommunisten, nämlich Lenin, und dem Anarchisten Pjotr Alexejewitsch Kropotkin. Auf derart hoher Ebene ist es wohl das einzige Treffen dieser Art, das jemals stattgefunden hat.

Wer ist Kropotkin? Er wird am 9. Dezember 1842 in der Familie des Fürsten Kropotkin in Moskau geboren. Ausgebildet als Geograph, dient er im zaristischen Militär, wird Offizier – selbstverständlicher Werdegang für einen Vertreter des Adels.

Während einer Auslandsreise lernt der junge Kropotkin Ideen des Anarchismus kennen und knüpft nach seiner Rückkehr aktive Kontakte zu der Volkstümlerbewegung. Anfang der siebziger Jahre fällt er, ein hochintelligenter, begabter Mann, wegen seiner revolutionären Betätigung in die Hände der zaristischen Polizei. Das Regime wirft ihn 1874 in die Peter-Pauls-Festung. Von dort gelingt ihm zwei Jahre später die Flucht nach Westeu-

Pjotr Kropotkin (1842–1921)

ropa. Er schließt sich der anarchistischen Bewegung an und dient ihr fortan auf literarische Weise, indem er sich zum Theoretiker des Anarchismus profiliert.

Kropotkin errichtet ein utopisches Gedankengebäude, in dem, gleichsam als Zitadelle, die Idee von der absoluten Gerechtigkeit, von der Gleichheit aller, ihren Sitz hat. Wie in der Tierwelt, wo – im Gegensatz zu der von Darwin nachgewiesenen objektiven Gesetzmäßigkeit – nicht der Kampf ums Dasein, sondern gegenseitige Hilfe vorherrsche, meint Kropotkin, so sollten auch die Menschen ihr Zusammenleben gestalten. Praktisch bedeutet das, die Gesellschaft ausschließlich biologisch zu interpretieren und ihr einen Mechanismus zu unterstellen, der die Entwicklung auf biologische Gesetzmäßigkeiten zurückführt. Nicht der Klassenkampf ist für ihn die Triebkraft des Fortschritts in der Klassengesellschaft, sondern ein angeblich ewig wirkendes Gesetz der gegenseitigen Hilfe. Kategorisch verkündet Kropotkin: «Jede Gesellschaft, die mit dem Prinzip des Privateigentums gebrochen hat, wird sich nach unserer Meinung als anarchistischer Kommunismus organisieren müssen. Die Anarchie führt zum Kommunismus und der Kommunismus zur Anarchie, beide Ausdruck der in der modernen Gesellschaft vorherrschenden Tendenz zur Gleichheit.»[14]

Zumindest geht daraus hervor, daß Kropotkin ein Gemeinwesen erstrebt, in dem die Produktionsmittel vergesellschaftet sind. Er formuliert wörtlich: «Damit der Wohlstand zu einer Realität wird, darf dieses ungeheure Kapital – Städte, Häuser, bestellte Äcker, Fabriken, Verkehrsmittel – nicht länger als Privateigentum betrachtet werden, mit dem der Monopolist nach Belieben schalten und walten kann. Diese reiche Produktionsausrüstung, von unseren Vorfahren mit so viel Mühe erfunden, geschaffen und entwickelt, muß Gemeineigentum werden, so daß der kollektive Geist daraus den größten Nutzen für alle ziehen kann. Wir brauchen die Enteignung. Wohlstand für alle als Ziel, Enteignung als Mittel.»[15]

Wie aber, auf welche Weise bricht seiner Meinung nach die Gesellschaft «mit dem Prinzip des Privateigentums»? Und wie soll sich die neue Gesellschaft organisieren? Kropotkins Antworten sind höchst unzulänglich. Gewiß, er setzt auf das Gemeineigentum – im Gegensatz zu Proudhon, der ja eine Gesellschaft der Kleineigentümer erstrebte –, doch die ideale kommunistische Gesellschaft, in der jeder seine Bedürfnisse aus der gemeinsamen Wirtschaft befriedigt, soll spontan verwirklicht werden, ohne Autorität, ohne Staat, ohne Gewalt. So werde das «moralische Prinzip» siegen. Eben ein Traum – Utopie. Ohne Kampf, ohne Organisation, ohne Gewalt.

Eine Revolution aber ist das autoritärste Ding, wie Friedrich Engels bemerkte, ohne all das ist die neue Gesellschaft nicht erreichbar. Eine Revolution, die auf Waffen verzichtet, wird selbst ein Opfer von Waffen, nämlich der Konterrevolution.

Irrt Kropotkin prinzipiell in der Frage der Revolution, so nicht minder bei seiner Beschreibung der neuen Gesellschaft, die er vornehmlich als Agrargesellschaft sieht. In diesem Gemeinwesen sollen die erwachsenen Männer während einer gewissen Zeit, einige Jahre lang und etwa fünf Stunden täglich, die erforderlichen Güter für alle herstellen, somit den Bestand der Gesellschaft sichernd.

Dieses Konzept entbehrt nicht eines reaktionären Zuges. Ein agrarisch bestimmtes Gemeinwesen ohne industrielle Basis kann weder der Wissenschaft noch anderen Bereichen der Kultur die erforderlichen Entfaltungs- wie Anwendungsmöglichkeiten bieten. Die Wechselbeziehungen zwischen Stadt und Land, die für eine sozialistische Revolution so entscheidende Frage des Bündnisses zwischen Arbeiterklasse und Bauernschaft, die Gleichberechtigung der Geschlechter – alles Aspekte, die eine revolutionäre Politik zu ihrem Gegenstand zu machen hat, werden in diesem Konzept ignoriert. Wie unter solchen Bedingungen eine höhere Arbeitsproduktivität als im Kapitalismus erreicht werden kann, steht in den Sternen. Es ist im Grunde eine Absage an den Fortschritt, an eine höhere gesellschaftliche Qualität.

Kropotkin will sein Konzept spontan, ohne Organisation und somit natürlich ohne Staat verwirklicht sehen. Er formuliert: «Erst wenn die Menschen das Gesetz, die Autorität, die Religion nicht mehr anerkennen werden, werden sie wieder in den Besitz ihres moralischen Prinzips gelangen (das sie sich haben entwenden lassen), um es … von den ‹Verfälschungen›, mit denen es die Richter, Regierungen und Pfaffen vergifteten, zu säubern.»[16]

In Unternehmen und Vereinigungen wie der kapitalistischen Internationalen Schlafwagengesellschaft oder der Post-Union sieht er Modelle für die erstrebte solidarische Gesellschaft.

Geradezu katastrophal ist Kropotkins Einschätzung des ersten Weltkrieges. Nicht ein imperialistischer Krieg ist er für ihn, sondern ein Kampf der Demokratie, geführt von den Westmächten, gegen das Autoritätsprinzip, verkörpert von der deutschen Kriegspartei und zugleich auch Ursprung der zaristischen Selbstherrschaft. Lenin nennt Kropotkin wegen dieser Haltung einen Anarcho-Chauvinisten.

Obwohl Kropotkin über Jahrzehnte in Westeuropa wirkt, im Prinzip ja an der gleichen anarchistischen Front wie Bakunin, ist nicht verbürgt, daß beide sich je begegnet sind. Der 28 Jahre jüngere Kropotkin hat die von Bakunin bevorzugten Methoden des Kampfes nie gemocht.

Nach der Februarrevolution 1917 kehrt Kropotkin, fünfundsiebzigjährig, nach fast 40 Jahren Emigration, in das heimatliche Rußland zurück. Er nimmt zunächst Quartier in Petrograd, dann läßt er sich in Moskau nieder. Über Begegnungen mit Kropotkin in dieser Zeit berichtet Wladimir Bontsch-Brujewitsch, ein Mitarbeiter Lenins: «Als überzeugter Anarchist erkannte Pjotr Alexejewitsch natürlich die Formen unseres Sowjetstaates nicht an. Er war überhaupt gegen Parteien und gegen den Staat. Sprach man jedoch mit ihm nicht über Theorien, sondern über die Praxis, so gestand er ein, daß die Errungenschaften der Revolution ohne staatliche Gewalt nicht zu festigen wären.»[17]

Bontsch-Brujewitsch berichtet weiter, Lenin schätzte besonders Kropotkins Werk über die Große Französische Revolution und meinte, jener habe als erster die französische Revolution mit den Augen eines Forschers gesehen. (Der Gustav-Kiepenheuer-Verlag Leipzig und Weimar hat das Werk im Jahre 1982 wiederaufgelegt.)

Im Mai 1919 kommt es in der Wohnung von Bontsch-Brujewitsch zu einer Begegnung zwischen Lenin und Kropotkin. Der Hausherr hat das denkwürdige Ereignis schriftlich festgehalten. «Pjotr Alexejewitsch strahlte förmlich und sagte gleich: ‹Wie ich mich freue, Sie zu sehen, Wladimir Iljitsch! Wir haben beide unterschiedliche Standpunkte. In einer ganzen Reihe von Fragen treten wir für verschiedene Aktionsweisen und Organisationsformen ein, jedoch sind unsere Ziele die gleichen. Das, was Sie und Ihre Genossen im Namen des Kommunismus tun, erfreut mein alterndes Herz und ist mir sehr lieb. Aber Sie engen das Genossenschaftswesen ein, während ich für die Genossenschaft bin!›

‹Wir sind auch dafür!› rief Wladimir Iljitsch aus. ‹Jedoch wenden wir uns gegen Genossenschaften, in denen Kulaken, Gutsbesitzer, Kaufleute und überhaupt das Privatkapital untertauchen. Wir wollen den Pseudogenossenschaften die Maske vom Gesicht reißen und den breiten Bevölkerungsmassen die Möglichkeit geben, echten Genossenschaften beizutreten.›

‹Dagegen kann ich nichts einwenden›, entgegnete Kropotkin, ‹und natürlich muß dort, wo das vorkommt, mit allen Kräften dagegen angekämpft werden, wie überhaupt gegen jede Lüge und Mystifikation. Wir brauchen keine Tarnungen. Wir müssen alle Lügen erbarmungslos entlarven, jedoch in Dimitrow beobachte ich, daß nicht selten Genossenschaftler verfolgt werden, die überhaupt nichts mit denen gemein haben, von denen Sie soeben sprachen. Man verfolgt sie, weil die dortigen Behörden, die vielleicht sogar gestern noch Revolutionäre waren, wie alle anderen Behörden verbürokratisiert und zu bloßen Schreiberlingen geworden sind. Sie springen mit ihren Untergebenen nach Belieben um und glauben, die gesamte Bevölkerung sei ihnen untertan.›

‹Gegen Bürokratie sind wir immer und überall›, erwiderte Wladimir Iljitsch. ‹Wir sind gegen Schreiberseelen und Bürokratismus! Diesen alten Plunder müssen wir mit den Wurzeln ausreißen, wenn er sich in unserer neuen Ordnung breitmacht. Aber Sie wissen doch ganz genau, Pjotr Alexejewitsch, daß es sehr schwer ist, die Menschen umzumodeln, und daß der menschliche Schädel die unzugänglichste Festung ist, wie Marx einmal gesagt hat. Wir treffen alle möglichen Maßnahmen, um in diesem Kampf voranzukommen, und auch das Leben zwingt natürlich dazu, noch vieles dazuzulernen. Unsere Kulturlosigkeit, Unwissenheit und Rückständigkeit machen sich selbstverständlich überall bemerkbar, aber niemand kann uns doch als Partei und Staatsmacht ankreiden, was in den Apparaten dieser Staatsmacht falsch gemacht wird, noch dazu im Landesinneren, weit entfernt vom Zentrum.›

‹Bloß davon haben's diejenigen, die dem Einfluß dieser unaufgeklärten Organe der Staatsmacht ausgesetzt sind, auch nicht leichter›, entgegnete Kropotkin, ‹denn die Macht ist ja an sich schon für jemanden, der sie übernimmt, ein furchtbares Gift.›

‹Was soll man da machen›, erwiderte Wladimir Iljitsch. ‹Eine Revolution kann man nicht in Glacéhandschuhen machen. Wir wissen genau, daß wir so manchen Fehler begangen haben und noch begehen werden. Alles, was wir korrigieren können, bringen wir wieder in Ordnung und geben unsere Fehler zu, oft zu unserem eigenen Schaden. Aber trotz aller Mängel führen wir unsere sozialistische Revolution zum siegreichen Ende. Sie können uns dabei helfen. Teilen Sie uns alle Mißstände mit, die Sie bemerken. Sie können überzeugt sein, jeder von uns wird mit größter Aufmerksamkeit darauf reagieren.›

‹Weder ich noch jemand anders›, erwiderte Kropotkin, ‹wird es ablehnen, Ihnen und Ihren Genossen zu helfen, wo wir nur können. Wir werden Ihnen die Mißstände melden, die es noch gibt und über die an vielen Stellen gestöhnt wird.›

‹Es wird nicht gestöhnt, sondern geheult. Und zwar heulen die Konterrevolutionäre, die Widerstand leisten. Gegen die sind wir bisher rücksichtslos vorgegangen und werden das auch weiterhin tun.›

‹Da sagen Sie, ohne staatliche Gewalt geht's nicht›, begann Pjotr Alexejewitsch wieder zu theoretisieren. ‹Ich aber behaupte, es geht. Beobachten Sie nur einmal, wie das gewaltlose Prinzip aufblüht. In England zum Beispiel – ich habe gerade Informationen von dort bekommen – haben die Docker in einem Hafen eine großartige völlig freie Genossenschaft gebildet, der sich immer mehr Arbeiter aus allen möglichen anderen Produktionsbereichen anschließen. Die Genossenschaftsbewegung ist gewaltig und ihrem Wesen nach im höchsten Grade wichtig.›

Ich sah Wladimir Iljitsch an. In dessen Augen blitzte der Schalk. Er hörte Pjotr Alexejewitsch zwar aufmerksam zu, aber er war sichtlich verwundert, wie man angesichts des gewaltigen Aufschwungs der Oktoberrevolution immer nur von Genossenschaften reden konnte. Pjotr Alexejewitsch aber tat das. Er erzählte, wie sich noch an einem anderen Ort in England eine Genossenschaft gebildet hatte, wie irgendwo in Spanien irgendeine kleine Föderation auf genossenschaftlicher Basis gegründet worden war, wie sich die Syndikalistenbewegung in Frankreich entwickelte …

‹Die bringt großen Schaden›, konnte Wladimir Iljitsch nicht länger an sich halten. ‹Sie läßt die politische Seite des Lebens völlig außer acht, zersetzt die Arbeitermassen und lenkt sie vom Kampf ab.›

‹Aber die Gewerkschaftsbewegung vereint Millionen. Sie ist an sich schon ein bedeutender Faktor›, widersprach Pjotr Alexejewitsch erregt. ‹Zusammen mit der Genossenschaftsbewegung ist sie ein riesiger Schritt nach vorn.›

‹Das ist ja alles gut und schön›, unterbrach ihn Wladimir Iljitsch. ‹Natürlich ist die Genossenschaftsbewegung wichtig, jedoch als syndikalistische Bewegung allein bringt sie Schaden. Ist sie denn die Hauptsache? Kann sie allein denn zu Neuem führen? Denken Sie wirklich, die kapitalistische Welt gibt der Genossenschaftsbewegung den Weg frei? Sie wird mit allen Mitteln bemüht sein, sie selber in die Hände zu nehmen. Diese ‚gewalt-lose' Genossenschaftsgruppe der englischen Arbeiter wird in er-barmungsloser Weise niedergehalten und in den Dienst des Ka-pitals gestellt werden. Man wird sie in Abhängigkeit halten durch tausend Fäden, mit denen das Kapital diese neue, im Ent-stehen begriffene Richtung, die Ihnen in der Genossenschaftsbe-wegung so sympathisch ist, wie mit einem Spinnennetz umgar-nen wird. Verzeihen Sie bitte, aber das ist doch ohne Bedeutung! Das sind belanglose Kleinigkeiten. Notwendig sind Aktionen der Masse. Solange es die nicht gibt, kann man weder von Föderalis-mus, von Kommunismus noch von sozialer Revolution reden. Das sind Kinderspielzeuge, das ist Geschwätz ohne realen Bo-den, ohne Mittel und Kräfte, und es bringt uns unseren sozialisti-schen Zielen kaum näher.›

Wladimir Iljitsch war aufgestanden und hatte das alles klar, deutlich und mit Nachdruck gesagt. Pjotr Alexejewitsch saß zu-rückgelehnt in seinem Sessel und hörte mit großer Aufmerksam-keit zu. Dann sprach er nicht mehr von Genossenschaften.

‹Natürlich haben Sie recht›, sagte er. ‹Ohne Kampf, ohne erbit-terten Kampf geht's in keinem Lande.›

‹Aber er muß von den Massen geführt werden›, rief Wladimir Iljitsch aus. ‹Kampf und Attentate von Einzelpersonen brauchen wir nicht. Es ist längst an der Zeit, daß die Anarchisten das be-greifen. Es geht nur über die Massen und mit den Massen. Alle anderen Methoden, auch die anarchistischen, hat die Geschichte längst beiseite gelegt. Niemand braucht sie, zu nichts taugen sie mehr, niemanden interessieren sie, und sie zersetzen nur dieje-nigen, die sich so oder anders auf diesen alten, längst überwun-denen Weg locken lassen.›

Wladimir Iljitsch hielt auf einmal inne, lächelte gütig und sagte: ‹Verzeihen Sie, ich glaube, ich habe mich da etwas hinrei-ßen lassen und Sie ermüdet. Aber so sind wir Bolschewiki nun einmal. Das ist unsere Frage, unser Steckenpferd. Das liegt uns so sehr am Herzen, daß wir nicht ruhig darüber reden können.›

‹Nein, nein›, erwiderte Kropotkin, ‹wenn Sie und Ihre Genos-sen alle so denken, sich nicht berauschen lassen von der Macht und sich abgesichert fühlen gegenüber der Versklavung durch die Staatsgewalt, werden Sie viel erreichen. Dann liegt die Revolution wirklich in guten Händen.›

‹Wir werden uns bemühen›, entgegnete Wladimir Iljitsch gutmütig ...

Wladimir Iljitsch schaute auf die Uhr und sagte, er müsse gehen, um sich noch auf die Sitzung des Rates der Volkskommissare vorzubereiten. Aufs liebenswürdigste verabschiedete er sich von Pjotr Alexejewitsch und sagte zu ihm, er würde sich immer auf Briefe von ihm freuen.

‹Alt ist er geworden›, sagte Wladimir Iljitsch hinterher zu mir. ‹Da lebt er nun in einem Lande, in dem die Revolution brodelt, wo von einem Ende bis zum anderen alles in Entwicklung ist, ihm aber fällt nichts anderes ein, als von Genossenschaften zu reden. So erbärmlich sind die Ideen der Anarchisten und aller anderen kleinbürgerlichen Reformierer und Theoretiker, die dann, wenn die Massen auf den Plan treten und die Revolution ausbricht, nie mit richtigen Plänen oder Anweisungen aufwarten können, was getan werden muß und wie vorzugehen ist. Würde man nur für eine Minute auf ihn hören, so hätten wir morgen schon wieder die Selbstherrschaft, und wir alle, auch er, würden an Laternenpfählen baumeln. Er allein schon deshalb, weil er sich Anarchist nennt. Aber wie er früher geschrieben hat! Was für herrliche Bücher! Wie frisch und jung er da gefühlt und gedacht hat. Und das alles gehört nun der Vergangenheit an, nichts ist davon noch da. Natürlich, er ist sehr alt. Wir müssen uns um ihn kümmern, müssen ihm helfen, so gut wir können. Besonders taktvoll und vorsichtig müssen wir das tun. Immerhin ist er uns wertvoll und teuer wegen seiner großartigen Vergangenheit und wegen der Arbeit, die er geleistet hat ...›»[18]

Die Sowjetmacht kann Kropotkin nicht mehr lange helfen. Nachdem er im Januar 1921 zwei schwere Herzanfälle erleidet, stirbt er im 79. Lebensjahr am 8. Februar desselben Jahres. Die Beisetzung Kropotkins gestaltet sich zu einer großen Manifestation der Moskauer Werktätigen für den Sozialismus.

Dreimal
verriet er die Sowjetmacht

«Machno war ein Säufer und Weiberheld, aber auch ein prinzi-
pienfester Anarchist. Sein Regime war aus souveränen Bauern-
Kommunen aufgebaut, die sich nach Proudhonschen Prinzipien
durch Verträge und Diskussionen über Probleme einigten wie
dieses: ‹wenn eine Brücke zwischen zwei von unseren Dörfern
einstürzt – wer muß sie reparieren?›

Trotzdem gelang es ihm, eine beachtliche Armee zu organisieren, die mit Erfolg gegen Deutsche, Österreicher, Weißrussen
und am Ende gegen die Roten kämpfte. Erst im August 1921 er-
lag er der Übermacht der Bolschewiki ...»[1]

Über Nestor Machno, den Anarchisten, werden, wie dieses Zi-
tat von 1969 aus dem BRD-Magazin «Der Spiegel» zeigt, Legenden in Umlauf gehalten. Sie dienen dazu, die sozialistische Revolution zu diskreditieren und dem Anarchismus, wo er antisoziali-
stisch und damit konterrevolutionär agiert, den Schein hoher
sozialer Moral anzudichten.

Nestor Iwanowitsch Machno wird am 29. Oktober 1889 in
einer Bauernfamilie in dem Industriedorf Guljai-Polje, Gouvernement Jekaterinoslaw, geboren (heute Gebiet Dnepropetro-
trowsk). Er ist 14 Jahre alt, als er ins Arbeitsleben tritt, erst An-
streicher, später Gießer wird. Mit siebzehn findet er Zugang zu
der Anarchistengruppe des Ortes und übt sich seitdem in der
Verbreitung aufrührerischer Literatur, in Enteignungen und Ter-
rorakten gegen die zaristische Verwaltung. Mit sechzehn anderen Anarchisten wird er deswegen im Jahre 1910 vor dem Mili-
tärbezirksgericht Odessa angeklagt und zum Tode durch den
Strang verurteilt. Das Strafmaß wird später in lebenslängliche
Zwangsarbeit abgeändert, was man Begnadigung nennt.

Man bringt Machno nach Moskau ins Butyrki-Gefängnis.

Dort sitzt er bis zur Februarrevolution von 1917.

Im Zuge der Revolution freigelassen, kehrt er nach Guljai-Polje zurück, wo die Bauern ihn als ihren Vertreter in den Bauernsowjet wählen. Er nimmt tatsächlich ihre Interessen gegen Gutsbesitzer und Provisorische Regierung wahr, was ihm Autorität einbringt. Ein Jahr etwa wirkt Machno auf diese Weise im Alltag der Revolution, der allerdings in der Ukraine besonders wechselvoll verläuft.

Im März 1917 schon wird unter Führung bürgerlicher und kleinbürgerlicher Nationalisten eine Rada gebildet, eine Art Ständeversammlung. Diese ukrainische Rada ist ein Mischmasch verschiedener politischer Gruppierungen; sie orientiert sich auf die Hauptausbeuterklassen, die Großbauern, die Gutsbesitzer und die Bourgeoisie. Folglich versagt sie der Sowjetmacht die Anerkennung, und am 20. November 1917 konstituiert sie eine «Ukrainische Volksrepublik». Am 16. Dezember erkennt die Sowjetregierung diese Republik dennoch an. Die Rada allerdings lehnt es ab, einer grundsätzlichen Forderung der Sowjetregierung nachzukommen, nämlich die Konterrevolution nicht zu unterstützen. Dies führt zu verschärften Klassenauseinandersetzungen in der Ukraine, und am 24./25. Dezember 1917 wird in Charkow auf dem I. Gesamtukrainischen Sowjetkongreß die Sowjetrepublik Ukraine ausgerufen. Im Verlauf des Januar 1918 drängen die revolutionären Kräfte die Rada aus ihren Machtpositionen, Anfang Februar ist fast die gesamte Ukraine sowjetisch. Im März und April aber fallen deutsche und österreichische Truppen in die Ukraine ein – noch tobt ja der erste Weltkrieg an allen Fronten – und stellen die kapitalistischen Machtverhältnisse wieder her. Sie setzen den Hetman Skoropadski als Herrscher ein.

Das ist die Zeit, in der Nestor Machno seine bäuerlichen, anarchistisch-terroristischen Scharen zu formieren und in die bewaffneten und politischen Klassenauseinandersetzungen einzugreifen beginnt. Nach dem Einmarsch der deutschen Truppen zunächst untergetaucht, erscheint er im August 1918 wieder in Guljai-Polje und organisiert mit ehemaligen Freunden und mit Anarchisten, die er aus der Moskauer Haftzeit kennt, eine bewaffnete Gruppe. Durch Überfälle auf Gutshöfe und Einrichtungen der Hetman-Regierung beschaffen sie sich Lebensmittel, Waffen und Kriegsausrüstung.

Die Abteilung Machnos wächst schnell zu einer ansehnlichen Streitmacht heran, andere Bauerngruppen stoßen zu ihr. Sie überfällt nicht nur Stützpunkte des Hetman-Regimes, sondern sogar reguläre Truppenteile der deutschen und österreichischen Okkupanten. Nestor Machno wird von den Aufständischen zu ihrem «Batko», Väterchen, Ataman gewählt, dem sie sich bedingungslos unterordnen. Er nimmt sich vor, die Bauern zum Widerstand gegen die Herrschaft des Hetmans Skoropadski zu führen, und erklärt, der Retter und Führer sei allein der Terror, die Vernichtung der adlig-gutsbesitzerlichen Gesellschaftsordnung.

Seit diesem Sommer 1918 ist der Bürgerkrieg im ganzen Land entbrannt. Der Kampf gegen die Weißen, die Konterrevolution, und gegen die ausländische Intervention, die erstmals am 2. August in Archangelsk Truppen anlandet, ist zur wichtigsten Aufgabe der Revolution geworden. Der Bürgerkrieg führt an vielen Stellen des Landes zu rasch wechselnden Machtverhältnissen, auch die Ukraine ist davon nicht ausgenommen. Nach der Novemberrevolution in Deutschland werden die Okkupationstruppen aus der Ukraine abgezogen, und vielerorts kann sich die Sowjetmacht wieder festigen. Im Süden der Ukraine aber etablieren sich erneut bürgerlich-nationalistische Kräfte. Der ehemalige Mitbegründer der Rada, Simon Wassiljewitsch Petljura, bildet ein sogenanntes Direktorium, das sich der militärischen Unterstützung der Interventen erfreut, die mittlerweile auch in Odessa gelandet sind.

Das Direktorium schlägt Machno vor, seine Kräfte mit den Truppen Petljuras zu vereinen, doch dieser lehnt ab. Er hält die Macht des Direktoriums für ein Abenteuer, das die Massen von der Revolution ablenkt. Es kommt hingegen zu einer Vereinbarung zwischen Machno und dem illegalen bolschewistischen Revolutionskomitee von Jekaterinoslaw mit dem Ziel, die Garnison des Direktoriums in der Stadt zu zerschlagen. Machno bringt zwei starke Partisanenabteilungen, als Arbeiter getarnt, mit der Bahn von Guljai-Polje nach Jekaterinoslaw. Dort vereinigen sie sich mit den Arbeitern der Stadt unter Führung des illegalen Revolutionskomitees der Bolschewiki. Die 7000 Mann starke Gar-

Nestor Machno

nison der Direktoriumstruppen wird zerschlagen. Das Revolutionskomitee ernennt Machno zum «Oberbefehlshaber der sowjetischen revolutionären Arbeiter-und-Bauern-Armee des Bezirks Jekaterinoslaw».

Zwar nimmt Machno diese Ernennung an, doch handelt er nicht in ihrem Sinne, weil er egoistische Ziele verfolgt. So läßt er in der Stadt alle seinen Abteilungen erreichbaren Waffen einsammeln und will damit über den Dnepr nach Guljai-Polje zurückkehren. Als Oberbefehlshaber hätte er aber alles daran setzen müssen, die errungenen Positionen militärisch zu festigen, zu sichern und zu halten. Daß er dies nicht tut, kommt einem Verrat gleich, dem ersten, den er an der Sowjetmacht begeht.

Nach wenigen Tagen schon erfolgt der Gegenangriff; die Truppen Petljuras zerschlagen den Arbeiteraufstand und vertreiben die Leute Machnos aus der Stadt.

Ungeachtet des Verrats von Jekaterinoslaw erhält Machno weiter Zulauf, hauptsächlich von aufständischen Bauern. Ende Januar 1919 verfügt er über nahezu 30000 Mann und über eine unbewaffnete Reserve von 20000 Mann. Im Hinterland der Weißen und der Petljura-Leute bilden die Verbände Machnos eine Front von rund 530 Kilometer Breite.

Im Verlauf von etwa drei Jahren, vom Sommer 1918 bis zum

155

Spätsommer 1921, durchlebt die Anhängerschaft Machnos eine höchst wechselhafte Entwicklung. Ihr Verhältnis zur sozialistischen Revolution und zur Sowjetmacht ist geprägt von Distanz, Mißgunst, Zweifeln und schließlich Feindschaft. In militärischer Hinsicht kommt es zwar einige Male zu Gemeinsamkeiten mit der Roten Armee, doch insgesamt bleibt Machno militärisch wie politisch unberechenbar, ein höchst unsicherer Partner der Sowjetmacht und der Diktatur des Proletariats, trotz ernsthafter Versuche der Bolschewiki, ihn in die Revolution zu integrieren.

Ein Blick auf die sozialökonomischen Verhältnisse in der Ukraine macht verständlich, warum es Machno mehrmals gelingt, größere Scharen von Gefolgsmannen hinter sich zu bringen.

Der Zarismus hatte viele Millionen Bauern zur Armee rekrutiert, Bauern, von denen später nicht wenige mit den Arbeitern im Soldatenrock für die Ziele des roten Oktober einstanden und die dann an den Fronten die Revolution verteidigten.

In der Ukraine ist unmittelbar nach der Revolution die Arbeiterklasse noch recht ungleichmäßig verteilt. Leben und kämpfen im entwickelten Industriegebiet des Donbass etwa 30 000 Kommunisten, so sind es in den überwiegend bäuerlichen, weit größeren Landesteilen nur rund 15 000. In den Sowjets wirken neben den Bolschewiki verschiedene andere Kräfte, kleinbürgerliche, kulakische gar, eben auch anarchistische, deren Einflüsse nur nach und nach zurückgedrängt werden können.

Die ernsten Schwierigkeiten, die als Erbe der alten Gesellschaft nach dem Sieg der Revolution zu bewältigen sind, sowie Konterrevolution und Intervention führen zu politischen Schwankungen bei den Bauern und in Teilen der Arbeiterklasse. Die oft unübersichtliche Lage während des Bürgerkrieges und der ausländischen militärischen Intervention, die wechselnden Kräfteverhältnisse begünstigen das Entstehen und Handeln von Gruppierungen zwischen den Fronten. Die Nachrichtenmittel zu dieser Zeit sind unvollkommen, zentrale Medien im heutigen Sinne gibt es nicht, der Informationsaustausch von Mund zu Mund ist häufig das einzige Mittel der Orientierung – wie er umgekehrt dem Entstehen von Legenden und Gerüchten dient.

Im Februar 1919 kommt es erneut zu Kontakten zwischen den

Abteilungen Machnos mit der Roten Armee. Nachdem sie kurzzeitig in die Dnepr-Division eingegliedert werden, erfolgt im Frühjahr ihre Konstituierung zur Brigade in der 7. ukrainischen Division. Als Teil der 2. ukrainischen Armee und der 13. Armee nimmt sie an Kämpfen gegen die Truppen des konterrevolutionären Generals Denikin teil, der Ende 1917 am Don eine weißgardistische «Freiwilligenarmee» aufgestellt hatte und im Jahre 1919 von Süden her auf Moskau vorzustoßen versucht.

Im Mai wendet sich Machno an das Kommando der 2. Armee mit der Forderung, seine Brigade in eine Division umzubilden. Die Führung der Südfront sieht sich angesichts der mangelnden Disziplin in Machnos Truppenteilen und ihrer auch politisch instabilen Verfassung nicht in der Lage, diesem Ersuchen stattzugeben.

Der Stab Machnos wendet sich kategorisch gegen den Entscheid und beschließt, seine Kräfte, immerhin elf Infanterie- und zwei Kavallerieregimenter, zwei Stoßgruppen, eine Artilleriebrigade und diverse Hilfstruppenteile, zu einer selbständigen «Aufständischenarmee» zu formieren, natürlich mit Nestor Machno an der Spitze.

Zwar erklärt der Stab, diese Armee der Südfront unterstellen zu wollen, allerdings unter der Bedingung, daß die operativen Befehle der Südfront den, wie formuliert wird, Lebensbedürfnissen der revolutionären Front Rechnung tragen müßten – was immer das heißen mag. Zumindest geht daraus hervor, daß nach Machnos Ansicht lokalen Bedingungen und Aspekten der Vorrang einzuräumen sei.

Eine solche Auffassung untergräbt selbstverständlich jedes einheitliche militärische Vorgehen der Streitkräfte. Die Antwort des Revolutionären Kriegsrates der Südfront ist dann auch eindeutig. Er stellt fest: «Machnos Aktivitäten und Erklärungen sind ein Verbrechen ... Machno trägt die Verantwortung für einen bestimmten Frontabschnitt der 2. Armee. Mit seinen Erklärungen desorganisiert er die Führung und überläßt es den Truppenteilen, nach Gutdünken zu handeln, was einem Verlassen der Front gleichkommt. Machno ist zu verhaften und vor das Revolutionstribunal zu stellen.»[2]

Diese Warnung, ja diesen Befehl mißachtend, läßt Machno seinen «Revolutionären Kriegsrat» – gleiche Bezeichnungen können also etwas durchaus sehr voneinander Verschiedenes bedeuten – beschließen, für Mitte Juni einen außerordentlichen Kongreß des Bezirks Guljai-Polje einzuberufen. In der Begründung für diesen Beschluß sprechen die Machno-Anhänger der Sowjetregierung das Mißtrauen aus. Sie verkünden in anarchistischer Borniertheit, «einen Ausweg aus der Lage können nur die werktätigen Massen selbst und nicht einzelne Personen oder Parteien weisen».[3]

Die Sowjetmacht verbietet, den Kongreß durchzuführen. Durch die ernste Warnung der Südfront-Führung und dieses entschlossene Verbot beeindruckt, läßt Machno den Kongreß absagen. Doch er verläßt mit einer Gruppe Vertrauter seinen Posten als Kommandeur ausgerechnet zu einem Zeitpunkt, da Denikins Einheiten erneut zu einem Angriff übergehen. Das ist der zweite Verrat des Nestor Machno an der sozialistischen Revolution.

Die Folge sind große menschliche und materielle Verluste, so daß nach Bekanntwerden der Vorgänge die Zeitung der Bolschewiki «Kommunar» (Der Kommunarde) schreibt: «Unsere Mißerfolge im Becken (gemeint ist der Rückzug der Roten Armee im Donezbecken, d. V.) sind keineswegs dadurch zu erklären, daß die feindlichen Truppen übermäßig stark waren ... Die alleinige Ursache ihres Sieges ist das entsetzliche Gift des Machnoschen Lasters, des Partisanentums, der Eigenmächtigkeit und Willenlosigkeit, das unsere Truppenteile, die mit der Machno-Front in Berührung gekommen sind, angesteckt hat.»[4]

Der Bruch Machnos mit der Roten Armee ist nicht allein aus dessen Charaktereigenschaften zu erklären, sondern vorrangig aus seinen anarchistischen Auffassungen, der Ablehnung von Zentralgewalt und Staat beispielsweise.

Von Zeit zu Zeit beruft Machno Bezirkskongresse der Sowjets nach Guljai-Polje ein, auf denen die Maßnahmen beschlossen werden, die für das von ihm kontrollierte Gebiet zu gelten haben. Im Februar 1919 zum Beispiel tagt der «2. Bezirkskongreß der Sowjets», an dem 245 Delegierte aus 350 Amtsbezirken und Partisanenabteilungen als Vertreter des sogenannten unabhängigen Machnoschen Bezirks teilnehmen. Die Resolution des Kongresses lehnt in anarchistischer Manier jegliche Staatsgewalt ab, so auch die Sowjetmacht. Bei der Bewertung der Lage werden Imperialisten, Weißgardisten, Petljura-Leute und selbst die Bolschewiki einander gleichgesetzt. Die Resolution beschuldigt letztere, sie seien Versöhnler und verhandelten mit Imperialisten. Das organisatorische Grundprinzip der Sowjetmacht, der demokratische Zentralismus, wird verurteilt.

Dies alles ist nicht Ausdruck eines ehrlichen Kampfes für sozialistische Demokratie, sondern ein einziger Affront gegen die Politik des Kriegskommunismus. Diese vor allem die Wirtschaftspolitik betreffenden Maßnahmen der Sowjetmacht – vollständige Zentralisierung der Produktion und Verteilung, alle Betriebe unter Kontrolle der Sowjets, allgemeine Arbeitspflicht, staatliches Getreidehandelsmonopol, Pflichtablieferung von Getreide und Futtermitteln, Verbot des Privathandels mit Getreide – waren durch Konterrevolution und Intervention aufgezwungen und verfolgten nur ein Ziel: das Überleben der Arbeiter-und-Bauern-Macht zu sichern. Die Anarchisten um Machno ignorieren solche Aspekte.

Infolge ihrer antisowjetischen Positionen und der Verabsolutierung von Begriffen wie Freiheit und Demokratie agieren die Anhänger Machnos häufig als ungeordnete und undisziplinierte Masse. Unter dem Zulauf von deklassierten, abenteuerlichen und nicht zuletzt auch kriminellen Elementen richten sich ihre Aktionen in zerstörerischer Weise selbst gegen die Teile der Bevölkerung, die weder zur Bourgeoisie noch zur Gutsbesitzerklasse zu rechnen sind, also gegen die Dorfarmut, das Kleinbürgertum, das Proletariat, gegen kleine Bauern und Handwerker.

Noch stärker geht der «3. Guljai-Poljer Bezirkskongreß» gegen gesellschaftliche Normen und die von der Lage gebotenen Verhaltensweisen vor. Der Kongreß verkündet: «Wir fordern, daß alle Personen, die auf verschiedene militärische und verantwortungsvolle zivile Posten gesetzt worden sind, unverzüglich entfernt werden. Wir protestieren gegen jegliches Ernennungssystem ... Wir fordern ein richtiges freies Wahlrecht ... Wir fordern die Sozialisierung des Bodens und der Betriebe ... Wir verlangen, daß die Versorgungspolitik von Grund auf geändert wird und daß die Requirierungsabteilungen durch ein richtiges Warenaustauschsystem zwischen Stadt und Land ersetzt werden ... Wir fordern völlige Rede-, Presse- und Versammlungsfreiheit für alle linken politischen Strömungen, das heißt Parteien und Gruppen, wir fordern die Unantastbarkeit der Person für die Parteiarbeiter der linken revolutionären Organisationen und überhaupt für das werktätige Volk ... Die Diktatur welcher Partei auch immer lehnen wir kategorisch ab. Die linken sozialistischen Parteien lassen wir nur als Verkünder der Wege zum Sozialismus frei existieren, aber wir behalten uns das Recht vor, die Wege selbst zu wählen.»[5]

Was daran besonders auffällt, ist dreierlei. Erstens keinerlei Bezug zu der konkreten Situation, in der das Land sich befindet, also zu Bürgerkrieg und Intervention, zu dem Kampf, der um den Bestand der Revolution geführt wird; zweitens Forderungen an die Sowjetmacht, deren Verwirklichung zum gegebenen Zeitpunkt den Ausgang des Kampfes zugunsten der Feinde des Sozialismus entscheiden würden; drittens ausschließlich Forderungen an andere bei Offenhalten der eigenen Position.

Im Verlauf des Sommers 1919 sammelt Machno neue Kräfte um sich. Einerseits sind es seine alten Abteilungen, die aus den Verbänden der Roten Armee desertiert sind, andererseits auch neue Leute, die er auf dem Lande rekrutiert hat. Schließlich dringen nach und nach auch Anhänger der ukrainischen anarchistischen Konföderation «Nabat» in die Truppenteile Machnos ein. Diese Vereinigung war erst im November 1918 entstanden. Der 1. Kongreß des «Nabat» im April 1919 hatte verlangt, in der Ukraine eine «Gesellschaft ohne Staat» zu errichten. Nach Meinung dieser Leute behinderte die Sowjetmacht, natürlich auch die Rote Armee, die Entwicklung der Revolution. Nicht zuletzt stießen zu Machno auch die übriggebliebenen Anhänger des Bandenchefs N. A. Grigorjew.

Einst Stabshauptmann in der zaristischen Armee, danach Anhänger der ukrainischen Zentralrada und schließlich führend tätig bei Hetman Skoropadski, fand Grigorjew im Dezember 1918 zu Petljura. Als das unter dessen Führung stehende Direktorium unterging, machte Grigorjew sich selbständig und bekundete, er wolle mit seinen Truppen, die aus Bauern der Südukraine bestanden, zur Roten Armee übergehen. Er nannte sich «Ataman der Partisanen des Gebietes Cherson und Tauriens» und trieb monatelang ein wechselhaftes Spiel mit und zwischen den im Bürgerkrieg kämpfenden Parteien.

Kurz nach dem Übergang zu Machno im Juli 1919 wird der Ataman selbst umgebracht. Seine Truppen läßt Machno entwaffnen, woraufhin der größte Teil zu ihm übergeht. Die Beseitigung Grigorjews soll offenbar Machnos Ruf als «Revolutionär» aufpolieren, doch wichtiger noch scheint ihm der personelle Zuwachs zu sein, wodurch seine Einheiten erneut eine respektable Stärke von rund 15000 Mann erreichen.

Das Bandenwesen, die kleinbürgerlichen, anarchistischen und syndikalistischen Einflüsse behindern den Kampf der Sowjetmacht zur Verteidigung der Revolution nicht unerheblich.

Im Herbst 1920 geht der ehemalige zaristische General Wrangel, ein Komplize Denikins, nach dessen Niederlage selbst an der Spitze weißgardistischer Truppen erneut gegen die Ukraine vor. Es gelingt ihm, mehrere Städte einzunehmen, so auch den Heimatort Nestor Machnos, Guljai-Polje.

Im eigenen Interesse sieht Machno sich veranlaßt, wiederum Kontakte mit der Sowjetmacht zu suchen, um gemeinsam die Weißen vertreiben zu können. Der Revolutionäre Kriegsrat der Südfront akzeptiert das Anerbieten Machnos, und im Oktober schließen beide Seiten ein Abkommen. Den militärischen Teil unterzeichnen für die Rote Armee: der Oberbefehlshaber der Südfront, Michail Wassiljewitsch Frunse, später Volkskommissar für Kriegs- und Marinefragen, Béla Kun, der ungarische Revolutionär, der nach Zerschlagung der Ungarischen Räterepublik in Sowjetrußland eine zweite Heimat findet und aktiv im Kampf gegen die Konterrevolution wirkt, sowie Sergej Iwanowitsch Gussew, Mitglied des Revolutionären Kriegsrates der Südfront. Für Machno, dessen Streitkraft 12000 Mann zählt, leisten die Unterschrift zwei Vertreter namens W. Kurilenko und D. Popow.

Die Beauftragten Machnos verpflichten sich, mit der Roten Armee gegen die «einheimische und die Weltkonterrevolution» zu kämpfen. Es wird den Machno-Truppen erlaubt, ihre innere Gliederung unverändert zu lassen, doch verpflichten sie sich – ein unabdingbares Erfordernis des Krieges –, den operativen Befehlen der militärischen Führung zu folgen.

Im politischen Teil des Abkommens versichert Machno, auf

den bewaffneten Kampf gegen die Sowjetmacht zu verzichten. Ihm wird zugesagt, daß diejenigen seiner Anhänger, die verhaftet wurden, und die Anarchisten, die den weiteren bewaffneten Kampf aufgeben, freigelassen bzw. amnestiert werden.

Dem Abkommen sind auf seiten der Sowjetmacht gründliche Erwägungen vorausgegangen. So betonte Lenin vor dem Aktiv der Moskauer Parteiorganisation am 9. Oktober 1920, es sei klar, «daß wir hier nur gewinnen können. Das erklärt sich daraus, daß die Elemente um Machno das Regime Wrangels am eigenen Leibe zu spüren bekommen haben und daß sie das, was er ihnen zu bieten hat, nicht befriedigte. Unser Vertrag mit Machno enthält Garantien, daß er sich nicht gegen uns wenden wird. Hier ergab sich das gleiche Bild wie bei Denikin und Koltschak: sobald sie die Interessen der Kulaken und der Bauernschaft überhaupt antasteten, gingen letztere auf unsere Seite über.»[6]

Machnos Einheiten, denen sich, was nicht überrascht, erneut viele Bauern anschließen, dringen befehlsgemäß in das Hinterland der Wrangel-Armee ein und besetzen eine Reihe Ortschaften, darunter Guljai-Polje und Alexandrowsk. Danach nehmen etliche von ihnen auch am Feldzug auf der Krim teil, in dessen Verlauf die Truppen Wrangels Ende November 1920 endgültig niedergerungen werden.

Doch Unzuverlässigkeit, mangelnde Disziplin und Prinzipienlosigkeit der Machno-Leute schlagen auch jetzt wieder durch: Es kommt zu Übergriffen gegen die Zivilbevölkerung, zu Plünderungen. Oberbefehlshaber Frunse befiehlt dem Stab Machnos, seine Truppenteile in die 4. Armee einzugliedern und sie anschließend an die Kaukasusfront zu verlegen. Doch Machno verweigert die Durchführung des Befehls. Das ist eindeutig ein Bruch des Abkommens und somit der dritte Verrat, den er an der Sowjetmacht begeht.

Der Oberbefehlshaber der Südfront ist gezwungen, der militärischen Sicherheit wegen entschlossen zu handeln: In der Nacht zum 26. November werden die Gruppe der Machno-Leute auf der Krim und die Haupttruppen mit Machno selbst in Guljai-Polje von Einheiten der Südfront eingeschlossen. Machno gelingt es, mit einigen seiner Leute zu entkommen. Die «Akte Machno» kann demzufolge noch nicht geschlossen werden.

Nach seiner Flucht vermag er es erneut, Kräfte um sich zu sammeln, Kräfte allerdings, die sich weniger aus bäuerlichen und kleinbürgerlichen Kreisen rekrutieren denn aus der sowjetfeindlichen Kulakenschaft, womit genug über deren Charakter gesagt ist. Noch Ende des Jahres 1920 werden diese Banden aktiv. Dazu ein Auszug aus einem Bericht der Informationsabteilung des ZK der Ukrainischen Partei der Bolschewiki über die Lage im Rayon Alexandrowsk: «Ein großer Teil des Gouvernements befindet sich in der Wirkungs- und Einflußsphäre der Anhänger Machnos. Genauso ist die Situation in den Rayons Guljai-Polje, Orechowo und fast im gesamten Kreis Alexandrowsk, wo sich mehrere Stäbe Machnos befinden ... Die Banditen ermorden Mitglieder von Revolutionskomitees, politische Mitarbeiter, Mitarbeiter der Getreideerfassungsstellen und sogar Barmherzige Schwestern. Sie nehmen Rotarmisten die Bekleidung ab. Die Bevölkerung wird terrorisiert.»[7]

Der Kampf gegen das Banditentum wird zu einer der vordringlichsten Aufgaben der Sowjetmacht. Die Regierung beruft eine «Militärische Beratung» unter dem Vorsitz von Frunse ein; die Kräfte der Tscheka werden spürbar verstärkt; in der Ukraine bilden das ZK der Partei und der Rat der Volkskommissare eine «Politsektion für den Rayon Alexandrowsk», die von W. A. Antonow, dem Volkskommissar für Innere Angelegenheiten der Ukraine, geleitet wird.

All diese Maßnahmen zeitigen Ergebnisse, über die Oberbefehlshaber Frunse Ende Juli 1921 zusammenfassend feststellen kann (hier nur auf Machno bezogen): «In der Ukraine östlich des Dnepr kann man ... sagen, ist die stärkste Banditenvereinigung, die sogenannte Aufständischenarmee Machnos, fast völlig ausgerottet. Im Frühjahr dieses Jahres ... mußte Machno ... seine Armee gezwungenermaßen auflösen.»[8]

Aus der letzten Phase seiner wechselvollen Auftritte als Teilnehmer an den Kämpfen ist ein Befehl Machnos vom März 1921 bekannt geworden, in dem es heißt: «Gegenwärtig löst sich unsere revolutionäre Aufstandsarmee der Ukraine (das heißt Machnos Armee, d. V.) unter den bekannten Gefechtsoperationen der Roten Armee ... auf, um ihre Kampfkraft zu erhalten. Die gemeinsame Aufgabe der Kampfgruppen (die bestehen bleiben und selbständig handeln sollten, d. V.) lautet: 1. Das rückwärtige Gebiet der Roten Armee ist zu zerstören ..., 2. die Eisenbahnlinien sind während der Sommerzeit zu zerstören, 3. Rote Truppenteile sind zu entwaffnen, wobei gute Waffen an geeigneten Stellen aufzubewahren sind, 4. die Anzahl der Kämpfer in den Gruppen und deren Kampfkraft sind zu erhöhen ..., 6. die starken Gruppen sind bis zur festgelegten Zeit zu erhalten ...»[9]

Dieser Befehl macht noch einmal die Hinterhältigkeit Machnos deutlich, jedoch erweist er sich als undurchführbar.

Nachdem im Frühjahr 1921 der Kriegskommunismus durch die Neue Ökonomische Politik abgelöst wird, die dem Ziel dient, das Bündnis der Arbeiterklasse mit der Bauernschaft zu stärken, die Bauern in den sozialistischen Aufbau einzubeziehen und die Werktätigen an der Entwicklung der Volkswirtschaft materiell zu interessieren, verliert der von Machno vertretene Anarchismus mehr und mehr seine soziale Basis. Die Bauern wenden sich von ihm ab; viele der in seinen Abteilungen umherziehenden Ukrainer ergeben sich freiwillig der Sowjetmacht.

Machno selbst entkommt mit einer Gruppe Vertrauter der Fahndung durch die Rote Armee und die Tscheka. Am 28. August 1921 überquert er mit dem kleinen Rest seiner einst nach Zehntausenden zählenden Kampfschar den Dnepr und flieht nach Rumänien. Dort ergibt er sich den Behörden.

Die bürgerliche rumänische Regierung weigert sich, Machno der Sowjetmacht zu überstellen. Nicht wenige seiner Leute allerdings kehren ihm den Rücken und in die Heimat zurück. Sie werden amnestiert.

Machno hält sich einige Zeit in rumänischen Lagern auf und flieht dann nach Polen, wo man ihn verhaftet. Nachdem er 1922 freigelassen wird, geht er nach Paris. Er zieht sich vom politischen Leben zurück. Vereinsamt und vergessen stirbt er am 24. September 1936 kurz vor Vollendung seines 47. Lebensjahres.

Nestor Machno hat sich in keinerlei Hinsicht als eine geschichtlich bedeutsame Figur erwiesen. Er verfocht eine – trotz radikalen Anstrichs – reaktionäre Linie, wonach das Dorf eine selbständige, in sich abgeschlossene, sich selbst versorgende soziale Einheit sein sollte. Insofern war er so etwas wie eine lokale

Berühmtheit. Die von ihm propagierten «freien Sowjets» waren ein nur formales Zugeständnis an die Revolution, die er im Grunde dazu benutzen wollte, sein eigenes verworrenes Konzept eines anarchistischen Gemeinwesens durchzusetzen.

Wo Machno zur Macht gelangte, und zeitweilig waren es große Gebiete, in denen seine Anhänger dominierten, ließ er eine Art Staat ohne Staatsgewalt errichten. Praktisch bedeutete das die Abwesenheit von Ordnung und Disziplin in der Gemeinschaft, von Sicherheit für den einzelnen. Die Industriebetriebe produzierten nicht, das Geld der Banken wurde konfisziert oder geraubt, der Stadtbevölkerung forderte man überhöhte Steuern und Kontributionen ab, und es fanden unkontrollierte «Enteignungen der Bourgeoisie» statt.

Obwohl die Machno-Leute die von ihnen oft verteufelte Staatsgewalt ablehnten, praktizierten sie selbst diese Gewalt mit bestürzender Brutalität. Ein Beispiel dafür war der Prozeß gegen den «Verschwörer» Polonski, einen Kommunisten und ehemaligen Kommandeur der Roten Armee. Polonski war in Denikins Hinterland von seinen Truppenteilen abgeschnitten worden und trat mit Teilen der 58. Division, in der er Regimentskommandeur war, in Machnos Armee ein. Über sein Schicksal berichtete seinerzeit das Mitglied des Gouvernementskomitees der Partei in Jekaterinoslaw und Sekretär des Revolutionskomitees im selben Gouvernement, W. Miroschewski: «Mittelpunkt unserer militärischen Organisation war der Genosse Polonski. Er war Kommunist und Kommandeur der sogenannten Eisernen Machnoschen Division. In der Armee war er beliebt. Er genoß fast die gleiche Popularität wie Machno ... Ganz überraschend für uns wurden Anfang Dezember Genosse Polonski und eine Reihe anderer Kommunisten aus der Armee vom Abwehrdienst des Batko verhaftet und wenige Tage später bestialisch umgebracht ... Unser Parteikomitee schickte sofort nach den Verhaftungen eine Delegation zu Machno. Sie verlangte, gegen Polonski solle öffentlich verhandelt werden.

‹Es wird keine öffentliche Gerichtsverhandlung geben›, entgegnete der Batko. ‹Die militärische Führung hat über sein Schicksal entschieden: Er wird erschossen.›

‹Und wenn die Arbeiter und Bauern eine öffentliche Verhandlung fordern, so werden Sie sich hoffentlich ihren Wünschen fügen?›

‹Nein›, lautete die kurze Antwort.

‹Aber wenn die Aufständischen und die Kämpfer, die den Genossen Polonski kennen, eine öffentliche Verhandlung fordern, werden Sie sich dem fügen?›

‹Nein. Wer mit mir nicht zufrieden ist, braucht mir nicht zu dienen, der soll sich zum Teufel scheren.›

Am 5. Dezember wurden Genosse Polonski, seine Frau sowie die Genossen Asarow, Semjontschenko, Wainer und Brodski von ‹Mischka Ljowtschik›, einem professionellen Banditen und Chef des Machnoschen Abwehrdienstes, erschossen.

Machno versuchte ungeschickt, die wirklichen Gründe für den schändlichen Mord an den ehrlichen Revolutionären geheimzuhalten. Dem Revolutionären Kriegsrat wurde erklärt, Polonski habe versucht, ‹Väterchen› zu vergiften, um die Sowjetmacht wiederherzustellen. Auf einer Sitzung des militärischen Stabes dagegen erklärte ‹Väterchen›, Polonski sei der Verbindung mit Weißgardisten überführt worden.»[10]

Der erste Zusammenstoß des Anarchismus mit einer sozialistischen Revolution erwies dessen Unvermögen, sich den Anforderungen der Praxis im Sinne des gesellschaftlichen Fortschritts zu stellen. Die Große Sozialistische Oktoberrevolution fällte das Urteil der Geschichte über den Anarchismus. Und dieses Urteil ist vernichtend. Der Anarchismus versagte in jeder Hinsicht. Er war zu keiner konstruktiven Haltung fähig, vielmehr versuchte er, die sich in der Revolution eröffnenden Möglichkeiten in gegenrevolutionärer Weise zu mißbrauchen. Die Oktoberrevolution erbrachte auch den Beweis dafür, daß der Anarchismus unfähig ist, sich angesichts praktischer Erfahrungen, die mit bisher vertretenen Auffassungen nicht mehr übereinstimmen, zu korrigieren. Für den Anarchismus ist die Praxis nicht die Probe auf die Richtigkeit der Theorie.

In den entscheidenden Belangen bezogen die Anarchisten Gegenposition zu den Bolschewiki. Besonders deutlich wurde dies in der Frage des Staates, konkret der Sowjets. Schon immer, von den Anfängen her, waren die Anarchisten gegen den Staat schlechthin. Selbst die Erfahrungen der Pariser Kommune, daß in der Revolution und durch die Revolution eine neue Staatsmacht, die Diktatur des Proletariats, geschaffen werden müsse, ignorierten die agierenden Anarchisten. Karl Marx hat in seiner Schrift «Der Bürgerkrieg in Frankreich» die Pariser Kommune als eine Regierung der Arbeiterklasse charakterisiert, als das Resultat des Kampfes der hervorbringenden gegen die aneignende Klasse, «die endlich entdeckte politische Form, unter der die ökonomische Befreiung der Arbeit sich vollziehen konnte».[11]

Die Anarchisten handelten während der Oktoberrevolution entgegen dieser Erkenntnis und verhielten sich so, wie Engels es rund 50 Jahre zuvor, die Bakunisten charakterisierend, formuliert hatte: «In dieser (zukünftigen) Gesellschaft existiert vor allem keine Autorität, denn Autorität = Staat = absolut vom Übel ... Auch die Autorität der Majorität über die Minorität hört auf. Jeder einzelne, jede Gemeinde ist autonom, wie aber eine Gesellschaft von nur zwei Menschen möglich ist, ohne daß jeder von seiner Autonomie etwas aufgibt, das verschweigt Bakunin ...»[12]

Wie in der Frage des Staates so versagten die Anarchisten auch in solch elementaren Angelegenheiten wie der des wirtschaftlichen Aufbaus und der Aufgabe der Gewerkschaften. Die Anarchisten treten ja mit dem Anspruch auf, für beide Fragen die Lösung parat zu haben. Anstatt die bisher gewonnenen Erfahrungen bei der Beteiligung der Gewerkschaften «an allen lokalen und zentralen Verwaltungsorganen der Industrie» (so forderte es das Programm der Partei) aufzunehmen und weiter zu entwickeln, und zwar, wie Lenin auf dem X. Parteitag betonte, mit den erreichten Erfolgen und korrigierten Fehlern, gaben die Anarchisten die Losung aus, sogenannte Kongresse der Produzenten zu schaffen, von denen die Verwaltungsorgane der Wirtschaft gewählt werden sollten.

«Die führende, erzieherische, organisierende Rolle der Partei gegenüber den Gewerkschaften des Proletariats und des Proletariats gegenüber den halbkleinbürgerlichen und ausgesprochen kleinbürgerlichen Massen der Werktätigen wird auf diese Weise vollständig umgangen, ausgeschaltet»[13], kommentierte Lenin diese Versuche.

Die Ursachen für das Auftreten des Anarchismus in der Oktoberrevolution bestanden zum einen in der allgemeinen Belebung der antizaristischen, revolutionären Bewegung unter dem Einfluß des ersten Weltkrieges; zum anderen entsprangen sie der sozialen Lage in Rußland, der wirtschaftlichen Rückständigkeit und der Vorherrschaft der kleinen Warenproduktion. Darin vor allem bestand das soziale Reservoir des Anarchismus.

Unter dem Einfluß des sozialistischen Aufbaus und umfassender ideologischer Erziehungsarbeit zerfielen die anarchistischen Organisationen und verschwanden aus dem öffentlichen Leben des Sowjetlandes.

Manches harte und bittere Wort

Im Spätherbst des russischen Revolutionsjahres 1905, nachdem der Zar versucht hatte, durch eine Verfassung das Aufbegehren des Volkes zu drosseln, schreibt ein 27jähriger Deutscher ein Gedicht, in dem zu lesen ist:

> «Dein» Volk, Herr Zar, das dankt verbindlich
> für Wahlrecht und Konstitution.
> Dein Feind heißt Ausbeutung und Fron –
> den gilt's zu zwingen – und das gründlich!
> Zwar schrein schon Sieg die Demokraten –
> und rüsten sich zur Duma-Wahl.
> Die Masse weiß: Das Kapital
> sitzt ungeschwächt beim fetten Braten.
> Und weiter drum marschiert die Masse.
> Es knurrt der Bauch im Hungerkrampf.
> Nun Zar und Bürger: Flott! Zum Kampf!
> Zum letzten! Klasse gegen Klasse![1]

Der Verfasser ist Erich Mühsam, von dem man den vorstehenden Zeilen nach kaum annehmen würde, daß er Anarchist sei. Tatsächlich handelt es sich bei diesem ruhelosen Empörer, stürmischen Rebellen, leidenschaftlichen Revolutionär und späteren mutigen Antifaschisten um einen Sonderfall, wenngleich nicht um den einzigen. Die Aufrichtigkeit wie auch die Irrtümer und Fehleinschätzungen Mühsams sind charakteristisch für nicht wenige Anarchisten sowohl in Deutschland als auch in anderen Ländern. Wohl wußten sie, wer der Klassenfeind des Proletariats ist, doch fehlte es ihnen an den erforderlichen theoretischen Grundlagen und dem politischen Wissen um Strategie und Taktik des proletarischen Klassenkampfes und der diesen Kampf führenden Partei.

In früher Jugend schon zieht Erich Mühsam – Sohn einer jüdischen Kleinbürgerfamilie – suchend und lernend von Ort zu Ort. Er wächst gewissermaßen zwischen den Klassen auf, beginnt dabei zu schriftstellern, gelangt von kleinen Spottversen zu wachsendem politischem Engagement.

Bereits als Untersekundaner hatte er den politischen Klassenkampf am eigenen Leibe verspüren müssen und war wegen «sozialistischer Umtriebe» relegiert worden. Er selbst schreibt im Jahre 1919 als 41jähriger: «Ein Jahr Obersekunda in Parchim (Mecklenburg), dann Apothekerlehrling in Lübeck; 1900 Apothekergehilfe an verschiedenen Orten, zuletzt in Berlin ... Bohemeleben; Reisen ... schließlich 1909 dauernder Wohnsitz in München; Kabarettätigkeit, Theaterkritik, schriftstellerische Tätigkeit, meist polemisch-essayistisch. Freundschaftlicher Verkehr mit Frank Wedekind und vielen andern Dichtern und Künstlern. Drei Gedichtbände, vier Theaterstücke; 1911–1914 Herausgeber der literarisch-revolutionären Monatsschrift ‹Kain. Zeitschrift für Menschlichkeit›, die vom November 1918 bis April 1919 als reines Revolutionsorgan in neuer Folge erschien ...»[2]

Erich Mühsam betrachtet seine schriftstellerische Arbeit als das Archiv seiner seelischen Erlebnisse, als Ausdruck seines Temperaments. «Das Temperament eines Menschen ist die Summe der Stimmungen, die Herz und Hirn von den Ausströmungen der Umwelt empfangen. Das meinige ist revolutionär. Mein Werdegang und meine Lebenstätigkeit wurden bestimmt von dem Widerstand, den ich von Kindheit an den Einflüssen entgegensetzte, die sich mir in Erziehung und Entwicklung im privaten und gesellschaftlichen Leben aufzudrängen suchten. Die Abwehr dieser Einflüsse war von jeher der Inhalt meiner Arbeit und meiner Bestrebungen.

Im Staat erkannte ich früh das Instrument zur Konservierung all der Kräfte, aus denen die Unbilligkeit der gesellschaftlichen Einrichtungen erwachsen ist. Die Bekämpfung des Staates in seinen wesentlichen Erscheinungsformen, Kapitalismus, Imperialismus, Militarismus, Klassenherrschaft, Zweckjustiz und Unterdrückung in jeder Gestalt war und ist der Impuls meines öffentlichen Wirkens. Ich war Anarchist, ehe ich wußte, was Anarchismus ist; ich war Sozialist und Kommunist, als ich anfing, die Ursprünge der Ungerechtigkeit im sozialen Betriebe zu begreifen.»[3]

Dieses Selbstzeugnis zeigt gleichsam wie in einem Prisma die grandiosen wie die neuralgischen Punkte in der Position Mühsams. Ganz gewiß ist die Fähigkeit zu empfinden, Sensibilität zu entfalten, ein unveräußerliches Element gerade einer künstlerischen Natur, wie Mühsam sie repräsentiert. Gewiß aber ist auch, daß wissenschaftliche Erkenntnis und daraus erwachsendes politisches Bewußtsein nicht allein aus Stimmungen, Ausströmungen der Umwelt entstehen können.

Mag Mühsams Formulierung «ich war Anarchist … ich war Sozialist und Kommunist …» auch rhetorisch zugespitzt sein – dennoch widerspiegelt sie einen unauflösbaren Widerspruch. Kommunist kann man nicht sein, ohne die wissenschaftliche Theorie und Weltanschauung des Marxismus-Leninismus zu seiner eigenen gemacht, sie verinnerlicht, als Wissenschaft begriffen und als politisches Programm zum Gebot seines Handelns gemacht zu haben. Dies zu erreichen hat Erich Mühsam nicht vermocht, deshalb konnte er sich aus den Fesseln seiner illusionären, anarchistischen Anschauungen nicht befreien. Somit blieb auch bei ihm die anarchistische Idee der Abschaffung des Staates ein Element seiner Haltung und seiner Handlungen. Er gibt ihr zunächst einen konkreten Inhalt, indem er vorübergehend Anhänger der utopischen Auffassung von der autonomen «sozialistischen Siedlung» wird. Diese Gemeinschaft soll Keimform der neuen herrschaftsfreien Gesellschaft sein, getragen von ländlicher Kleinproduktion und dem Austausch von Naturalien. (Anklänge an Proudhon und Kropotkin sind unverkennbar, ebenso an Ideen Tolstois und jüdische utopische Vorstellungen.)

Mühsams Mentor und Freund Gustav Landauer, Freund auch Kropotkins, hatte ihn an diese Konzeptionen herangeführt. Im Jahre 1906 gründete Erich Mühsam gemeinsam mit Landauer den «Sozialistischen Bund», der sich das Ziel setzte, vermittels der «sozialistischen Siedlung» den Staat zu überwinden. Vom selben Jahr an engagierte er sich in der Münchner «Gruppe Tat», einem Zweig des oben genannten Bundes, in dem er die Idee der

«Siedlung» mit der Propaganda der Revolution zu verbinden suchte. Allerdings glaubte er, die Massenbasis dafür in halbproletarischen Randgruppen zu finden, bei Gelegenheits- und Wanderarbeitern, Obdachlosen, Verarmten und Entwurzelten. Doch Mühsam stößt bei diesen Gruppen auf ein ausgesprochenes Desinteresse an seinen Ideen.

In dieser Zeit kommt es in München zu einem kuriosen Prozeß, in dem Erich Mühsam und ein Dutzend Gesinnungsgenossen wegen Geheimbündelei angeklagt sind. Man beschuldigt ihn, wie er später in einem Bericht rekapituliert, in einem Geheimbund, der «Gruppe Tat», «den Abschaum, den Auswurf, die Hefe der Gesellschaft zu Verbrechen an Leben und Eigentum, zu Mord, Diebstahl, Raub, Brandstiftung und zu allen ersinnbaren Verworfenheiten aufgestachelt und zur ‹Propaganda der Tat› herangedrillt zu haben».[4]

Was war geschehen? Was hatte die Klassenjustiz zu dem bombastischen Aufwand an Worten und Gebärden der Macht veranlaßt? Erich Mühsam berichtet selbst: «Ein Zufall orientierte die Öffentlichkeit über das Bestehen der ‹Gruppe Tat›. Ein dummer Junge, den ich nie gesehen hatte, ein siebzehnjähriger, geistig zurückgebliebener Knabe macht sich einen Jux. Er legt nachts in eine menschenleere Straße eine Donaritkapsel, die ihm an seiner Arbeitsstätte zugänglich geworden war, und brachte das recht ungefährliche Sprengmittelchen zur Explosion. (Ein Jahr Gefängnis hat man dem armen Bengel aufgebrannt, der kaum etwas anderes tat als jeder Quartaner, wenn er mit Knallerbsen schmeißt.) Aber diese Donaritkapsel platzte gerade in der Zeit, als die Ferrer-Erregung die Polizeinerven schwer alterierte (Protestdemonstrationen gegen die Hinrichtung des spanischen Anarchisten Francesco Ferrer, d. V.). Man hetzte Steckbriefe hinter dem jungen Menschen her. Der flüchtete in den ‹Soller›, die Stammkneipe meiner Hörer, und da riet man ihm: Geh doch zu den Anarchisten. Die helfen dir schon.

Anarchisten und Bomben. Die Verbindung war hergestellt. Recherchen, Observationen, Verhöre. Man erfuhr von den Vorträgen des Anarchisten Mühsam. Der Geheimbundprozeß war fertig. Der Erzählhumor jugendlicher Landstreicher im Verein mit der erhitzten Phantasie rühriger Kriminalpolizisten gestaltete die Anklageschrift zu einem Kolportageroman von abenteuer-lichster Wildheit.»[5]

Ein junger Mann, Hauptstütze der Anklage, hatte den Polizi-sten haarsträubende Einzelheiten über die Anarchisten unter Führung Mühsams erzählt. So habe dieser seinen Zuhörern gera-ten, Einbrüche und Raubzüge zu unternehmen. Aus der Schweiz sei heimlich Dynamit herbeigeschafft und vor der Stadt, im Walde, versteckt worden. Die Anarchisten besäßen Baupläne von Rathaus, Justizpalast und Polizeipräsidium; diese Gebäude sollten bei passender Gelegenheit in die Luft fliegen. Nun aber, im Prozeß, widerruft der junge Mann all diese Aussagen, Wort für Wort und Fakt für Fakt, freundlich grinsend und die Anklage in wachsende Verzweiflung stürzend.

«Wie kommen Sie nur dazu», donnert der Gerichtsvorsitzende, «solche unglaublichen Behauptungen einfach aus den Fingern zu saugen?»

Auf dem Polizeirevier, so erzählt der junge Mann, seien vier Leute um ihn herumgestanden und hätten kategorisch gemeint, er müsse etwas wissen. «Da hab i halt was g'wußt», ist die Ant-wort – und es war aus mit der feierlichen Gerichtsverhandlung.

Ein anderer Zeuge, aus der Arbeitshaft vorgeführt, hat die Frage zu beantworten, was er sich denn eigentlich unter Anar-chisten vorstelle und wofür er die Angeklagten halte. Antwort: «Dös san gar kane Anarchisten. Richtige Anarchisten, dös sei'n Königsmörder.»

Wieder andere Zeugen, so stellt sich heraus, bekunden ihr Er-scheinen mit materiellem Interesse. Da sie aus dem Zuchthaus vorgeführt werden, erhalten sie während des Prozesses bessere Kost. Kurz, der Prozeß endet, wie er begonnen hat – als Farce. Sämtliche Angeklagten müssen wohl oder übel freigesprochen werden.

Erich Mühsam erklärt trotzig: «Ich spreche weiterhin zu Vaga-bunden und Lumpen.» Für seine publizistische Tätigkeit bleiben ihm nach dem Prozeß nur noch wenige Blätter; die bürgerliche Presse boykottiert ihn.[6]

Während des ersten Weltkrieges engagiert sich Mühsam lei-denschaftlich in der Antikriegsagitation. Der Krieg müsse auf re-volutionäre Weise beendet werden, und zwar unter dem Banner

173

des Anarchismus. Es ergeben sich auch Kontakte zur USPD, zur Spartakusgruppe (Mühsam verehrt besonders in dieser Zeit Karl Liebknecht) und zur Bremer Linken. In den Jahren 1916/17 schreibt Erich Mühsam seinen (unvollendeten) Essay «Abrechnung», eine Kritik des Militarismus. Hier wiederholt er mehrmals die besonders von Bakunin herkommende anarchistische These über den Staat. So formuliert er wörtlich: «Es ist nämlich nicht der Kapitalismus, der den Staat gezeugt hat, sondern umgekehrt ist der Kapitalismus aus dem Staat entstanden ...»[7]

Man mag sich wundern, daß ein so talentierter und gebildeter Mann wie Erich Mühsam diese doch auch zu seiner Zeit schon längst widerlegte Ansicht von der Entstehung des Staates vertritt. Zumindest ein marxistisches Standardwerk stand dem Suchenden zu jener Zeit zur Verfügung: Die bereits im Jahre 1884 erschienene Schrift von Friedrich Engels «Ursprung der Familie, des Privateigentums und des Staats». (Nach 1917 ist dem deutschen Leser auch die Arbeit von Wladimir Iljitsch Lenin «Staat und Revolution» zugänglich, die direkt an Engels anknüpft.)

Engels weist nach, wie es in der menschlichen Geschichte zur Entstehung des Staates gekommen ist. Von Kapitalismus konnte noch nicht im entferntesten die Rede sein, als in der Sklavenhaltergesellschaft, bedingt durch die Teilung der Arbeit, den Zerfall der Gentilverfassung, das Aufkommen des Geldes, den Übergang vom Austausch zum Handel, die Entstehung des privaten Grundeigentums nach und nach eine Klasse entsteht, die sich durch Besitz auszeichnet gegenüber der großen Masse ohne Besitz. Eine in Klassen gespaltene Gesellschaft kann «nur bestehn entweder im fortwährenden offnen Kampf dieser Klassen gegeneinander, oder aber unter der Herrschaft einer dritten Macht, die, scheinbar über den widerstreitenden Klassen stehend, ihren offnen Konflikt niederdrückte und den Klassenkampf höchstens auf ökonomischem Gebiet, in sogenannter gesetzlicher Form, sich ausfechten ließ.»[8] Diese dritte Macht aber ist nichts anderes als der Staat. Er ist, wie Engels in seiner Schrift feststellt, «ein Produkt der Gesellschaft auf bestimmter Entwicklungsstufe; er ist das Eingeständnis, daß diese Gesellschaft sich in einem unlösbaren Widerspruch mit sich selbst entwickelt, sich in unversöhnliche Gegensätze gespalten hat, die zu bannen sie ohnmächtig ist».[9]

So schafft sich die Gesellschaft das Instrument, das «den Konflikt dämpfen, innerhalb der Schranken der ‹Ordnung› halten soll».[10]

Diese sich der Gesellschaft «mehr und mehr entfremdende Macht»[11] wird mehr und mehr zum Instrument einer der Klassen, und zwar der ökonomisch stärksten – also nacheinander der Klasse der Sklavenhalter, der Feudalherren, der Kapitalisten. So ist der Staat das Machtinstrument in den Händen einer Klasse zur Niederhaltung anderer Klassen. Zu den Mitteln dieser Niederhaltung gehören: Heer, Polizei, Beamtenapparat, Justiz, Steuer- und Finanzpolitik. Also bringt weder der Kapitalismus den Staat hervor noch umgekehrt der Staat den Kapitalismus.

Die anarchistische Verdrehung und Verwirrung der objektiven gesellschaftlichen Ursachen für Bestehen und Funktion, für Geschichte und Zukunft des Staates, die unsinnige These von seiner «Abschaffung» – das hat stets desorientierend gewirkt. So ist auch für Erich Mühsam der Staat schlechthin ein Repressionsapparat, der sich durch stets gleichbleibende Merkmale auszeichnet: Unterdrückung des Menschen, der Freiheit.

Selbst die Kontakte zu den deutschen Linken ändern nichts an Mühsams Hin- und Hergerissensein, an der Widersprüchlichkeit seiner Haltung. Er bezeichnet Gustav Landauer als seinen Lehrer, und dieser kommt weder von Marx noch von Lenin, sondern von Proudhon und Kropotkin. Die Theorie des wissenschaftlichen Sozialismus, wie sie von Marx und Engels ausgearbeitet worden ist, hat Landauer als Irrlehre abgetan, was Mühsam möglicherweise davon abgehalten hat, sich näher und intensiver mit ihr zu befassen. Seine Kenntnisse des Marxismus entstammen meist Sekundärliteratur, noch dazu reformistischen Charakters. So bleibt er der Spontanität verhaftet; ist einerseits ein Gegner des Marxismus-Leninismus und andererseits ein Mitstreiter der Kommunisten im Kampf gegen Reaktion und Faschismus; ist einerseits ein Freund der Großen Sozialistischen Oktoberrevolution, andererseits ein bornierter Kritiker der Sowjetmacht, des ersten sozialistischen Staates. Die Erfordernisse des sozialistischen Aufbaus vermag er nicht zu begreifen.

Erich Mühsam
mit seiner Frau Zensel,
1924

Wie aber hätte der Übergang vom Kapitalismus zum Sozialismus erfolgen sollen? Lenin bezeichnet es als größte Dummheit und unsinnigsten Utopismus zu glauben, das sei ohne Zwang und ohne Diktatur möglich. «Die Theorie von Marx», schreibt er 1918, «hat sich schon vor sehr langer Zeit und mit aller Bestimmtheit gegen diesen kleinbürgerlich-demokratischen und anarchistischen Unsinn gewandt.»[12] Mit großer Überzeugungskraft erläutert Lenin, daß die Oktoberrevolution in jeder Hinsicht die Theorie von Marx bestätigt habe, und zwar «mit einer solchen Anschaulichkeit, Handgreiflichkeit und Eindringlichkeit, daß nur Menschen, die hoffnungslos stumpfsinnig sind oder hartnäckig bei dem Entschluß bleiben, der Wahrheit den Rücken zu kehren, in dieser Frage noch fehlgehen können. Entweder Diktatur Kornilows ... oder Diktatur des Proletariats – von einem anderen Ausweg kann gar nicht die Rede sein für ein Land, das eine ungewöhnlich schnelle Entwicklung mit ungewöhnlich schroffen Wendungen durchmacht ...»[13]

Die Sowjetmacht, betont Lenin, «ist nichts anderes als die organisatorische Form der Diktatur des Proletariats, der Diktatur der fortgeschrittensten Klasse, die Millionen und aber Millionen Werktätige und Ausgebeutete zum neuen Demokratismus, zur selbständigen Teilnahme an der Verwaltung des Staates emporhebt, die durch eigene Erfahrung lernen, in der disziplinierten und klassenbewußten Vorhut des Proletariats ihren zuverlässigsten Führer zu sehen».[14]

Es ist charakteristisch für die widersprüchliche Haltung Mühsams, daß er einerseits ein Bewunderer Lenins ist, weil sich in diesem revolutionäre Energie und revolutionärer Wille verkörpern, andererseits den Parteiführer und Theoretiker Lenin, von dem Erkenntnisse wie die eben zitierten ausgehen, ignoriert.

Kurze Zeit, im Herbst 1919, ist Erich Mühsam Mitglied der KPD, doch verläßt er die Partei nach sechs Wochen wegen unüberbrückbarer Meinungsverschiedenheiten in Fragen der Taktik. Er wittert opportunistische Einflüsse, weil die Partei sektiererische Tendenzen zurückweist. Später formuliert er den Standpunkt: «Die Partei macht es nicht, Hauptsache, man ist revolutionär.»[15] Oder in einer anderen Variante: «Revolutionen drängen von unten herauf, drängen Programme und Parteischranken beiseite.»[16]

Damit leistet er der Klasse, deren Interessen er doch vertreten will, der Revolution, der er doch dienen will, keinen guten Dienst. Das Proletariat bedarf einer Partei, soll die Entwicklung nicht der Spontanität überlassen werden. Darin besteht ja die Leistung der Klassiker des Marxismus-Leninismus: bewiesen zu haben, daß die Befreiung der Arbeiter nur das Werk der Arbeiter selbst sein kann und dieses Werk nur gelingt, wenn eine Partei geschaffen wird, eine Vorhut als Führer der Klasse. Wer sonst sollte der Arbeiterklasse die Bewußtheit vermitteln, die sie braucht, um sich zu organisieren? Friedrich Engels schreibt am 18. Dezember 1889 in einem Brief: «Damit am Tag der Entscheidung das Proletariat stark genug ist zu siegen, ist es nötig – und das haben M (gemeint ist Marx) und ich seit 1847 vertreten –, daß es eine besondre Partei bildet, getrennt von allen anderen und ihnen entgegengesetzt, eine selbstbewußte Klassenpartei.»[17]

Und was wäre eine Partei ohne ein Programm, das die Grundsätze, Ziele und Aufgaben formuliert? Erst die Klarheit über das Woher und Wohin vermag die Aktivität in die gewünschte Richtung zu lenken. Es ist ein verhängnisvoller Irrtum der Anarchisten und eben auch Mühsams, daß sie mit dem Begriff Partei auf dem Kriegsfuß stehen. Verneinung des Parteibegriffs und der Parteidisziplin, stellt Lenin in seiner Arbeit «Der linke Radikalismus, die Kinderkrankheit im Kommunismus» fest, sei gleichbedeutend mit völliger Entwaffnung des Proletariats zugunsten der Bourgeoisie. Denn, so erläutert er, die Unfähigkeit zur Konsequenz, zum geschlossenen Vorgehen richte unweigerlich jede proletarische revolutionäre Bewegung zugrunde.

Wohl entwickelt sich die politische Reife Mühsams, doch bleibt diese Entwicklung permanent beeinflußt von der Gegensätzlichkeit, mit der in seinem Denken und in seiner Haltung revolutionäre Gesinnung und anarchistische Ideen aufeinanderprallen. Es ist deshalb eine begrenzte Entwicklung, die über bestimmte Schranken nicht hinaus kann. Über Schranken, die hauptsächlich im Unverständnis gegenüber der Partei, ihrer Funktion, Ideologie und Politik, gegenüber dem Staat und seinem historischen Charakter bestehen.

Einen bestimmenden, weiterwirkenden Einfluß hat der Anarchismus in Deutschland nach dem ersten Weltkrieg nicht ausüben können. Zweifellos hat einen wesentlichen Anteil daran die am 30./31. Dezember 1918 gegründete Kommunistische Partei Deutschlands. Obwohl in den Jahren 1918 bis 1923 scharfe, ja erbitterte Klassenkämpfe ausgetragen werden, finden sich nur Ansätze anarchistischen Handelns. Es resultiert nicht zuletzt aus der Enttäuschung über die verräterische Politik rechter sozialdemokratischer Führer wie über den Terror der von Noske befehligten Polizeitruppen. Eine Radikalisierung ist die Folge und damit eine Hinwendung politisch wenig orientierter Bevölkerungsteile zum Anarchismus. Lenins Einschätzung, daß solche Verirrungen eine Art Strafe für die opportunistischen Sünden der Arbeiterbewegung seien, bestätigt sich.

Die Novemberrevolution von 1918 bringt – neben ihrem wichtigsten Ergebnis, der Gründung der KPD – einige demokratische Rechte, ohne allerdings die Macht des Kapitals brechen zu können. Sie führt zur Konstituierung der ersten bürgerlich-parlamentarischen Republik in Deutschland. Den Kapp-Putsch von 1920, einen Versuch der junkerlich-bourgeoisen Reaktion, die

Errungenschaften des November zu zerschlagen und eine Militärdiktatur zu errichten, vereitelt das im Generalstreik einig handelnde Proletariat. In den mitteldeutschen Märzkämpfen von 1921 fügt die Konterrevolution den kämpfenden Arbeitern eine bittere Niederlage zu. Während der revolutionären Krise im Herbst 1923 gibt der Hamburger Aufstand ein Signal vom Kampfeswillen des Proletariats, führen die Arbeiterregierungen in Sachsen und Thüringen, auch wenn sie von der Reaktion niedergemacht und beide Länder durch Reichswehrtruppen besetzt werden, zu wichtigen historischen Erfahrungen.

In all diesen zum Teil äußerst blutigen Klassenauseinandersetzungen, die häufig vom Terror der Konterrevolution gekennzeichnet sind, spielen die Anarchisten keine bestimmende Rolle, obwohl ein Aufleben ihrer Aktivitäten in Gestalt agitatorischer Bemühungen und anderer Einwirkungsversuche auf das politische Geschehen konstatiert werden kann. Die Anfang der zwanziger Jahre gegründete «Freie Arbeiter-Union Deutschlands» (FAUD), die unter dem Einfluß einer von der KPD abgespaltenen linkssektiererischen Gruppierung, der KAPD (Kommunistische Arbeiterpartei Deutschlands) steht, ist hier zuerst zu nennen, ferner die «Allgemeine Arbeiterunion», der bereits genannte «Sozialistische Bund» von Gustav Landauer und weitere Vereinigungen, die mehr durch ihren sektenhaften Habitus als durch politische Aktivität auffallen. Nach eigenen Angaben sollen im Jahre 1923 etwa 125000 Mitglieder bei der FAUD registriert sein. Insgesamt, so schätzen Historiker, sind in den verschiedenen Verbänden der Anarchisten und Anarchosyndikalisten im Jahre 1921 zusammengenommen etwa 570000 Anhänger erfaßt. Der Mitgliederbestand ist wohl starken Schwankungen ausgesetzt, und auch die relativ hohe Zahl von mehr als einer halben Million Organisierter ist nur in größerem Zusammenhang real zu werten. Man muß wissen, daß zum Beispiel im Jahre 1923 in den Freien Gewerkschaften mehr als sieben Millionen, in den Christlichen Gewerkschaften nahezu eine Million und sogar in den Hirsch-Dunckerschen Spaltergewerkschaften mehr als 200000 Arbeiter registriert sind.

Die anarchistischen und anarchosyndikalistischen Organisationen und Gruppen sind vornehmlich in der zweiten Hälfte der zwanziger Jahre mit dem zunehmenden Einfluß der KPD und ihrer wachsenden Autorität, mit dem Entstehen starker proletarischer Massenorganisationen einem Auszehrungsprozeß unterworfen. Manche ihrer Anhänger stoßen später zur KPD oder ihr nahestehenden Organisationen, andere finden zur Sozialdemokratie oder zu pazifistischen Gruppen. Etliche ehemalige Anarchisten suchen gar ein Betätigungsfeld in faschistischen Verbänden.

Der Anarchismus behält eine Heimat vornehmlich noch bei Intellektuellen, was angesichts seiner individualistischen Grundtendenz nicht verwunderlich ist. Lenins Feststellung, der Anarchismus sei ein Produkt der Verzweiflung und entspreche der Mentalität des aus dem Gleis geworfenen Intellektuellen oder des Lumpenproletariers, aber nicht des Proletariers, und er sei umgestülpter bürgerlicher Individualismus, erweist sich als absolut zutreffend.

Im Deutschland der Weimarer Republik ist Erich Mühsam wohl einer der bekanntesten unter jenen Männern, vorwiegend Künstlern und Schriftstellern, die sich dem Anarchismus zugehörig fühlen – und er ist einer der ehrlichsten und mutigsten. Wegen seiner Beteiligung an der Münchner Räterepublik wird er durch ein Standgericht zu fünfzehn Jahren Festung verurteilt. Im Dezember 1924 läßt man ihn frei, der Rest der Strafe ist ausgesetzt. Verlangt wird von Mühsam «Bewährung durch Wohlverhalten». Den Arbeitern und Freunden, die ihn bei seiner Ankunft in Berlin jubelnd empfangen, ruft er zu: «Bewährung verspreche ich einzig dem Proletariat!»

Er stürzt sich in den revolutionären Kampf, spricht vielerorts im Lande auf Versammlungen, verfaßt Manifeste, Gedichte, politische Schriften, Kampf-, Marsch- und Spottlieder, Theaterstücke – und immer wieder formuliert er seine Ansichten über den Anarchismus. Er gründet einen Verlag und gibt dort politische Literatur und Zeitschriften heraus. 1925 wird er Mitglied der «Roten Hilfe Deutschlands» (RHD), engagiert sich mit unermüdlicher Energie, tritt aber 1929 wieder aus. Im Jahre 1925 wird er seinerseits aus der «Föderation kommunistischer Anarchisten Deutschlands» ausgeschlossen, weil er für die Aktionseinheit mit der KPD eintritt. Sein auch organisatorisches Engagement führt ihn

1930 in das Kampfkomitee für die Freiheit des Schrifttums beim SDS, dem Schutzverband Deutscher Schriftsteller (1909 zum Schutz gegen Willkür kapitalistischer Verleger gegründet), doch schon im Oktober 1931 wird er mit anderen revolutionären Schriftstellern ausgeschlossen.

Im Jahre 1929 erscheint in dem von ihm gegründeten Fanal-Verlag auch sein persönlicher Rechenschaftsbericht über die Münchner Räterepublik, den er seinem Freund Gustav Landauer widmet und den Kämpfern, die seinerzeit von der Konterrevolution ermordet worden sind. Der Bericht ist aber auch adressiert an die «Schöpfer der russischen Räterepublik zu Händen des Genossen Lenin». Mühsam schreibt darin: «Genossen! Nehmt diese Erklärung in dem Geist auf, in dem sie Euch vorgelegt wird. Es spricht ein Mann zu Euch, der sich schuldig weiß, taktische Fehler gemacht zu haben, dem aber sein reines Gewissen erlaubt, seine eigene Teilnahme an der Geschichte der bayerischen Räterepublik in voller Offenheit vor Euch auszubreiten.»[18]

Diese Räterepublik war ein letzter Höhepunkt der revolutionären Nachkriegskämpfe in Deutschland, in deren Verlauf der fortgeschrittenste Teil des Proletariats der Konterrevolution die Stirn bot. Am 13. April 1919 versuchte die Reaktion, eine Anfang des Monats von USPD (Unabhängige Sozialdemokratische Partei Deutschlands) und Anarchisten (Gustav Landauer, Erich Mühsam) ausgerufene «Räterepublik» durch einen Militärputsch blutig zu vernichten. Den revolutionären Kräften unter Führung der Kommunisten gelang es, diesen Versuch zu vereiteln, den Putsch zu zerschlagen und die Rätemacht neu zu konstituieren. Sie wurde jetzt von Kommunisten, Vertretern der USPD und dem Anarchismus verbundenen Intellektuellen wie Gustav Landauer und Ernst Toller getragen. An der Spitze stand der Kommunist Eugen Leviné.

Bereits in der Nacht zum 13. April war Erich Mühsam in die Hände der Putschisten geraten, so daß er sich an der Räterepublik unter Leviné nicht mehr beteiligen konnte. Diese revolutionäre Macht führte eine Reihe fortschrittlicher Maßnahmen durch, wurde jedoch Anfang Mai von eilends aus dem ganzen Reich herbeibefohlenen schwerbewaffneten Regierungstruppen nach blutigen Kämpfen niedergeworfen. Zu denen, die dem weißen Terror zum Opfer fielen, gehörten auch Gustav Landauer und Eugen Leviné.

Von seinen anarchistischen Positionen hat Erich Mühsam sich nicht lossagen können. Eine Parole wie «Die Partei macht es nicht, Hauptsache, man ist revolutionär!» hat gerade in jener Zeit, da die einzige revolutionäre Partei in Deutschland, die KPD, die Massen im Kampf gegen den aufkommenden Faschismus führte, diesem Kampf objektiv Abbruch getan. Hier steht Erich Mühsam kein Gran an Erkenntnis über einem der Väter des Anarchismus, Proudhon, der schon gut achtzig Jahre zuvor unter seinen Programmpunkten auch diesen stehen hatte: «Keine Parteien mehr! Keine Autorität mehr!»

Die kleinbürgerlich-intellektuelle Angst vor Organisiertheit und Disziplin kann auch ein sonst so mutiger Mann wie Mühsam nicht überwinden. In dieser Hinsicht bleibt er innerlich zerrissen. Die absolut unbegründete Furcht, durch Unterordnung unter die Disziplin der marxistisch-leninistischen Partei sich selbst aufgeben zu müssen, führt gerade zu dieser Selbstaufgabe, zu sektiererischem Verhalten, zu Spontanität und Vereinzelung. Diesen Standpunkt teilt Mühsam mit nicht wenigen Intellektuellen bürgerlicher und kleinbürgerlicher Herkunft vor und nach ihm, die es nicht vermochten, sich durch Aneignung der wissenschaftlichen Weltanschauung über ihre Klasse zu erheben und ganz, ohne Vorbehalte, zum Proletariat überzugehen. Das ist kein für Intellektuelle typischer Standpunkt, wie die Geschichte beweist, die ungezählte Beispiele dafür bietet, wie Künstler und Wissenschaftler die Theorie und Praxis des wissenschaftlichen Sozialismus angenommen haben und anwenden – in der Partei oder als deren Verbündete.

Erich Mühsam ist seinen Weg bis zu Ende gegangen – mit absoluter Ehrlichkeit und selbstlosem Kämpfertum. Er bleibt in unserem Gedächtnis als ein Mann, dessen so reiche Fähigkeiten sowohl für als auch gegen die Ziele der Arbeiterbewegung wirksam wurden. So ist er ein historisches Beispiel für die letztlich irreführende, destruktive und der Sache des Fortschritts nicht dienende Funktion des Anarchismus insgesamt wie in seiner personifizierten Form.

Über das tragische Ende Erich Mühsams berichtet eine Zeitgenossin, die Schriftstellerin und Journalistin Cläre Jung: «Im Juli 1934 kam unser guter alter Freund, der Bauarbeiter Adolf Kolata, der mit Erich Mühsam zusammen im Lager Oranienburg gewesen war und noch einmal mit dem Leben davonkam, zu uns und brachte uns die Nachricht von dem schrecklichen Ende Erichs: ‹Am 9. Juli wurde Mühsam nachmittags vom SS-Sturmführer Ehrath zu sich befohlen, der ihm sagte: ‚Wie lange denken Sie, noch in der Welt herumzulaufen? Wenn Sie sich nicht selbst aufhängen, dann werden wir wohl nachhelfen müssen.‘ Mühsam kam zu uns zurück und erzählte uns das. Danach sagte er wörtlich: ‚Wenn Ihr hört, daß ich mir das Leben genommen habe, glaubt es nicht. Den Gefallen tue ich ihnen nicht, ich denke gar nicht daran, mein eigener Henker zu werden. Ich werde kämpfen bis zum letzten Atemzuge.‘ Er wußte, was ihm bevorstand, war gefaßt und ruhig und verteilte seine letzten Habseligkeiten unter uns. Am nächsten Morgen fanden wir ihn dann erhängt in der Latrine. Ermordet von den Nazibestien.›»[19]

Erich Mühsam wurde 56 Jahre alt. Sein literarisches Erbe wird in der DDR intensiv gepflegt.

In der ersten Schlacht
des zweiten Weltkrieges

«Wenn ich mit Rosenberg oder Kolzow von Katalonien sprechen wollte, grinsten sie nur: Da ist nichts zu machen – Anarchisten!»[1]

Mit diesen Worten deutet der sowjetische Schriftsteller Ilja Ehrenburg in seinen Memoiren die Situation an, die sich für das republikanische Spanien im Kampf gegen den Franco-Faschismus durch die halsstarrige Haltung der Anarchisten ergeben hatte. Marcel Israilowitsch Rosenberg war 1936 erster Botschafter der UdSSR in Spanien, Michail Jefimowitsch Kolzow Korrespondent der «Prawda», der später ein Buch über seinen Aufenthalt in Spanien und den Freiheitskampf des Volkes schreiben wird.

Was war der Hintergrund einer solchen Erscheinung, wie Ehrenburg sie wiedergibt?

Ihre Wurzeln liegen tief in der Geschichte. Während der bürgerlichen Revolution von 1868 bis 1874 hatten die Anarchisten der damaligen Zeit, vorwiegend Anhänger Bakunins, durch ihre politische Borniertheit durchschlagende Erfolge verhindert (vgl. das Kapitel «Die ‹Schwarze Hand› ...»). Auch spätere Chancen vermochten die Anarchisten nicht zu nutzen. Sie waren einzeln oder oft auch in Gruppen während revolutionärer Situationen mutig bis zur Tollkühnheit, aber keine konstruktiven Gestalter der Geschichte, da sie ihre Interessen nur im Tageserfolg zu verwirklichen trachteten. Strategisches Denken war nie ihre Sache.

Noch während des ersten Weltkrieges erlebte der spanische Kapitalismus einen spürbaren Aufschwung. Der Außenhandel wuchs, die Bergwerksproduktion nahm rasch zu, die Industrie entwickelte sich. Die Arbeiterklasse erstarkte. Doch die Ergebnisse des Fortschritts kamen im wesentlichen nur den Besitzenden zugute. Damit verschärften sich die Klassenkämpfe. Der harte Druck des Kapitals führte, noch während im übrigen Europa der Weltkrieg tobte (Spanien war neutral), zu Demonstrationen und Streiks. Es kam sogar zu einer Annäherung der sozialistischen und der anarchosyndikalistischen Gewerkschaftsorganisationen, die sich bisher als wahrhaft feindliche Brüder gegenübergestanden hatten. Man gründete ein Aktionskomitee – doch Weiterungen blieben aus.

Das Kriegsende bescherte dem spanischen Kapitalismus zunehmende internationale Konkurrenz; die Absatzmärkte schrumpften, die Handelsbilanz trieb ins Negative – eine Wirtschaftskrise war unausbleiblich. Zunehmende Arbeitslosigkeit, nicht absetzbare Produkte, Verlängerung der Arbeitszeit und Herabsetzung der Löhne waren die Folgen der kapitalistischen Wirtschafts- und Sozialpolitik, was wiederum die Klassenkonfrontation verschärfte.

Die zwanziger Jahre waren nicht nur gekennzeichnet durch die diktatorische Herrschaft des Generals Primo de Rivera, sondern sie wurden auch durch immer wieder aufflammende Protestaktionen des Proletariats, durch Streiks und Demonstrationen bestimmt.

Um das Jahr 1930 wirkte sich die Weltwirtschaftskrise, die alle kapitalistischen Länder erfaßte, auch in Spanien spürbar aus. Das Generalsregime, dessen Kopf mehrmals wechselte, sah sich einem wachsenden Druck des Volkes gegenüber. Das schlug sich auch bei den Gemeindewahlen vom April 1931 in einem überlegenen Sieg der republikanischen Kräfte nieder. Die Regierung trat zurück; König Alfons XIII. verließ das Land.

Die junge spanische Republik stand vor historisch längst überfälligen Aufgaben. Eine Agrarreform war dabei an erster Stelle zu nennen. Nicht weniger wichtig war, die soziale Lage der Bevölkerung insgesamt zu verbessern, die Lösung der Nationalitätenfrage und eine Demokratisierung der Armee zu erreichen.

Doch die aufeinanderfolgenden Regierungen republikanischen Charakters, die nun die Geschicke des Landes leiteten, zeichneten sich gegenüber den konservativen und reaktionären Kräften mehr durch Toleranz als durch Konsequenz und Entschlossenheit aus. Heer und Kirche sahen ihre Macht kaum angetastet. Nötige Reformen, vor allem die Agrarreform, wurden nur zögernd durchgeführt; die Stellung des Großgrundbesitzes blieb erhalten. Soziale Unruhen nahmen zu. An ihnen waren die Anarchisten in unterschiedlichem Maße beteiligt.

Insgesamt richteten sie ihre Aktivitäten jedoch nicht darauf, die bürgerlich-demokratische Revolution zu vollenden. Vielmehr propagierten sie einen «libertären Kommunismus», worunter sie die Abschaffung des Staates, der Armee, des Privatbesitzes und eben die Etablierung «libertärer Kommunen» verstanden. Sie setzten an die Stelle von Massenaktionen des Proletariats den Einzelkampf, die Aktion kleiner terroristischer Gruppen. Attentate und Terror jedoch gaben der Reaktion Handhaben, gegen die Arbeiterbewegung vorzugehen.

Am 10. August 1932 konnte durch den Generalstreik ein Staatsstreich monarchistischer Offiziere verhindert werden. Doch begünstigt durch die Errichtung der Hitlerdiktatur in Deutschland, gewann der Faschismus in Spanien zunehmend an Boden. In den Jahren 1933 bis 1935 konnten die reaktionären Kräfte Position um Position zurückerobern. Eine im Oktober 1934 in Asturien gebildete Arbeiterregierung wurde nach 15 Tagen härtesten Widerstandes durch Truppen unter dem Befehl Francos niedergemacht. Die allgemeine Lage im Lande spitzte sich weiter zu, nahm katastrophalen Charakter an; die Minister wechselten, eine Regierung folgte auf die andere.

Die politische Krise veranlaßte Präsident Alcala Zamora, die Cortes aufzulösen und für Februar 1936 Neuwahlen zu verfügen. Angesichts der labilen Situation im Lande konnte die spanische Reaktion es sich nicht leisten, eine Diktatur wie in Deutschland zu errichten.

Noch vor dem Wahltag kam am 15. Januar ein Volksfrontbündnis zustande. Die Partner einigten sich auf ein Minimalprogramm: Amnestie für die mehr als 30 000 politischen Häftlinge; Aufhebung der Urteile aus den letzten beiden Jahren der Reaktion; Wiedereinstellung der entlassenen Beamten und Arbeiter; Entschädigung der Opfer von Verfolgungen; Wiederherstellung der Verfassung und der Autonomie Kataloniens. Die Agrarreform fehlte jedoch in diesem Programm.

Der Volksfront gehörten an: die Kommunistische Partei, die Sozialistische Partei, das vereinigte Komitee der Linksrepublikaner, die republikanische Union, die nationalen Föderationen der Jungsozialisten und der Kommunistischen Jugend, schließlich die Syndikalistische Partei. Auch die Anarchisten konnten sich der Volksfront nicht verschließen. Wenngleich ihre Organisationen dem Bündnis fernblieben, wählten ihre Anhänger doch größtenteils die Volksfront, stimmten also auch mit den Kommunisten und den Sozialisten.

Die Wahlen gestalteten sich zu einem Sieg der demokratischen Kräfte. Von den 465 Sitzen der Cortes errangen die Parteien der Volksfront rund 260 (Republikaner 158, Sozialisten 80, Kommunisten 17), die übrigen 205 Mandate fielen an die Parteien der Mitte und der Rechten.

Die neue republikanische Regierung verkündete für Katalonien und das Baskenland die autonome Selbstverwaltung und leitete verschiedene bürgerlich-demokratische Reformen ein. Diese aber waren durch Halbheiten gekennzeichnet. Vor allem ging die republikanische Macht nicht entschlossen genug gegen die reaktionären Kräfte in der Armee, der Gendarmerie und im Staatsapparat an.

So gewannen diese im Frühjahr 1936 Zeit und Gelegenheit, sich gegen die Republik zu formieren. Im Sommer mehrten sich die Anzeichen einer drohenden Gefahr.

In seinen Memoiren schreibt der sowjetische Diplomat Iwan Maiski über diese Zeit: «Als Franco am 18. Juli das Panier der Meuterei in Marokko entrollte, dachte niemand in Europa, daß die erste Schlacht des zweiten Weltkrieges begonnen hatte und der Brennpunkt der Weltpolitik sich für ganze zwei Jahre nach der Pyrenäenhalbinsel verlagern würde. Man meinte vielmehr, hier werde sehr bald alles vorüber sein ...»[2]

Der Beginn des Putsches war für Franco wenig verheißungsvoll. Nur in Marokko hatte er Erfolg; in Spanien selbst wurden die Putschisten zunächst ziemlich schnell aufgerieben. Das aber führte dazu, daß die Gefahr vielfach unterschätzt wurde.

Die Anarchisten machten es dem republikanischen Spanien nicht leicht. Aus der Geschichte des 19. Jahrhunderts hatte die spanische Arbeiterbewegung eine jahrzehntelange tiefe Spaltung in Anarchisten und Sozialisten (solche äußerst opportunistischen Charakters) geerbt. Die 1920 gegründete Kommunistische Partei war noch schwach und gewann erst unter der Volksfront und vor allem im Kampf gegen den Faschismus an Stärke, Einfluß und Autorität.

Die Anarchisten, obwohl auch sie gegen den faschistischen Putsch eingestellt waren, schlossen sich auch jetzt der Volksfront noch nicht an. Sie wollten lieber auf eigene Faust kämpfen. Die anarchistische Zeitung «La Batalla» wandte sich gegen eine reguläre Armee, das wäre die Anerkennung des Militarismus und würde die Einführung derselben Methoden und Formen wie in der früheren Armee zur Folge haben.

Ilja Ehrenburg gibt einen Eindruck aus Barcelona wieder: «An den Mauern leuchteten Plakate: ‹Es lebe der organisierte Kampf gegen die Disziplin.› ... Das Übergewicht hatten die rot-schwarzen Flaggen. Ich fragte einen Milizionär, warum die Anarchisten diese beiden Farben gewählt hätten; die Antwort lautete: ‹Rot – das ist der Kampf, und schwarz – weil der menschliche Geist dunkel ist.›»[3]

Michail Kolzow schildert in seinem «Spanischen Tagebuch» erste Eindrücke und Erkenntnisse über seine Begegnungen in Barcelona. Wie die übrigen Augenzeugen, die hier zu Wort kommen – Ilja Ehrenburg, Willi Bredel, Ludwig Renn – war Kolzow ein aufmerksamer und scharfsinniger Beobachter, der die spanischen Verhältnisse jener Zeit gut kannte.

Am 9. August 1936 traf Kolzow die Führer der Vereinigten Sozialistischen Partei Kataloniens: Sozialisten und Kommunisten. Die einzigen sozialistischen Organisationen in Barcelona hatten sich bei Beginn des faschistischen Putsches zur Aktionseinheit zusammengefunden. Die gemeinsame Leitung funktionierte reibungslos. Doch die Lage machte ihnen allen Sorgen. Kolzow schreibt: «Das Hauptproblem sind jetzt die Beziehungen zwischen den Parteien und den Organisationen der Volksfront. Besonders zugespitzt ist das Verhältnis zu den Anarchisten. Die CNT, ... die Nationale Konföderation der Arbeit, und die Föderation der Anarchisten Iberiens, die FAI, haben massenhaft neue Mitglieder aufgenommen, zum Teil rückständige Arbeiter ohne revolutionäre Tradition, deklassiertes Lumpenproletariat oder auch kriminelle Elemente aus dem ‹Chinesenviertel›. Das alles hat sich erhoben, ist bewaffnet, befindet in sich unaufhörlich wal-

188

lender Gärung ... Einige der Anarchistenführer versuchen, den stärksten und organisierten Teil der anarchistischen Arbeiter möglichst abzusondern, ihn für die Volksfront zu gewinnen ... Andererseits fürchten gerade die anarchistischen Befehlshaber Konflikte mit anderen Parteien; die größte Angst haben sie vor den Kommunisten ... Der Anarchistenführer in Barcelona, Garcia Oliver, sagte: ‹Ich weiß, Sie wollen uns ausschalten, wie es die russischen Bolschewiki mit ihren Anarchisten gemacht haben. Das wird Ihnen nicht gelingen.› Darum haben die Anarchisten, als sie im Kampf gegen die faschistischen Meuterer die Zusammenarbeit mit der Regierung propagierten, gleichzeitig ihre Gewerkschaften angehalten, zu neuen Straßenkämpfen bereit zu sein, und haben gegen Kommunisten und Sozialisten gehetzt. Sozialisten und Kommunisten versuchen auf jede Art, dieser desorganisierenden Einstellung entgegenzuarbeiten, geben Beweise ihrer völligen Loyalität und ihrer Bemühungen um die Einheit aller proletarischen Kräfte. Dieser Tage demissionierten Vertreter der Sozialisten in der katalonischen Regierung nur, um keinerlei Vorrechte den Anarchisten gegenüber zu haben. Diese einseitige Vorsicht schwächt den gemeinsamen Kampf gegen die Faschisten.

Eine provokatorische und demoralisierende Rolle spielt auch die POUM, eine trotzkistische Organisation ... Die POUM-Leute haben ihre eigene Zeitung, werben um die Gunst der Anarchisten und hetzen sie gegen die kommunistischen Arbeiter auf. Sie fordern die unverzügliche sozialistische Revolution in Spanien, treten mit widerlicher Demagogie gegen die Sowjetunion auf. In rein praktischer Hinsicht sind sie raffiniert: Sie haben sich der besten Hotels in Barcelona bemächtigt, sie kontrollieren die teuersten Restaurants und Vergnügungsetablissements.»[4]

Die bornierte Haltung der Anarchisten hatte gravierende Auswirkungen auf die Verteidigungsfähigkeit der Republik. Im September 1936 rief die katalonische Regierung zwei Jahrgänge junger Männer zu den Waffen. Als Antwort auf diese Maßnahme veranstaltete die CNT, die Kerntruppe der Anarchosyndikalisten, in Barcelona eine große Kundgebung unter der Losung: «Volksmiliz – ja! Soldaten der regulären Armee – nein!» Gemäß dieser Position drangen die Anarchisten in die Kasernen ein, wo sich die Rekruten sammelten, und zwangen diese, wieder nach Hause zu gehen.

Schon nach dem Sieg der Volksfront bei den Wahlen im Februar 1936 hatten die Anarchisten begonnen, in einigen Teilen des Landes, in denen sie über einen starken, wenn nicht bestimmenden Einfluß verfügten, ihr konfuses Gesellschaftskonzept durchzusetzen, wie es ihr Meister Bakunin ehedem gelehrt.

In Katalonien, in Andalusien, im Aragón – durchweg nicht unwichtige Regionen Spaniens – zwangen sie mit Hilfe ihres stärksten Argumentes, der vorgehaltenen Pistole, die Bauern zur Kollektivierung der Landwirtschaft. Sie vergesellschafteten alles und fuhren damit auch noch während des bereits tobenden Abwehrkampfes der Republik gegen den Franco-Putsch fort.

Der englische Historiker Eric J. Hobsbawm berichtet, wie Anarchisten im Dorf Castro del Rio, Provinz Cordoba, kurz vor dem Einmarsch der Francotruppen eine «Ordnung» in ihrem Sinne einrichteten: «Die Enteignung des Landes, die Abschaffung des Geldes, die gemeinsame Arbeit von Männern und Frauen ohne Besitz und ohne Entgelt, die, was sie brauchten, dem Dorfladen entnahmen, und eine große schreckliche moralische Exaltiertheit. Die Dorfcafés wurden geschlossen, und als der Kaffee ausging, freuten sich die Militanten, daß ein weiteres Gift verschwände. Das Dorf war isoliert und ärmer als vorher, aber es war sauber und frei, und diejenigen, die nicht in die Freiheit paßten, wurden getötet. Wenn dieses Programm den bakunistischen Stempel trug, dann deswegen, weil keine politische Bewegung die spontanen Wünsche rückständiger Bauern genauer wiedergab als der Bakunismus, der sich ihnen ganz bewußt unterordnete. Zudem war der spanische Anarchismus, mehr als irgendeine andere politische Bewegung unserer Zeit, fast ausschließlich von Kleinbauern und kleinen Handwerkern ausgebildet und verbreitet worden.»[5]

Vornehmlich in der ersten Phase des Krieges bestanden die antifaschistischen Militärkräfte zunächst aus Freiwilligenverbänden, die nach Partei- und Gewerkschaftszugehörigkeit gegliedert waren. So hatten alle ihre Columnas, ihre bewaffneten Einheiten – die Kommunisten, die Sozialisten, der marxistische Gewerkschaftsbund UGT wie sein anarchistisches Pendant CNT.

Willi Bredel berichtet über die schwere Zeit unmittelbar nach Beginn des faschistischen Putsches, als es darum ging, die Verteidigung zu organisieren: «… Ein einheitliches militärisches Kommando bestand nicht. Militärische Operationen konnten daher nur sehr schwer durchgeführt werden, und wo man es versuchte, mißglückten sie größtenteils wegen des Fehlens einer einheitlichen Leitung. Die kriegsungewohnten spanischen Arbeiter zogen zuerst in den Kampf wie zur Arbeit. Sie stellten sich frühmorgens in der ersten Linie ein, verließen um die Mittagszeit die Front, um zu Hause, im Kreise der Familie, das Mittagessen einzunehmen, kehrten alsdann zur Front zurück, um bei anbrechender Dunkelheit ‹Feierabend› zu machen … Es ist auch vorgekommen, daß eine Einheit plötzlich die Front verließ, weil sie der Meinung war, genug gekämpft zu haben, nunmehr berechtigt, sich einige Tage in Madrid zu erholen – oder daß eine anarchistische Columna, mit irgendwelchen Maßnahmen der Regierung unzufrieden, den ‹Streik› erklärte, die Kämpfer die Gewehre umhängten und aus den Stellungen rückten …»[6]

Die Anarchisten bildeten neben der legalen republikanischen Regierung eine separate, eine Art Parteiregierung, richteten ihr eigenes Generalquartier ein, ihr eigenes Verteidigungskomitee. Sie nahmen sich das Recht und sprachen es jedem anderen ab, die Straßen zu kontrollieren. Sie besaßen das Monopol über das Transportwesen, beschlagnahmten auf eigene Faust, was ihnen beschlagnahmenswert erschien, nahmen ganze Häuserviertel in Besitz und vereinnahmten dazu gleich die Mieten und Renten, womit sie ihre Kassen auffüllten. In eigener Regie gaben sie Ausweise heraus und Erlaubnisscheine zum Tragen von Waffen.

Enrique Líster, Gewerkschafter und Kommunist, einer der hervorragenden Generale des republikanischen Spaniens, berichtet in seinen Erinnerungen über eine Haussuchung im Lokal der anarchistischen Jugendorganisation von Alcañiz. Dort fand man in einem vermauerten Raum 294 Schinken, die den Bauern der Umgebung geraubt worden waren. An einem anderen Ort wurden große Mengen Lebensmittel und wertvolle Kunstgegenstände entdeckt, wie das Kreuz von Valderrobres, das einen Schätzwert von mehr als einer Million Peseten hatte. Obwohl an den Fronten stets Mangel an Waffen und Munition herrschte, entdeckte man allein in Alcañiz einen Granatwerfer, 2 Maschinengewehre, 12 leichte Maschinengewehre, 52 Gewehre, 3 Maschinenpistolen und 9 Pistolen unterschiedlichen Kalibers, dazu entsprechende Munition und 93 Kisten Handgranaten.[7]

In einigen Orten schafften die Anarchisten das Geld ab, wie in Castro del Rio, doch nur wenig später, nach Entstehen einer wirklichen Anarchie, führten sie es wieder ein. Verschiedentlich dekretierten sie in Betrieben den Sechs- und Fünfstundentag, obwohl das Land in der Stunde höchster Gefahr nichts wichtiger benötigte als Waffen und Kriegsmaterial.

Ende Oktober 1936 kam ein Abkommen zwischen den verschiedenen Gruppierungen innerhalb der Arbeiter- und Gewerkschaftsbewegung zustande – einschließlich der Reformisten und der Anarchisten. So wurden auch Anarchisten in die republikanische Regierung in Madrid aufgenommen. Dazu Ilja Ehrenburg: «Allerlei Erstaunliches, mitunter Paradoxes, habe ich in meinem Leben gesehen; als ich aber las, daß Garcia Oliver, der mir bewiesen hatte, der Staat sei ein Kerker und müsse zerstört werden, nun zum Minister für Justiz ernannt war, mußte ich lachen. Doch das Abkommen mit den Anarchisten schien mir ein großer Sieg.»[8]

Ilja Ehrenburg, wie viele andere Internationalisten, die dem spanischen Volk zu Hilfe eilten, machte jedoch auch andere Erfahrungen. In seinen Memoiren schreibt er: «‹Ihr in Rußland habt einen richtigen Staat, wir aber sind für die Freiheit›, sagte ein Wachposten im rotschwarzen Hemd, der meinen Passierschein überprüfte, ‹wir wollen den freien Kommunismus errichten.›

‹Communismo libertario› – diese Worte klingen mir heute noch in den Ohren, so oft habe ich sie gehört, als Herausforderung, als Schwur.

Um das mitunter unverständliche Benehmen der Anarchisten zu erklären, sagten manche, in ihren Kolonnen wimmle es von Banditen. Natürlich hatten sich in die Reihen der Anarchisten auch Gauner und Stammgäste von Diebesspelunken eingeschlichen …, für einen Anarchisten konnte sich in jener Zeit all und jeder ausgeben. Im September 1936 kam eine Kompanie aus der anarchistischen ‹Ehernen Kolonne›, die bei Teruel stand, nach

Valencia, wo ich mich gerade aufhielt. Die Anarchisten erklärten, sie hätten den Kommandeur im Gefecht verloren und wüßten nicht, was sie machen sollten. In Valencia fanden sie eine Beschäftigung – sie verbrannten die Gerichtsarchive und unternahmen einen Sturm auf das Gefängnis, um dort Kriminelle zu befreien, unter denen sie anscheinend Freunde hatten.

Doch die Kriminellen waren nur ein Randproblem. Im Herbst 1936 umfaßte die CNT drei Viertel aller Arbeiter Kataloniens. Die Führer der CNT und der FAI waren Arbeiter und in der überwältigenden Mehrheit ehrliche Menschen. Das Unglück war, daß sie, die Ankläger des Dogmatismus, selber die reinsten Dogmatiker waren und das Leben nach ihren Theorien zurechtzubiegen suchten.

Die klügsten Köpfe unter ihnen erkannten die Diskrepanz zwischen den fesselnden Broschüren und der Wirklichkeit; unter Bomben und Granaten mußten sie die Theorien umstoßen, die ihnen gestern noch unverrückbar erschienen waren.»[9]

Einer dieser «klügsten Köpfe» unter den Anarchisten war zweifellos Buenaventura Durruti. Bürgerliche Geschichtsschreiber zeichneten mitunter ein boshaftes, ja abschreckendes Bild von ihm, nannten ihn einen Mann, «der vor nichts zurückschreckte», einen, der «geraubt und gemordet» hätte, der «Symbol anarchistischer Grausamkeit und Unbarmherzigkeit» gewesen wäre. Die Kommunisten, unter ihnen auch Zeitgenossen Durrutis, haben ihn differenzierter eingeschätzt, obwohl gerade sie stets die schärfsten Kritiker des Anarchismus gewesen sind – bis zum heutigen Tag.

Buenaventura Durruti, Metallarbeiter von Beruf, ist 40 Jahre alt, als durch den Franco-Putsch die spanische Republik erdrosselt werden soll. Schon in früher Jugend hat Durruti sich der revolutionären Bewegung verschrieben, und er findet, was sein weiteres Leben entscheidend bestimmt, zu den anarchistischen Gruppierungen. Dort wird er, bedingt wohl auch durch sein unbändiges Temperament, zu einem leidenschaftlichen Jünger Bakunins. «Kein Schriftsteller hätte sich entschlossen, sein Leben zu schildern», schreibt Ilja Ehrenburg, «es glich zu sehr einem Abenteuerroman».[10] Durruti macht gewissermaßen alle Phasen des Anarchismus durch, kämpft auf Barrikaden, wirft Bomben, raubt

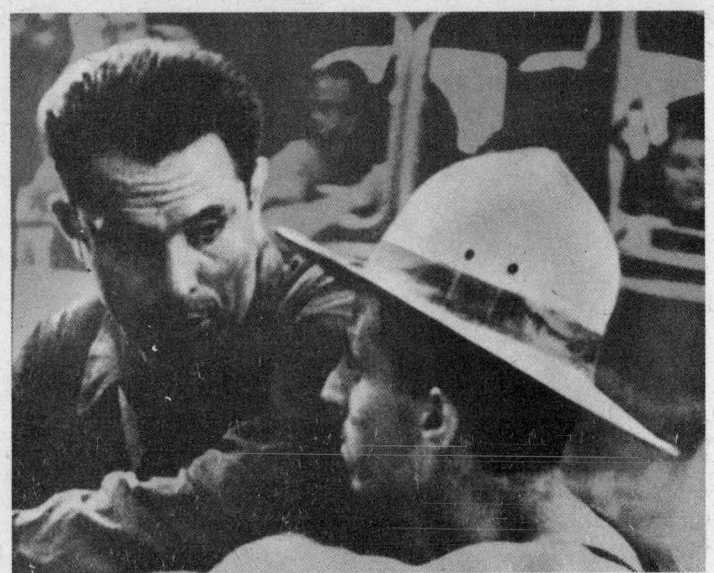

Buenaventura Durruti, 1936

Banken aus, die Zitadellen des Kapitals, wird in drei Ländern zum Tode verurteilt, in Chile, Argentinien und Spanien, sitzt, man weiß nicht, wie oft, in den verschiedensten Gefängnissen, wird aus acht Ländern ausgewiesen. Als jedoch für das republikanische Spanien die Stunde höchster Gefahr anbricht und der faschistische Militärputsch beginnt, erkennt Durruti, wo sein Platz ist, und nicht nur er allein.

Ein anschauliches Zeugnis von diesem Mann, von seiner Haltung, seinem Gebaren, hat Michail Kolzow hinterlassen. Im Spätsommer 1936 traf er in dem Dorf Bujaraloz auf ihn. «Bujaraloz ist mit rotschwarzen Flaggen geschmückt, auf Schritt und Tritt begegnet man Verfügungen mit Durrutis Unterschrift oder einfachen Plakaten. ‹Durruti hat befohlen …› Der Marktplatz heißt ‹Durrutiplatz›. Durruti und sein Stab sind in dem Häuschen eines Straßenaufsehers an der Chaussee, 2 Kilometer vom Gegner entfernt, einquartiert. Das ist nicht gerade sehr vorsichtig, aber hier krankt alles an der Sucht, demonstrativ Tapferkeit zu zeigen.»[11]

Kolzow schildert Durrutis Auftritt nicht ohne Sympathie, doch mit einer gewissen ironischen Distanz, die bei der Begegnung mit Anarchisten wohl unausbleiblich ist: «Er begann sofort, hier auf der Chaussee im Kreise seiner Soldaten und in der deutlichen Absicht, ihre Aufmerksamkeit zu fesseln, ein heftiges, polemisches Gespräch. Seine Rede war voll düsterer, fanatischer Leidenschaft.

‹Möglich, daß nur hundert von uns alles überleben, aber diese hundert werden in Zaragoza einmarschieren, den Faschismus vernichten, das Banner der Anarchosyndikalisten entrollen und den freien Kommunismus ausrufen. Ich werde als erster in Zaragoza einziehen und die freie Kommune verkünden.›»[12]

Durruti bekräftigte, die Anarchisten würden sich nie irgend jemandem unterstellen, und erklärte dann weiter: «‹Wir werden euch Bolschewiki, russischen und spanischen, zeigen, wie man Revolution macht und wie man sie bis zu Ende führt. Ihr habt dort Diktatur, in eurer Roten Armee sind Oberste und Generale. In meiner Kolonne gibt es weder Kommandeure noch Untergebene, wir haben alle die gleichen Rechte, wir sind alle Soldaten, auch ich bin nur Soldat.›

Er trägt einen blauen Leinenoverall, eine Mütze aus schwarzem und rotem Satin. Groß, athletisch gebaut. Ein schöner, leicht angegrauter Kopf. Gebieterisch beherrscht Durruti seine Umgebung, aber in den Augen hat er etwas übermäßig Gefühlsbetontes, fast Weibliches, manchmal hat er den Blick eines todwunden Tieres. Mir scheint, es mangelt ihm an Willen.»[13]

Kolzow zitiert weiter die Rede Durrutis: «‹Bei mir dient niemand aus Pflichtgefühl oder um der Disziplin willen. Alle sind nur hier, weil sie kämpfen wollen, weil sie bereit sind, für die Freiheit auch zu sterben. Gestern haben mich zwei um Urlaub nach Barcelona gebeten, weil sie ihre Verwandten besuchen wollten. Ich habe ihnen die Gewehre abgenommen und sie davongejagt. Solche Männer kann ich nicht brauchen. Einer sagte dann, er hätte sich's überlegt, er wolle bleiben – ich habe ihn nicht wieder aufgenommen. So werde ich mit allen verfahren, und wenn auch nur ein Dutzend übrigbleibt! So und nicht anders muß eine revolutionäre Armee aufgebaut sein. Die Bevölkerung ist verpflichtet, uns zu helfen, wir kämpfen doch schließlich gegen jegliche Diktatur, für die Freiheit aller! Wer uns nicht hilft, den werden wir vom Erdboden wegfegen. Wir vernichten alle, die uns den Weg zur Freiheit versperren! Gestern habe ich den Dorfrat von Bujaraloz aufgelöst, er hat den Krieg nicht unterstützt, er hat den Weg zur Freiheit gehemmt!›

‹Das riecht immerhin nach Diktatur›, sagte ich. ‹Als die Bolschewiki im Bürgerkrieg gelegentlich eine vom Feind durchsetzte Volksorganisation auflösten, hat man sie der Diktatur bezichtigt. Aber wir verschanzten uns nicht hinter Worten über allgemeine Freiheit. Wir haben die Diktatur des Proletariats nie geleugnet, sondern sie immer offen bestätigt. Und dann: Was kann das für eine Armee bei Ihnen werden ohne Kommandeure, ohne Disziplin, ohne Gehorsam? Entweder Sie denken nicht daran, ernsthaft zu kämpfen, oder Sie heucheln, und es gibt bei Ihnen doch irgendeine Unterordnung, nur hat sie einen anderen Namen.›

‹Wir haben eine organisierte Disziplinlosigkeit. Jeder trägt Verantwortung vor sich selbst und vor dem Kollektiv. Feiglinge und Marodeure erschießen wir, sie werden vom Komitee gerichtet.›

‹Das besagt noch gar nichts. Wessen Auto ist das?›

Alle wandten den Kopf in die Richtung, die ich wies. Auf dem Platz an der Chaussee standen ungefähr fünfzehn meist zuschanden gefahrene Autos, zerkratzte Ford und Adler. Und unter ihnen ein prächtiger, offener Hispano-Suiza, silbergleißend mit eleganten Lederpolstern.

‹Das ist mein Wagen›, sagte Durruti. ‹Ich mußte einen nehmen, der schnell fährt, damit ich eher an alle Frontabschnitte komme.›

‹Sehr richtig›, erwiderte ich ... ‹Es wäre lächerlich, wenn ein einfacher Soldat in diesem Auto führe und Sie zu Fuß gehen oder sich mit einem klapprigen Ford abquälen müßten. Übrigens – ich habe Ihre Befehle gelesen, sie hängen überall in Bujaraloz. Sie beginnen alle mit den Worten: Durruti hat befohlen ...›

‹Ja, irgend jemand muß doch befehlen›, erwiderte Durruti lächelnd. ‹Das ist Bekundung von Initiative. Das ist Nutzbarmachung der Autorität, die ich bei den Massen habe. Den Kommunisten kann das natürlich nicht gefallen ...›

‹Die Kommunisten haben nie den Wert einzelner Persönlichkeiten und der individuellen Autorität geleugnet. Persönliche Autorität hindert keineswegs die Massenbewegung, oft schweißt sie die Massen sogar zusammen und stärkt sie. Sie sind Kommandeur, spielen Sie doch nicht den einfachen Soldaten, das bringt gar nichts ein und erhöht keineswegs die Kampfkraft der Truppe.›

‹Durch unseren Tod›, sagte Durruti, ‹durch unseren Tod werden wir Rußland und der ganzen Welt zeigen, was Anarchismus in Wirklichkeit heißt und was die Anarchisten Iberiens sind.›

‹Durch den Tod kann man gar nichts beweisen›, entgegnete ich, ‹durch Sieg muß man beweisen. Das Sowjetvolk wünscht dem spanischen Volk von ganzem Herzen Sieg, es wünscht diesen Sieg ebenso innig den anarchistischen Arbeitern und ihren Führern wie den Kommunisten und allen antifaschistischen Kämpfern.›

Er drehte sich der Menge zu, die uns umringte, und rief, nun nicht mehr französisch, sondern spanisch: ‹Dieser Genosse ist gekommen, um uns, den Kämpfern der CNT und FAI, den flammenden Gruß des russischen Proletariats und seine Wünsche für unseren Sieg über die Kapitalisten zu überbringen. Es lebe die CNT und die FAI! Es lebe der Kommunismus!›

‹Viva!› schrie die Menge. Die Gesichter hellten sich auf und wurden sehr viel freundlicher.»[14]

Sodann kommt es zu einem Meinungsaustausch über die militärische Lage. Durruti zeigt sich sehr interessiert an der internationalen Situation. Man erörtert Möglichkeiten, Hilfe für Spanien zu organisieren. Durruti erkundigt sich, wie die Bolschewiki in Rußland während des Bürgerkrieges politisch gearbeitet hätten. Er bemerkt, es fehle sehr an Führungskräften. Er selbst halte täglich fast zwanzig Reden, das reibe ihn auf. Die Soldaten hätten wenig Sinn für die Ausbildung, obwohl sie völlig unerfahren seien. Zum Schluß ihrer Begegnung erklärt Kolzow, an Durruti gewandt: «Auf Wiedersehen, Durruti. Ich komme zu Ihnen nach Zaragoza. Wenn Sie hier nicht fallen, wenn Sie im Kampf gegen die Kommunisten in Barcelona nicht fallen, so kann's sein, daß Sie etwa in sechs Jahren Bolschewik werden.»[15]

So zerrissen die Anarchisten innerlich und untereinander auch waren, ja, gerade weil dies so war, gab es nicht wenige, die diesen Zustand angesichts der Gefahren für den Bestand der Republik überwanden und folgerichtig zu Verteidigern der Demokratie wurden. Sie erteilten damit einigen ihrer Führer eine Abfuhr, die die gefährliche Losung propagierten: Erst die Revolution sichern, dann den Krieg gegen den Faschismus organisieren!

In der Literatur zum national-revolutionären Krieg des spanischen Volkes ist das Beispiel jener Gruppe von Anarchisten in Barcelona überliefert, die sich zu Beginn des Putsches eine Anzahl Lastwagen greift und in voller Fahrt durch die Straßen der Stadt jagt, mitten hinein in die Stellung der faschistischen Artillerie, die aufgefahren war, um auf das Volk zu schießen. Die Überraschung gelingt; nicht ein Offizier kommt dazu, einen Befehl zu geben, die Batterie wird überwältigt und entwaffnet, noch ehe ein Schuß fallen kann.

Auch Durruti gehörte zu der Kategorie Anarchisten, die, wenn auch nach schweren inneren Kämpfen, nicht ihre eigene Revolution, nicht ihren eigenen Krieg gegen den Faschismus führte, sondern die die Einsicht in die Lage zwang, sich der Volksfront anzuschließen. Das Umdenken von anarchistischer «Freiheit» zu strenger Kampfdisziplin fiel ihnen nicht leicht, doch die Wirklichkeit des Krieges veranlaßte sie, tagtäglich ein Stück Halsstarrigkeit, ein Stück Dogmatismus aufzugeben. Ilja Ehrenburg hat einen Ausspruch von Durruti festgehalten: «Der Krieg ist eine Schweinerei, er zerstört nicht nur Häuser, sondern auch die höchsten Prinzipien.»[16] Durruti hütete sich allerdings, dies jemals vor seinen Leuten zu äußern.

Als Madrid in Gefahr war, von den franco-faschistischen Truppen erobert zu werden, konnte es auch auf die Hilfe der von Durruti kommandierten Milizen rechnen. Diese Hilfe allerdings funktionierte nicht reibungslos. Durruti befehligte im Spätsommer und Herbst 1936 etwa zehntausend Mann, die im Aragón standen. Sie waren dorthin gekommen, um die Städte Zaragoza und Huesca, Verwaltungssitze der gleichnamigen Provinzen nordöstlich Madrids, von den Faschisten zu befreien. Nachdem die Kampfhandlungen sich im Stellungskrieg festgefahren hatten, wobei Umsicht, höchste Geduld, Wachsamkeit und Beharrlichkeit die größten Tugenden gewesen wären, fiel es Durruti nicht schwer, seine Leute für den Marsch nach Madrid zu gewin-

Durruti an der Aragonfront 1936

nen, wo größte Gefahr herrschte – und sich die Gelegenheit bot, dem Feind in offener Attacke entgegenzutreten.

In den Novembertagen, genau am 15., trafen Durrutis Männer in Madrid mit der Verkündigung ein, es retten zu wollen.

Enrique Líster, in diesen Tagen Kommandeur der Madrider Front, berichtet in seinen Erinnerungen von einer Begegnung mit Durruti. Sie ergab sich am 18. oder 19. November 1936 bei einer Zusammenkunft von Kommandeuren. Durruti erklärte den Versammelten, seine Leute forderten, abgelöst zu werden und in den Aragón zurückzukehren. Natürlich mußte ein solches Ansinnen auf Protest stoßen, gab es doch ungezählte Kämpfer, die seit dem ersten Tag des Krieges ununterbrochen an der Front standen. Durruti versuchte den Kommandeuren zu erklären, wie seine Truppe beschaffen sei. Enrique Líster schreibt: «Durruti erläuterte uns, aus welchen Schichten sich seine Kräfte rekrutierten, welche Gewohnheiten sich herausgebildet hatten und welche Vorstellungen über Disziplin und Kommandogewalt seine Kämpfer besaßen. Als ich ihn reden hörte, begriff ich die innere Tragik dieses starken und guten Menschen, eines mutigen Kämpfers, der jetzt zum Opfer der Ideen wurde, die er selbst gesät hatte ...

Am folgenden Tag ging das Gerücht um, daß Durruti beim

Versuch, eine Panik unter seinen Leuten zu unterdrücken, durch einen von seinen Männern ermordet worden sei. Als man kurz darauf diese tragische Meldung bestätigte, gab es nicht nur den Schmerz um den Verlust eines Kommandeurs und Menschen von seinem Wert; schwer wogen vor allem die Begleitumstände, unter denen es zu seinem Tod gekommen war. Was seine Truppe anbelangte, so hatte sie nicht etwa den Gegner zurückgeworfen, sondern dieser hatte ihr einige Stellungen abgenommen, die sie zu halten hatte. Nach Durrutis Tod mußten diese Kräfte sofort abgelöst werden, da sie eine reale Gefahr für die gesamte Madrider Front bedeuteten.»[17]

Über den Tod von Durruti gibt es etliche Lesarten, die allesamt geeignet sind, in die Legende einzugehen, da ihr Wahrheitsgehalt nicht überprüfbar ist; selbst sogenannte Augenzeugenberichte geben verschiedene Versionen an.

Übereinstimmung gibt es bei den hier bereits genannten Zeugen über ihre Erfahrungen mit den Verhaltensweisen von Anarchisten. Michail Kolzow berichtet von der Begegnung mit einem Anarchisten in Toledo Ende September 1936: «Ein kleiner dunkler Bursche mit rotem Stern auf schwarzer Mütze kommt zu mir. Vom Chauffeur habe er gehört, daß ich Russe sei. Er blickt mich unverwandt an, und seine Erregung geht auf mich über.

‹Sagen Sie, mußten Sie in Rußland während des Bürgerkrieges zurückweichen?›

‹Das passierte auch. Natürlich. Oder dachten Sie, daß der Bürgerkrieg nur eine Parade, ein Siegesmarsch der Roten Armee war? Es gab bei uns Rückzüge, es gab Niederlagen, es gab schwere Monate, schwere Halbjahre und sehr schwere ganze Jahre. Die Weißen entrissen uns manchmal Städte, belagerten sie, und die Belagerung mißlang.›

‹Ich weiß. In Toledo studierten wir die Geschichte von der Belagerung Zarizyns. Ist das euer Toledo?›

‹Schwer zu vergleichen. Auf jeden Fall war Zarizyn erheblich schwerer zu verteidigen.›

Er spürt einen Vorwurf. Er schweigt lange, betrübt.

‹Bei uns hier ist alles sehr kompliziert, was die gegenseitigen Beziehungen angeht.› …

Er ist sehr bedrückt. Alles geht nicht, wie es soll. Alles geht anders als in Rußland. Er ist Metallarbeiter aus Toledo, er möchte so sehr, daß alles so ginge wie in Rußland! Ich weiß nicht, womit ich ihn trösten könnte.»[18]

Dramatisch verlief eine Auseinandersetzung um den Einsatz zweier anarchistischer Bataillone in der Schlacht bei Guadalajara im März 1937. Ziel der Faschisten war es, die letzte noch offene Versorgungsstraße Madrids von Osten her abzuriegeln. Dazu hatten sie mehrere italienische Divisionen angesetzt. Ihnen gelang es auch zunächst nach einem massiven Artillerieschlag, die Verteidigungslinie der Volksfront östlich von Guadalajara zu durchstoßen.

In seinem Buch «Im spanischen Krieg» berichtet Ludwig Renn, Stabschef der von Hans Kahle geführten XI. Internationalen Brigade, die Episode um den geplanten Einsatz der beiden anarchistischen Bataillone «Teruel» und «Primero de Mayo» am 8. März 1937: «Als es am Abend dunkel geworden war, hörte ich aufgeregte Stimmen vor dem Hause. Der Ordonnanz-Offizier Unger kam hereingestürzt und flüsterte mir ins Ohr: ‹Das Bataillon Teruel ist draußen und will nicht nach Guadalajara fahren, sondern nach Valencia. Ich habe ihnen gesagt, das dürften sie nicht. Aber sie hören nicht auf mich.›

Ich setzte mir die Majors-Mütze auf, mit dem goldenen Streifen auf dem Schirm, und schnallte um.

Draußen konnte ich zunächst in der Dunkelheit nichts erkennen. Menschen bewegten sich durcheinander. Manchmal kamen sie plötzlich in das Licht der Scheinwerfer von Lastautos.

Jemand hielt eine Rede. Ich schnappte ein paar Sätze auf, während ich mich zu dem vordersten Lastwagen schob, von dem herunter er sprach. ‹Wir wollen nach Valencia!› rief er, ‹um mit der Regierung zu sprechen! Man kann uns nicht von der Front des Jamara zu der von Guadalajara hinüberwerfen!›

‹Das ist ja eine Rasselbande!› sagte neben mir der lange, ältere Übersetzer des Stabes, der sehr gut Spanisch sprach.

‹Gut, daß du hier bist!› sagte ich ihm. ‹Während ich jetzt mit diesem Hauptschreier zu sprechen versuche, siehst du zu, die Namen der Rädelsführer festzustellen!›

‹Mache ich gleich!› erwiderte er. ‹Ja, man muß solche Kerle festnageln!›

Der Redner auf dem vordersten Wagen sah sonderbar aus. Er trug einen schwarzen Melonenhut, wie ihn nur noch alte Spießer in England hatten. Dieser Hut paßte nicht zu seinem jugendlichen Gesicht und seinem Uniformrock.

‹Also fahren wir nach Valencia!› schloß er.

Der lange Übersetzer tauchte neben mir auf. Seine Brille glitzerte im Licht der Scheinwerfer. ‹Ich habe seinen Namen und auch die Namen von drei andern Schreiern. Nicht alle im Bataillon sind mit ihnen einverstanden, sondern viele wollen ernstlich kämpfen. Spanier sind doch fast immer ehrliche Leute.›

‹Sage dem Menschen, der hier oben gesprochen hat, daß ein Befehl da ist, daß sein Bataillon nach Guadalajara fährt. Und frage ihn, ob er sich dem Befehl des Kommandos der Volksfront widersetzen will!›

Während er das mit lauter Stimme übersetzte, dachte ich nach, was ich weiter tun sollte.

Der junge Mensch antwortete von oben herunter: ‹Wir widersetzen uns nicht der Volksfront, sondern wir wollen mit ihr sprechen, weil es nicht so geht, wie es befohlen ist.›

‹Bist du Politkommissar?› ließ ich ihn fragen.

‹Ja, ich bin der des Bataillons.›

‹Dann mußt du die Einsicht haben, daß du durch dein Verhalten den Faschisten hilfst!›

‹Nein, das ist nicht wahr!›

‹Ob es wahr ist, das wird man dir vor Gericht zeigen – falls du dein Bataillon in diesem Augenblick der Gefahr für die Republik dazu bringst, zu meutern!›

‹Das ist keine Meuterei!› schrie er.

‹Doch, du willst dein Bataillon zur Meuterei bringen! Und dafür wirst du erschossen werden, du und deine Helfershelfer!›

Neben mir tauchten aus dem Dunkel zwei hochgewachsene Menschen auf. Das waren Hans und ein spanischer Major, der sich mir vorstellte.

Hans flüsterte mir zu: ‹Das ist der Stabs-Chef der Division, zu der dieses Bataillon bisher gehörte. Er will zu ihnen sprechen.›

Der Major war nicht mehr jung. Sein Gesicht sah fein und angegriffen aus. Er begann seine Rede aufgeregt und dabei so leise, daß ihn wahrscheinlich schon auf dem dritten Lastwagen keiner verstehen konnte.

‹Das ist nichts!› sagte Hans. ‹Hier muß man ein anderes Geschütz auffahren. Sieh mal, jetzt diskutiert er mit dem Kerl da oben, als ob das eine Privatsache zwischen den beiden wäre!›

Er holte tief Atem und rief mit weitschallender Stimme auf spanisch: ‹Kameraden! Man will euch betrügen! Ihr, ehrliche Kämpfer für Spaniens Sache, sollt dazu gebracht werden, nicht an die Front zu gehen, an der ihr so dringend nötig seid!›

‹Wir wollen nicht!› schrie einer.

‹Ihr wollt nicht? – Ich und die Kameraden um mich sind keine Spanier, sondern Internationale. Als bei euch die Generale gegen das Volk aufstanden und der Bürgerkrieg begann, da haben wir Frau und Kind verlassen. Wir sind herübergekommen, um gegen den Faschismus zu kämpfen. Wenn einer von uns Internationalen von der Front fortläuft, so bestraft man ihn strenger, als wenn einer von euch die Front verläßt. So macht man es mit uns, die wir nicht Spanier sind und nicht für Weib und Kind kämpfen! Ihr aber, deren Frauen und Kinder erschlagen und entehrt werden, wenn Franco siegt, ihr wollt nicht kämpfen?›

Auf den Lastwagen schrien sie durcheinander. Ich sah, daß auch diese gute Rede von Hans nicht die entscheidende Wirkung gehabt hatte. Da schoß mir ein Gedanke durch den Kopf. Ich sagte dem Übersetzer: ‹Lauf sofort hinüber und hole unsere Polizei! Umgeschnallt mit Gewehren!›

Unterdessen mußte ich Zeit gewinnen. Dazu wollte ich mit ihnen sprechen. Aber mein Spanisch war noch nicht weit her. Dafür war meine Wut auf diesen Lumpen von Politkommissar sehr groß. Laut rief ich ihm zu: ‹Willst du immer noch nach Valencia?›

‹Wir wollen mit der Regierung sprechen!›

‹Weißt du auch, daß ich deinen Namen kenne? Und weißt du, wozu?› Ich machte eine Pause. ‹Ich habe deinen Namen festgestellt, damit das Gericht dich finden kann! – Wenn euer Bataillon nicht nach Guadalajara fährt, so sorge ich dafür, daß du erschossen wirst! Und mit dir deine Freunde, die anderen Verräter! Auch ihre Namen habe ich!›

Der Kerl schrie etwas, was ich nicht verstand. Da sah ich den langen Polizei-Leutnant durch die Menge kommen. Im folgten, einer dicht hinter dem andern, die Spanier und Deutschen mit Gewehren, alles starke, große Leute.

Ich hob den Arm und gab ihnen das Zeichen, mitzukommen. Wir standen an der Straßengabel, wo es links nach Guadalajara und rechts nach Valencia ging. Mit meinen elf Mann zog ich nach rechts und stellte sie quer über die Straße.

Wird ihnen dieses Trüppchen imponieren? fragte ich mich. Aber nachdem die Worte nichts genützt haben, muß man das versuchen!

Auf dem ersten Lastwagen war man still geworden. Nur weiter hinten hörte ich noch schreien.

‹Fahrt, wenn ihr wollt!› rief ich. ‹Aber wenn ihr diese Straße hier zu fahren versucht, so schießen wir!›

Wir standen da, elf Man gegen ein Bataillon. Der Politkommissar mit der Melone beriet sich leise mit seinen Leuten. Dann hörte ich Motorengeräusch.

Einer meiner Polizisten hob das Gewehr, ließ es aber wieder sinken, weil seine Kameraden sich nicht rührten.

Der vorderste Lastwagen bewegte sich langsam vorwärts. Seine Lichtaugen streiften über die Menschen nach links. Man wich zur Seite. Sie fuhren nach Guadalajara.

Von einem Wagen rief einer: ‹Zur Front!› und da setzte die Fröhlichkeit ein.

‹Auf Wiedersehen, Kameraden!› rief uns ein anderer zu.

‹Wir werden siegen!› ...

Ich ging zu dem Leutnant und drückte ihm die Hand, dann allen andern.

Hans kam lachend: ‹Das hätten wir erreicht! Jetzt aber trinken wir ein Glas Wein!›

Er wandte sich an den spanischen Major und bat ihn, in unser Stabshaus zu treten. Er kam mit, blieb aber einsilbig und brach bald auf. Als er sich von mir verabschiedete, sah ich, daß er einen guten Blick hatte. Vielleicht dachte er dasselbe wie ich: Wird dieses Bataillon an der Front etwas taugen? Es kann auf Stunden ankommen, um Madrid zu retten.»[19]

Die Schlacht um Guadalajara wurde bekanntlich zu einem großen Sieg der Volksfrontstreitkräfte – trotz der Querelen durch die Anarchisten.

Wenngleich viele Arbeiter und Bauern, die anarchistischen Ideen anhingen, tapfer ihren Mann standen und die Republik gegen den Faschismus verteidigten, so liefert der Spanienkrieg doch geradezu ein Paradebeispiel für den Charakter des Anarchismus. Der österreichische Schriftsteller Bruno Frei hat dies auf die prägnante Formel gebracht: «Erkennt man im spanischen Bürgerkrieg 1936–1939 die Frontlinie zwischen Demokratie und Faschismus am Vorabend des zweiten Weltkrieges, dann erweist sich der spanische Anarchismus der dreißiger Jahre, der die antifaschistische Einheit sabotiert, die Organisation des Krieges geschwächt, die Kampfreihen zersetzt, die Kriegsführung Francos erleichtert hat, abgesehen von der direkten Ausnützung durch Agenten, Diversanten, Kapitulanten, objektiv als eine reaktionäre Utopie – mögen auch nicht wenige subjektiv ehrliche Kämpfer in den Reihen der anarchistischen Organisationen gewirkt haben.»[20]

Es bedurfte, so Willi Bredel, «einer langen, geduldigen und unermüdlichen Aufklärung seitens der Kommunistischen Partei Spaniens, die Massen von diesem anarchistischen Irrweg abzubringen und der Volksfront einzugliedern. Viel Blut floß, viele kostbare Monate gingen verloren, ehe die wichtigsten Forderungen der Kommunistischen Partei realisiert und auch die Massen der anarchistischen Arbeiter und Bauern für den einheitlichen disziplinierten Kampf um die Republik und gegen die faschistischen Diktatoren gewonnen wurden.»[21]

Wie alle linksgerichteten und republikanischen Parteien und Organisationen wurden auch die Anarchisten nach dem Ende des Bürgerkrieges verfolgt und in die Illegalität getrieben, sofern es ihnen nicht gelang, ins Ausland zu fliehen. Das Francoregime zerschlug die durch die Republik gewährten Selbstverwaltungsrechte des Baskenlandes und Kataloniens. Das ganze Land schmachtete unter der Knute des Faschismus. Während des zweiten Weltkrieges blieb Spanien zwar formalrechtlich neutral, doch Franco bedankte sich für die Hilfe Hitlerdeutschlands bei seinem Putsch durch die Entsendung der sogenannten Blauen Division zur Unterstützung des räuberischen Überfalls auf die Sowjetunion.

Nach dem Ende des zweiten Weltkrieges rissen die Proteste

und Kampfaktionen gegen das Regime des Putschgenerals nicht mehr ab und nahmen in den sechziger Jahren Massencharakter an. So beispielsweise in Katalonien. Die Region im Nordosten Spaniens war schon seit dem vergangenen Jahrhundert ein Zentrum der spanischen Industrie, aber auch des anarchistischen Einflusses in der Arbeiterklasse.

Trotz dieses Umstandes war Katalonien im Freiheitskampf 1936 bis 1939 ein Bollwerk der Republikaner. Und auch in den fünfziger und sechziger Jahren entwickelte sich von dort aus der Widerstand gegen das Francoregime. Damit entstand aber auch erneut ein anarchoterroristisches Potential, das hier wie im Baskenland und auch in anderen Teilen Spaniens auffällig zur Wirkung gelangte.

Wie ein Maulwurf …

Im August 1946 gründen sieben britische Anarchisten eine «Internationale Bakunin-Gruppe». Sie propagieren die Illegalität und das Zellensystem, das heißt, sie beabsichtigen, eine internationale anarchistische Organisation in geheim operierenden Zellen, Gruppen von jeweils nur wenigen Mitgliedern, zu schaffen. Natürlich steht die Vernichtung des Staates auf ihrem Programm (deshalb die Illegalität) sowie die Herstellung einer «herrschaftsfreien Gütergemeinschaft», die sich auf Räte stützen soll. Das alles ist nicht neu. Bemerkenswert aber ist, daß diese Bakunin-Gruppe sich intensiv der Propaganda unter den deutschen Kriegsgefangenen in Großbritannien widmet. Sie konzentriert sich vornehmlich auf jene, die in der sowjetischen Besatzungszone Deutschlands zu Hause sind und dorthin zurückkehren wollen. Dorthin, wo sich die beiden Arbeiterparteien KPD und SPD zur Sozialistischen Einheitspartei Deutschlands vereinigt haben, wo ernst gemacht wird mit der Ausrottung des Faschismus, wo mit dem Aufbau einer antifaschistisch-demokratischen Ordnung begonnen worden ist.

Wie der BRD-Autor Günter Bartsch in seiner Publikation «Anarchismus in Deutschland» beschreibt, werden in Kriegsgefangenenlagern Flugblätter verteilt, die von der Bakunin-Gruppe stammen. Sie enthalten Anweisungen, die genauso gut den britischen Geheimdienst oder eine antikommunistische Hetzorganisation zum Urheber haben könnten. Danach sollen jeweils drei für den Anarchismus gewonnene Heimkehrer «eine geheime Gruppe» bilden, deren Aufgabe darin bestehe, «wie ein Maulwurf an den Wurzeln des Staatskommunismus zu nagen, um seine Konsolidierung in der russischen Zone zu vereiteln.» Die Initiatoren denken sich, daß jeder der drei im Laufe der Zeit

207

zwei neue Anhänger der «anarchistischen Idee» werben und solcherart einen Ableger schaffen könnte. So soll dann «der Anarchismus im Untergrund wie ein Baum in die Breite wachsen und das Fundament der SED unterhöhlen».[1] Zum Chef der wenig später gegründeten «deutschen Sektion» schwingt sich ein gewisser John Olday auf, der in Anarchistenkreisen völlig unbekannt und über dessen Herkunft nichts in Erfahrung zu bringen ist. Er könnte auch Agent eines imperialistischen Geheimdienstes sein. Zwar soll von ihm der Ausspruch stammen, «alle Länder sind besetzte Länder, wenn sie eine Regierung haben», doch spielen Spitzel in derartigen Geheim- oder Verschwörerorganisationen oft die Rolle von Scharfmachern, um sich des Vertrauens würdig zu erweisen, das man ihnen entgegenbringt.

Bekanntlich hat der Anarchismus in Deutschland keine ausgeprägte Massenbasis besessen. Von den wenigen Jahren abgesehen, in denen die schon genannten Vereinigungen «Freie Arbeiter-Union Deutschlands» und «Allgemeine Arbeiterunion» über einen gewissen Einfluß verfügten, also nach 1920, sind bleibende Wirkungen nicht festzustellen. Die anarchistischen Gruppen oder Einzelpersonen, die bis zum Ende der Weimarer Republik zu wirken vermochten, unterlagen dann dem Terror des Faschismus.

So sind es nach dem Ende des zweiten Weltkrieges und der Niederwerfung des faschistischen Regimes, nach dem Sieg der Antihitlerkoalition nur wenige Anarchisten, die an dem Punkte wieder anfangen, wo sie 1933 gezwungenermaßen hatten aufhören müssen: in Grüppchen, die permanent miteinander im Streit liegen, von denen jedes für sich beansprucht, Sachwalter der reinen Lehre des Anarchismus zu sein, wie immer diese interpretiert werden mag. Sie machen in den Westzonen von sich reden, wo die antagonistischen Klassenverhältnisse unverändert fortbestehen, ja restauriert werden.

Auch in der sowjetischen Besatzungszone gibt es noch einzelne Anarchisten, die sich von vornherein gegen die entstehende Einheit der Arbeiterklasse wenden, den Prozeß der Vereinigung von KPD und SPD zur SED zu hintertreiben versuchen und antikommunistische Hetze gegen die beginnende sozialistische Revolution betreiben. Die weitere gesellschaftliche Entwicklung entzieht jedoch anarchistischen Bestrebungen den sozialen und politischen Boden.

Im übrigen sind die Anarchisten wie eh und je von der Wirklichkeit entfernt, wovon das folgende Textbeispiel aus dem Anarchistenblatt «Befreiung» zeugen mag, veröffentlicht im August 1949 in der BRD und zitiert in dem oben genannten Buch von Bartsch. «Was ist ein Parlamentarier? Ein schachernder Gaukler. Was ist ein proletarischer Wähler? Ein hypnotisierter Sklave. Was ist ein Staat? Ein organisiertes Zuchthaus. Was sind Regierungen und deren Organe? Zuchthausverwalter. Warum wählen Massen und lassen sich regieren? Weil sie sozial unwissend und feige sind.»[2]

In dieser borniertem Haltung ist die Selbstisolation geradezu programmiert. Wer sollte auch nur im entferntesten glauben, daß ein solches Konzept den Interessen der Werktätigen dienen könnte? Ignoranz und Beschimpfung können nicht Mittel der Politik sein. Mehr noch: Bezeichnet man diejenigen, die man doch angeblich gewinnen will, als hypnotisierte Sklaven, gar als feige, so besorgt man im Grunde die Sache der herrschenden Klasse. Und deren Machtapparat läßt denn auch die Anarchisten, solange sie nicht zum individuellen Terror übergehen, tunlichst gewähren.

In den fünfziger Jahren ändert sich an den überkommenen Auffassungen des Anarchismus so gut wie nichts. Bürgerliche Schätzungen beziffern die Zahl der Anarchisten auf 100 bis 150, noch dazu unterteilt, wohl besser gesagt gespalten, in nicht wenige Gruppen. Verschiedene Versuche, überregionale Zusammenkünfte, Tagungen zu veranstalten, enden kümmerlich, ja grotesk. So reisen zu einer Konferenz in Hamburg 1956 von außerhalb lediglich zwei oder drei Anarchisten an.

Was sich ändert, das sind zunächst die Titel der Mitteilungsblätter und die Namen der Vereine und Gruppen oder Grüppchen, die meist miteinander im Streit liegen. Die Bemerkung von Friedrich Engels in einem Brief an Johann Philipp Becker vom 30. Januar 1879, nach der die Anarchisten ihres Namens nicht würdig sind, solange nicht Anarchie unter ihnen selbst ausbricht, bleibt gültig. In einem allerdings gibt es unter den Anarchisten so gut wie kaum Meinungsverschiedenheiten: in ihrer Haltung zur Sowjetunion, überhaupt zu den sozialistischen Ländern, gleich in welchem Entwicklungsstadium sich diese befinden. Diese Haltung ist von tiefer Feindschaft geprägt. In dieser Hinsicht schwimmt man mit in der trüben Flut des imperialistischen Antikommunismus.

Bis weit in die sechziger Jahre hinein bleibt der traditionelle Anarchismus in seinem sektenhaften Dasein befangen. Von einem Anarchistenkongreß 1970 in Hamburg wird berichtet, daß man sich nahezu stündlich darüber stritt und zerstritt, wie es denn nun auf der Tagung weitergehen sollte. Der zweite Kongreßtag sollte um neun Uhr vormittags beginnen, kam jedoch erst zwei Stunden später in Gang. Vor der Stirnwand des Saales stand ein rotbedeckter Tisch, hinter dem aus Dachlatten ein etwa drei Meter hohes Kreuz errichtet war. Ein Teilnehmer, der nachfragte, was das zu bedeuten habe, erhielt den Bescheid, man wolle über die Anarchisten zu Gericht sitzen.

Scherz oder Ernst? Die Situation der Anarchisten in der BRD hat sich seit Mitte der sechziger Jahre offensichtlich gewandelt. Es ist nun weniger der herkömmliche Anarchismus, der von sich reden macht. Der ist, wie G. Bartsch konstatiert, «bis zum Skelett abgemagert».[3] Doch sind es gewisse seiner Seiten, die in einer veränderten gesellschaftlichen Situation neu hervorgekehrt und prononciert werden: vornehmlich der Extremismus Bakunins und der Individualismus Stirners, vermischt mit bestimmten neueren Theorien bürgerlicher sogenannter kritischer Philosophen wie der des 1933 in die USA emigrierten Herbert Marcuse (1898–1979). Dieser liefert vor allem studentischen Gruppen ab 1965 von San Diego aus theoretische Ansatzpunkte und Argumente, anarchistisch-utopische Orientierungen, Leitsätze äußerst widersprüchlichen Charakters. Genannt sei in diesem Zusammenhang nur die häufig strapazierte Formel von der «Großen Weigerung», also dem «Aussteigen» aus der kapitalistischen Gesellschaft als revolutionärer Tat. Sie hat viel zur Verwirrung unter der jugendlich-studentischen Protestbewegung beigetragen, da ihr Kern letztlich Ablehnung des politischen Kampfes bedeutet, denn außerhalb der Gesellschaft kann man nicht am Klassenkampf teilnehmen.

Besonders seit der zweiten Hälfte der sechziger Jahre kündigt sich die neue Tendenz an, zum Beispiel in einer Bakunin-Renaissance. So gibt im Jahre 1966 Rudi Dutschke eine «Ausgewählte und kommentierte Bibliographie des revolutionären Sozialismus von K. Marx bis in die Gegenwart» heraus, in der anarchistische Theoretiker und Historiker breiten Raum einnehmen. Der Herausgeber betont, daß in einer Zeit der sich verstärkenden und sich verselbständigenden Staatsbürokratie die bei Bakunin im Mittelpunkt stehende Frage der Abschaffung des Staates, der unmittelbaren Beseitigung desselben, der erneuten Aufarbeitung wert erscheine.

Rudi Dutschke, Studentensprecher, Wort- und Aktionsführer an der Westberliner Universität, war ein Repräsentant der sogenannten Neuen Linken. Diese verwaschene Bezeichnung meinte eine lockere Sammlungsbewegung vornehmlich jugendlicher, nichtproletarischer, mittelständischer und studentischer Kreise in verschiedenen kapitalistischen Industriestaaten. Die Anhänger der «Neuen Linken» sahen ihren politischen Standort «links» von allen, die ihnen nicht radikal genug auf eine nicht näher umrissene Veränderung der Gesellschaft hinarbeiteten. Gründe für eine solche als unumgänglich erachtete Veränderung leiteten sie aus vielerlei objektiv vorhandenen aktuellen Erscheinungen des zeitgenössischen Kapitalismus her: aus dem mörderischen Wüten des USA-Imperialismus in Vietnam, dem Neokolonialismus der kapitalistischen Industriemächte, wodurch die nunmehr formal unabhängigen ehemaligen Kolonien in ökonomischer und politischer Knechtschaft verbleiben und gewissermaßen einen neuen Kampf um ihre Unabhängigkeit führen müssen, aus dem Anwachsen der Macht der Monopole, aus deren zunehmender gegenseitiger Verflechtung sowie ihrem wachsenden Einfluß auf die Regierungen und die Geschicke der Staaten. Die berechtigte Kritik all dieser Erscheinungen versuchte die «Neue Linke» spontan in Aktionen umzumünzen, in Aktionen, die den Stempel des Subjektivismus und der Ungeduld trugen. Diese Art von Absolutheit jedoch führte oft genug zum Gegenteil dessen, was man zu erreichen trachtete. Die «Neue Linke» entwickelte auf diese Weise Züge, die in sich äußerst widersprüchlich sind, beispielsweise antikapitalistisch und antikommunistisch zugleich sein zu wollen – ein Unding, denn Antikommunismus, in welchem Gewande auch immer, dient stets dèm Kapitalismus.

So geschieht in den sechziger Jahren manches, das man nur als verworren, abenteuerlich, kurios und absurd bezeichnen kann. In der BRD entstehen serienweise sogenannte linke Gruppierungen, die sich äußerst revolutionär klingende Namen geben. Es treten eine «Marxistisch-Leninistische Partei Deutschlands», eine «Freie Sozialistische Partei – Marxisten/Leninisten», eine «Kommunistische Partei Deutschlands/Marxisten-Leninisten», ein «Kommunistischer Arbeiterbund», noch eine «Kommunistische Partei» mit dem Zusatz «Aufbauorganisation», ein «Kommunistischer Bund» und so weiter auf den Plan. Es tönt nur so von «Kommunismus», «Marxismus», «Leninismus», und man könnte fragen: Welche Marxisten-Leninisten seid ihr, die mit dem Bindestrich oder die mit dem Schrägstrich? Auch ein studentischer «Thälmann-Kampfbund» wird ins Leben gerufen, der, besonderes Charakteristikum, seine Mitglieder verpflichtet, sich nur eine Proletarierin zur Freundin zu nehmen, damit man auf diese Weise «ins Proletariat hineinwachsen» könne.

Mit der organisierten Arbeiterbewegung haben dicse Spaltpilze nichts zu tun. Vielmehr sind sie mehr oder weniger – in der Regel mehr – sektiererisch geprägt, orientieren sich an Auffassungen Mao Zedongs über den «revolutionären Krieg» und tragen objektiv ihr Scherflein bei zur imperialistischen Politik des Antikommunismus und des Antisowjetismus. Sie strapazieren ultralinke, scheinrevolutionäre Phrasen, kultivieren die Illegalität und die Halbillegalität und versuchen, eine Atmosphäre der Gewalt und Unsicherheit zu schaffen. Doch früher oder später zerfallen sie wieder oder werden von nicht weniger obskuren Nachfolgeorganisationen abgelöst.

Aus der Bewegung der «Neuen Linken» oder in Anlehnung an sie beziehungsweise auch nur unter Aufnahme ihrer Losungen formieren sich ferner Gruppen und Grüppchen, denen alle außer ihnen nicht konsequent genug, nicht radikal genug, nicht «revolutionär» genug sind. Unter Mißbrauch der roten Fahne, des Symbols der Arbeiterbewegung, entfalten diese Gruppen, häufig Studenten und Schüler, zum Teil hektische agitatorische, mehr und mehr auch terroristische Aktivitäten.

Im Jahre 1968 erscheint ein Informationsblatt unter dem Titel «883» (Teil der Telefonnummer), mit dem versucht wird, die terroristische Variante des Anarchismus neu zu beleben. So wird verkündet: «Wir müssen inhaltlich eine solidarische Auseinandersetzung mit den Gruppen führen, die Gewalt letzten Endes romantisieren, den Klassenkampf auf ein großes Pfadfinderspiel reduzieren.»[4] Ernstzunehmende politische Ziele stehen bei solchen Ausflüssen zweifellos nicht Pate.

Von «883» spaltet sich eine Gruppe ab, die den «bewaffneten Kampf» nach dem Muster lateinamerikanischer «Stadtguerillas» – die unter völlig anderen historischen Bedingungen gegen tyrannische Militärdiktaturen kämpfen – propagiert. Diese abgespaltene Gruppe gibt ein eigenes Informationsblatt heraus mit dem bezeichnenden Titel «Fizz», was dem Geräusch einer gezündeten Bombe unmittelbar vor der Detonation entspricht. Folgerichtig verbreitet «Fizz» denn auch «Heimwerkertips» zur Herstellung von Bomben. Ferner erscheinen sogenannte Anarcho-Postkarten mit Porträts von Bakunin und Machno. Es werden «neue» Losungen propagiert, sie lauten: «Keine Macht für niemand» oder «die freiheit hat einen namen: anarchie!» oder «Anarchismus bedeutet sozialistische Freiheit».

Wie ist diese zunehmend sich verschärfende Tendenz zu erklären? Erscheinungen des Aktionismus neben dem Kampf der gesellschaftlichen Hauptklassen hat es in der Geschichte immer wieder gegeben. Im Kapitalismus der Gegenwart sind nun, nachdem die Nachkriegsphase beendet ist, neue Züge zutagegetreten, die ungewohnte Reaktionen auch im Verhalten verschiedener gesellschaftlicher Gruppen auslösen. Der Kapitalismus, längst staatsmonopolistisch geworden, bringt Prozesse hervor, die die Lebensweise verschiedener Schichten der Bevölkerung, namentlich des Kleinbürgertums und der Intelligenz, verändern.

Das Massensterben von Klein- und Mittelbetrieben stürzte deren ehemalige Besitzer in eine neue soziale Lage. Sie wurden zu Arbeitern und Angestellten, was die meisten von ihnen mit größtem Unbehagen quittierten und woraus sich ein Protestpotential ergab, das – ähnlich der Zeit des entstehenden Industriekapitalismus – auch in anarchistischen Bestrebungen ein Ventil findet.

Verändert hat sich die Lage ungezählter Intellektueller, die ehemaliger Privilegien verlustig gingen und deren sozialökonomischer Status sich dem der Industriearbeiterschaft annähert.

Kleinbürgerlicher Radikalismus entsteht auch als Gegenreaktion auf das Anwachsen der staatlichen Bürokratie. So bemerkt der BRD-Autor Peter Lösche, zwar bezogen auf die Vergangenheit, doch auch anwendbar auf die imperialistische Gegenwart: «Je verkrusteter eine staatliche Bürokratie, je repressiver die Polizeibehörden auftraten, je autokratischer die staatlichen Institutionen strukturiert waren, um so eher brach anarchistischer Protest auf und schlug unter Umständen in Terrorismus um. Autokratischer Staat und Fehlen eines Rechtsstaates haben in der Vergangenheit häufig für Anarchismus und Terrorismus den Wurzelboden hergegeben.»[5]

Diese Aussage erfaßt jedoch bei weitem nicht alle Beweggründe für das Entstehen anarchistischer Bestrebungen oder gar terroristischer Aktionen. Hinzuzufügen sind unbedingt die von Hans Adamo in einer Analyse genannten Ursachen und auch Funktionen des Anarchoterrorismus: «Für das Entstehen anarchoterroristischer Gruppen gibt es nicht *die eine*, sondern ein System von Ursachen. Zu ihnen gehören die gesellschaftliche Kultur, die Geschichte und das geistig-politische Klima in der BRD. Die wesentlichste Ursache besteht jedoch darin, daß die Entwicklung des staatsmonopolistischen Kapitalismus auch zu einem verstärkten kleinbürgerlichen Radikalismus geführt hat. Dies ergibt sich daraus, daß der staatsmonopolistische Kapitalismus den Differenzierungs- und Auflösungsprozeß in Teilen der Mittelschichten erheblich verstärkt hat und solche ökonomischen und sozialen Bedingungen schuf, in deren Folge zahlreiche Angehörige des Kleinbürgertums ihre bisherige Arbeits- und Lebensweise aufgeben mußten.»[6]

Die Protestbewegung war und ist äußerst breit und vielschichtig. Starke Motivationen ergaben sich in den sechziger Jahren beispielsweise aus dem verbrecherischen Krieg der USA gegen Vietnam und der diese Politik stützenden Haltung der BRD-Regierung. So entwickelte sich die Außerparlamentarische Opposition (APO) der BRD, zu der sich die verschiedensten Gruppen, Organisationen wie auch Einzelpersönlichkeiten zählten. Die

APO verteidigte demokratische Errungenschaften und Grundrechte der Bürger, trat gegen Remilitarisierung und Atombewaffnung auf. Am 30. Oktober 1966 fand in Frankfurt am Main ein Kongreß «Notstand der Demokratie» statt, der von einem Kuratorium bekannter Gewerkschaftsfunktionäre, Wissenschaftler und Publizisten veranstaltet wurde. Im Aufruf zu dem Kongreß hieß es: «Der Bruch unserer Verfassung durch die Schubladengesetze, die Verfassungswidrigkeit der bereits verabschiedeten Notstandsgesetze und die bisherige Praxis eines Dunkelkammerverfahrens ... bedeuten den Notstand unserer Verfassung, den Notstand der Demokratie.»[7]

Auf der Abschlußkundgebung wurde zu den Hintergründen der Notstandsgesetzgebung erklärt: «1. Immer mehr konzentriert sich die wirtschaftliche Macht in den Händen einer immer kleiner werdenden Gruppe. Sie durchdringt in zunehmendem Maße Parlamente und Ministerialbürokratien mit wachsendem politischem Einfluß.

2. Der militärische Einfluß auf das wirtschaftliche und politische Leben bestimmt immer mehr die Haushalts- und Wirtschaftspolitik der Bundesrepublik ...

3. Ein System der politischen Überwachung und der politischen Justiz, immer lückenloser weiterentwickelt, droht alle eigenwilligen staatsbürgerlichen Regungen zu ersticken ...

4. Die immer tiefer dringende Irreführung und Täuschung der öffentlichen Meinung, wie sie von der modernen Bewußtseinsindustrie, mit dem Springer-Konzern an der Spitze, praktiziert wird, droht die Demokratie zu ersticken.

Vor diesem Hintergrund droht mit den geplanten Verfassungsänderungen und dem Rattenschwanz der einfachen Notstandsgesetze die Gefahr der Lenkung und Gleichschaltung aller Bürger.»[8]

Jürgen Kuczynski, Nestor der DDR-Gesellschaftswissenschaftler, kommentierte diese Aussagen in seiner Publikation «So war es wirklich»: «Wie deutlich die Erkenntnis der großen Gefahren! Und diese Erkenntnis schlug um in Aktion. Hatten wir nicht im Frühjahr 1968 die großen Massendemonstrationen von Arbeitern und Angestellten, der Jugend, Studenten und Professoren gegen die Annahme der Notstandsgesetze? Energischer und offizieller wurden auch seit dieser Zeit die Forderungen nach Mitbestimmung.»[9]

Im Schatten der breiten demokratischen und antiimperialistischen Bewegung, der Außerparlamentarischen Opposition und selbst der «Neuen Linken» sammelten sich Ende der sechziger Jahre eben jene Grüppchen und mitunter Einzelpersonen, denen es an Geduld und Ausdauer, an politischer Einsicht mangelte. Sie suchten eigene Wege zu gehen, Wege freilich, die mit politischem Verantwortungsgefühl nichts zu tun haben.

Einfluß auf den Gang der Ereignisse, in deren Verlauf sich eine dem brutalen Kapitalismus entsprechende Art von Terrorismus entwickelte, hatten auch bestimmte Tendenzen, die während der Ereignisse von Mai/Juni 1968 in Frankreich sichtbar wurden. Dort kam es infolge verschiedener äußerst zugespitzter innerer Widersprüche der Gesellschaft – steigende Profite der Monopole und sinkende Sozialleistungen; überfüllte Hochschulen und veraltete Arbeitsweisen der Universitäten und dergleichen – zu spontanen Protestaktionen zunächst unter der Studentenschaft. Linksradikale und neoanarchistische Gruppierungen, so die «Bewegung 22. März», gaben vielfach die Initialzündung für Aktionen, die unter eigenartigen Losungen abliefen. Der österreichische Schriftsteller und Publizist Bruno Frei berichtet darüber:

«Paris, 13. Mai 1968

In den Abendstunden strömen die Studenten zurück von der großen Straßendemonstration; sie besetzen wieder die Sorbonne. Barrikaden, Generalstreik, Aufmarsch der Hunderttausende – ist das nicht die Revolution? Hatte sich die Polizei nicht zurückziehen müssen? Wehen nicht rote und schwarze Fahnen vom Dach der Universität? Vom Aufstand der Studenten zur Revolution! Pausenlos folgen einander auf der Tribüne des Auditorium Maximum zündende Reden. Jeder greift zum Mikrophon, jeder hat etwas zu sagen. Beifall rast. Im Hof nächtliches Verbrüderungsfest. Fetzen von Jazz. Die Welt wird neu geboren. Ein Redner: ‹Hier hat die Freiheit Asyl gefunden.› Ein Wandplakat: ‹Es ist verboten zu verbieten.› Ein anderes: ‹Die Phantasie ergreift die Macht.›»[10]

Diese Losungen, die von den Studenten verkündet wurden,

sind utopisch-anarchistisch ebenso wie Formulierungen dieserart: «Seien wir realistisch, fordern wir das Unmögliche!» – «Die Ziele ergeben sich aus der Aktion!» – «Kunst und Anarchie ist dasselbe!» – «Schlagt die Professoren, wo ihr sie trefft!»

An jenem 13. Mai, von dem Bruno Frei berichtet, hatten die französischen Gewerkschaften aus Protest gegen die vorausgegangenen Polizeiaktionen im Studentenviertel Quartier Latin einen vierundzwanzigstündigen Generalstreik ausgerufen. In der Nacht vom 10. zum 11. Mai waren 10 000 Bereitschaftspolizisten dort eingedrungen und hatten mit Gummiknüppeln, Tränengas und Brandbomben den Widerstand der Studenten gebrochen. Es war zu regelrechten Straßenschlachten gekommen. Man zählte rund 600 Verletzte, 70 Autos waren zerstört, Straßen verwüstet worden.

Die Protest- und Solidaritätsaktion der Gewerkschaften brachte eine Million Werktätige auf die Beine. Unter dem Druck der Massen mußte die Polizei sich aus dem Quartier Latin zurückziehen. Doch damit endeten die Aktionen nicht. Der französische Theatermann Jean-Louis Barrault bemerkt in Erinnerungen an diese Tage über den 14. Mai: «Das revolutionäre Fieber steigt. Die Sorbonne und die wichtigsten Universitäten sind von Studenten besetzt. Barrikaden, Tränengasbomben, ausgerissene Bäume ..., die Polizei verschwindet wie mit einem Zauberschlag.»[11]

Der Historiker Martin Robbe beschreibt den Fortgang der Ereignisse: «Vom 17. bis 27. Mai, es war dies der Höhepunkt der Auseinandersetzungen, erfaßte ein Generalstreik das Land. Ungefähr 10 Millionen Menschen beteiligten sich an ihm. In zahlreichen Städten, Universitäten, Präfekturen, Schulen und Betrieben übten die Werktätigen durch eigene Organe eine Kontrolle über die Preise, die Lebensmittel-, Wasser- und Energieversorgung sowie über das Transport- und Nachrichtenwesen aus. Es war das die größte Klassenschlacht, die nach dem zweiten Weltkrieg in einem entwickelten kapitalistischen Land geschlagen wurde. Die Herrschenden waren verunsichert ... Zur Stabilisierung des Systems setzte die Staatsmacht Gewalt ein; sie verbot Demonstrationen, und sie ließ am 14. Juni das Odeon-Theater sowie am 16. Juni die Sorbonne räumen. Allerdings: Ernsthafte Zu-

217

geständnisse seitens der Herrschenden waren unvermeidlich. Die am schlechtesten bezahlten Schichten der Arbeiterklasse vor allem konnten ihre Lage beträchtlich verbessern, diejenigen, die Mindestlöhne erhielten, erreichten eine Lohnerhöhung, und zwar in der Industrie um mindestens 35 Prozent und in der Landwirtschaft um 56 Prozent. Ferner setzten die Arbeiter eine Verkürzung der Arbeitszeit (von 48 auf 40 Stunden), eine Verlängerung des Urlaubs und eine Ausdehnung der Gewerkschaftsrechte durch.»[12]

Die Ereignisse von 1968 in Frankreich werden in einem ganz besonderen Maße von einzelnen Linksradikalen und Anarchisten oder solchen, die sich anmaßend als «antiautoritäre Revolutionäre» verstehen, zum Anlaß für ein Auftreten unter speziellen Vorzeichen genommen, werden von ihnen «aufgearbeitet» und «theoretisch verallgemeinert». Daniel Cohn-Bendit etwa, einer der Wort- und Aktionsführer während der Maitage, der sich darauf beruft, zu jener «Protestgeneration» zu gehören, zu den Nachkriegsgeborenen, die den Kapitalismus der sechziger Jahre, nachdem sie ihre ersten bewußten Erfahrungen mit diesem System gemacht haben, auf das heftigste attackieren. Allerdings muß betont werden, daß es Cohn-Bendit und anderen, die sich in der antiimperialistischen Jugendbewegung engagieren, weniger um deren Anliegen geht als vielmehr um davon durchaus abweichende Ziele, wovon noch zu berichten sein wird.

Den Aufschwung des Massenprotestes der Jugend gegen das antihumane Wesen des Kapitalismus haben die kommunistischen und Arbeiterparteien während ihrer internationalen Beratung 1969 in Moskau positiv bewertet: «Die Kommunisten schätzen den Aufschwung der Jugendbewegung hoch ein und nehmen aktiv an ihr teil. Sie verbreiten in ihren Reihen die Idee des wissenschaftlichen Sozialismus, erklären der Jugend die Gefahr der verschiedenen Spielarten pseudorevolutionärer Ideen, die die Jugend beeinflussen können. Sie helfen der Jugend, im Kampf gegen den Imperialismus und für die Verteidigung ihrer Interessen den richtigen Weg zu finden. Nur die enge Verbundenheit mit der Arbeiterbewegung und mit ihrer kommunistischen Vorhut kann der Jugend eine wahrhaft revolutionäre Perspektive eröffnen.»[13]

Ganz anders sind die Ableitungen beschaffen, die Cohn-Bendit aus den Aktionen und Ereignissen des Mai 1968 in Frankreich zu ziehen bemüht war. Im Herbst 1968 erschien in Hamburg eine von ihm und seinem Bruder Gabriel verfaßte Schrift, die Ausdruck dieses Bemühens ist. Die Autoren gehen äußerst großzügig mit historischen Fakten und Tendenzen um. So berufen sie sich auf *eine* Tradition, die angeblich von Marx bis Rosa Luxemburg, von Bakunin bis Machno und Durruti, von der I. Internationale zur Sozialistischen Internationale reicht.

In großem Wurf unternehmen sie es, die Pariser Ereignisse wie die Geschichte insgesamt anarchistisch und anarchosyndikalistisch auszudeuten. Das Ziel sehen sie in der Abschaffung der Herrschaftsstrukturen innerhalb aller Organisationen sowohl der Gesellschaft als auch innerhalb der revolutionären Bewegung selbst. Dabei scheuen sie vor bewußten Fehldeutungen und gar vor Fälschungen nicht zurück, etwa wenn sie Lenin für 1918 folgenden Satz als positive Aussage unterstellen: «Die Ideen der Anarchisten haben lebendige Formen angenommen.» Gerade zu jener Zeit hat Lenin auf dem 7. Parteitag der KPR(B) und bei anderen Gelegenheiten mit dem Anarchismus abgerechnet. Allerdings, «lebendig» gezeigt haben die Anarchisten in der Oktoberrevolution, was sie wollen!

Daniel Cohn-Bendit, der «anarchistische Marxist», wie er sich interessantmachend, nennt, ruft seinen Lesern mit revolutionär sein sollendem Pathos zu: «Wir müssen und wir können die angeblich naturgegebene Ausbeutung abschaffen. Zieh dich jetzt an – wir hoffen, du hast diese Seiten im Bett gelesen – und geh ins Kino. Sieh dir dort die traurige Langeweile eines Lebens an, von dem du gewöhnlich ausgeschlossen bist. Sieh dir die Bilder an, die vor deinen Augen tanzen, die Schauspieler, die zu spielen scheinen, was du täglich lebst – aber bei dir ist es leider kein Spiel. Dann, sobald die erste Reklame für die nächste Vorstellung auf der Leinwand erscheint, nimm deine Tomaten, nimm deine faulen Eier und handle. Sag nein zu allem. Dann geh hinaus auf die Straße, reiß alle Plakate ab, um endlich zurückzufinden zu den Formen der politischen Manifestation der Mai-Juni-Tage ...»[14]

Abschluß der Cohn-Benditschen «Revolutionslehre» ist der

grandiose Rat: «Also handle! Suche ein neues Verhältnis zu deiner Freundin, liebe anders, sag nein zur Familie. Beginne, nicht für die anderen, sondern mit den anderen, für dich selbst, hier und jetzt mit der Revolution.»[15]

Diese Clownerie ist weiter nichts als ein höchst verantwortungsloses Spiel mit Politik, mit der Aufgeschlossenheit und Begeisterungsfähigkeit der Jugend. Daß Cohn-Bendit seine Aussagen dazu noch antikommunistisch ausrichtet, gegen Lenin bis zur Sowjetmacht von heute, gegen den Marxismus-Leninismus, gegen die französischen Kommunisten – das alles verwundert kaum noch.

Cohn-Bendit hat eine Reihe geistig Verwandter, die in gleicher oder ähnlicher Richtung wirken, der Spontanität und politischen Prinzipienlosigkeit huldigen. So skurril ihre Vorstellungen im einzelnen auch anmuten mögen, haben sie schließlich im – wenngleich dissonanten – Zusammenklang mit ungezählten weiteren kleinbürgerlich-abenteuerlichen Argumentationen, Parolen, Interpretationen, Richtlinien und dergleichen zur Verwirrung und Illusionierung nicht weniger suchender junger Menschen beigetragen, wie nicht zuletzt nachfolgende Schilderung illustrieren mag.

Am 9. Mai 1977 wird in dem bestbefestigten und bestbewachten Gefängnis der BRD, in Stuttgart-Stammheim, eine Frau tot aufgefunden – erhängt. Es ist Ulrike Marie Meinhof, 42 Jahre alt, von Beruf Journalistin, inhaftiert als mutmaßliche Terroristin. Fast fünf Jahre zuvor, am 15. Juni 1972, war sie, einen Kosmetikkoffer voller Waffen mit sich führend, bei Hannover festgenommen worden. Was bedeutet dieser Tod? Verzweiflung? Resignation? Signal?

Ulrike Meinhof, am 7. Oktober 1934 geboren, wächst unter der gesetzlichen Vormundschaft der Pädagogin Renate Riemeck auf. Im Hause der für Frieden, Demokratie und Fortschritt engagierten Professorin erhält Ulrike eine antifaschistische Erziehung und gewisse Einsichten in Politik und Mechanismus der kapitalistischen Gesellschaft in der BRD. Sie studiert Philosophie, Pädagogik und Sozialwissenschaften. In den fünfziger und sechziger Jahren ist sie aktiv in der Anti-Atombombenbewegung, wirkt im

«Studentischen Arbeitskreis für ein kernwaffenfreies Deutschland» und findet folgerichtig ein Betätigungsfeld in der sich entwickelnden antiimperialistischen Studentenbewegung. Von 1959 bis 1968 arbeitet sie bei dem in Hamburg erscheinenden linksgerichteten Magazin «konkret», vier Jahre als Chefredakteurin des Blattes. Von 1961 bis 1968 ist sie mit dem vor und nach ihr amtierenden Chefredakteur und Herausgeber Klaus-Rainer Röhl verheiratet. Im Frühjahr 1968 verläßt Ulrike Meinhof die Redaktion «konkret» und geht nach Westberlin. Dort setzt sie zunächst intensiv den Kontakt zur Außerparlamentarischen Opposition (APO) fort.

Dem Abbruch der Arbeit in der «konkret» – Redaktion waren Erkenntnisschritte vorausgegangen, die sie einem Leben unter höchst angenehmen Umständen nach und nach entfremdeten. «Das Verhältnis zu Klaus, die Aufnahme ins Establishment, die Zusammenarbeit mit den Studenten – dreierlei, was lebensmäßig unvereinbar scheint, zerrt an mir, reißt an mir», ist in ihrem Tagebuch notiert. Ein Leben unter den oberen Zehntausend erkennt sie als ihr nicht gemäß. Das Nobelbad Kampen auf der Nordseeinsel Sylt, Parties, ein elegantes Haus – all das mache nur «partiell Spaß», bekennt sie. Und selbst die Arbeit als Journalistin, als über «konkret» hinaus landesweit bekannte Publizistin, die vielfältigen Kontakte einer als der Linken zugehörig angesehenen Dame genügen ihr nur bedingt. Einerseits sei das alles ja «sogar erfreulich, deckt aber nicht mein Bedürfnis nach Wärme, nach Solidarität, nach Gruppenzugehörigkeit».[16]

Ulrike Meinhof sucht nach Wegen, auf denen sie mehr bewirken könnte als im Journalismus oder auf Parties. Nach ihrer Auffassung wären das direkte Aktionen gegen den kapitalistischen Staat, gegen Imperialismus und Neokolonialismus.

Der Imperialismus, so meint auch Rudi Dutschke mit einigen seiner Freunde, sollte durch den Kampf an möglichst vielen Fronten zerstört werden. Aus dieser Haltung heraus nimmt man die Losung auf: «Schafft zwei, drei, viele Vietnams». Es handelt sich hierbei um einen Aufruf von Ernesto Ché Guevara (1928–1967) aus dem Freiheitskampf der lateinamerikanischen Guerillas. Vietnam als Gleichnis der Niederlage des USA-Imperialismus, als Symbol des Sieges der Volkskräfte, wie es später

Ulrike Meinhof (1970)

dann auch historische Wahrheit wurde, ist zu jener Zeit Ausdruck des Protestes, eines tief berechtigten. Doch zugleich ist es auch Symptom unrealistischer Forderungen, wenn Dutschke und andere verkünden, daß nur der permanente Kampf, der den Imperialismus überall angreift und ihn sich ausbluten läßt, eine «sozialistische Revolution» und eine «antiautoritäre sozialistische Weltgesellschaft» zu verwirklichen vermag.

Auch Ulrike Meinhof hat sich solchen Positionen genähert, deren Verfechter, hochgradig sensibel und zugleich politisch borniert, den Gang der Geschichte ihrem Willen unterwerfen wollen. Der Fortschritt soll quasi außerhalb des Klassenkampfes oder unter Umgehung desselben und unter Mißachtung jeglicher ideologischer Bildungs- und Erziehungsarbeit auf schnellstem Wege durch abenteuerliche Aktionen herbeigeführt werden.

222

Geringschätzig tut die Meinhof den Kampf der Gewerkschaften im Kapitalismus, auch in der BRD, ab, ebenso das Programm der DKP, die sich gerade erst nach dem infamen Verbot der KPD von 1956 die Legalität erkämpft hat. Das Ringen um die Verbesserung der sozialen Lage der Werktätigen sei systemerhaltender «Gewerkschaftsplunder» meint sie. So übt sie sich in Kapitalismus- wie in Sozialismuskritik und wendet Begriffe wie «autoritär» oder «bürokratisch» pauschal auf das eine wie auf das andere Gesellschaftssystem an.

Eine solche Position führt folgerichtig immer weiter ins Extrem. Es ist erstaunlich, daß eine ja durchaus beschlagene Frau wie sie ihre Ungeduld nicht zügeln, die mangelnde Einsicht in objektive Erkenntnisse nicht überwinden kann und zu der Auffassung kommt, die spontane Aktion, eine Art Revolution aus dem Stand heraus, wäre der Weg zur Lösung brennender Fragen bis hin zur Überwindung des Kapitalismus.

Als sie im Frühjahr 1968 nach Westberlin geht, vermeint sie, guten Grund dafür zu haben. Dort sind in den Wochen und Monaten zuvor Ereignisse abgelaufen, die die Situation oppositioneller Kräfte außerhalb der etablierten Parteien nachhaltig beeinflußt haben.

In Westberlin gibt es beispielsweise seit Anfang 1967 die «Kommune I». Das ist der mit viel Tamtam, mit aufsehenerregenden Aktionen und Verlautbarungen verbundene Versuch einiger junger Leute, die sich «Kommunarden» nennen, mit der Gesellschaft radikal zu brechen. Sie treten an mit einem spektakulären Programm, in dem sie verkünden: «Revolutionierung des Alltags» – was alles kann man darunter wohl verstehen? – «Abschaffung des Privateigentums» – Nachbeten einer verstümmelten Grundforderung der revolutionären Arbeiterbewegung! – «Brechung des Leistungsprinzips» – hier schimmert der Anarchismus sehr stark durch (oder auch eine Art Askese-Grundsatz, aber wohl mehr für andere als für sich selbst gemeint). «Proklamation des Lustprinzips» – etwa auf dem Verordnungswege?

Die «Kommunarden» lassen ihrer Proklamation, so weit es sie selbst angeht, die Tat folgen: Sie wohnen gemeinschaftlich, sie teilen das Brot, sie teilen die Freundinnen, sie provozieren die

Öffentlichkeit, denn sie zeigen, wie sehr anders sie sein wollen als all die anderen.

Nachdem in Brüssel bei einem Kaufhausbrand 250 Menschen ums Leben kommen, gebärden sich die selbsternannten Kommunarden wild revolutionär, wie sie meinen, und verbreiten ein Flugblatt, in dem sie formulieren: «Ein brennendes Kaufhaus mit brennenden Menschen vermittelt zum erstenmal in einer europäischen Großstadt jenes knisternde Vietnam-Gefühl, das wir in Berlin noch missen müssen.» Und das zu einer Zeit, da die progressiven Kräfte versuchen, die Öffentlichkeit zu mobilisieren, da vielfältige gesellschaftliche Initiativen ausgelöst werden, das völkerfeindliche Abenteuer der USA in Südostasien anzuprangern, da ungezählte Menschen aller Klassen und Schichten für ein unverzügliches Ende des grausamen Militäreinsatzes wirken. Die «Kommune I» aber will das durch jenes «knisternde Vietnam-Gefühl» erreichen, das ein Brand erzeugt, bei dem Menschen umkommen. Und so reiht sich Provokation an Provokation. Die «Kommunarden» inhalieren öffentlich Rauschgift; sie veranstalten sogenannte Happenings (Ereignisse); sie hantieren mit selbstgebastelten Bomben und Brandsätzen; sie lästern über politische Demonstrationen. Sie wollen Aufsehen erregen, um jeden Preis Furore machen. Kritiker betiteln sie als «Axel Springers Hofnarren».

Fest steht: Durch ihre Auftritte diskreditieren sie die politischen Proteste gegen den Imperialismus, denn sie liefern Stoff für Sensatiönchen und Skandalgeschichten, Material für die Monopolpresse, eben auch die Springer-Blätter. Doch darin erschöpfen sich ja bei weitem nicht die «praktischen Helferdienste für die Reaktion» (Rosa Luxemburg).

Im selben Jahr 1967 bildet sich eine weitere «Kommune», die «Kommune II». Sie versucht, sich ein offensichtliches politisches Profil zu geben, und propagiert unverhüllt den direkten Aktionismus. Das führt dazu, daß manche ihrer Mitglieder den Weg des Terrorismus einschlagen, so Jan-Carl Raspe, der in der Folgezeit bei der RAF, der «Roten-Armee-Fraktion», landet.

Im Frühjahr 1967 besucht der Schah des Iran Westberlin. Das ruft unter allen fortschrittlichen Kräften, vornehmlich der Jugend und den Studenten, aber auch unter den Spontangruppen, unter allen, die auch nur irgendwie antiimperialistisch, gegen das «Establishment», die etablierte staatsmonopolistische Macht und Ordnung, orientiert sind, heftige Gegenreaktionen hervor. Schließlich kommt der Schah als Repräsentant eines Regimes, das jede progressive Regung im eigenen Volk in Blut und staatlich organisiertem Terror erstickt, dessen Hof jedoch beliebtes Thema der Illustrierten und anderer Massenmedien in der BRD und in Westberlin ist. Die gegen diesen Besuch organisierte Protestdemonstration bringt Zehntausende auf die Straßen. Dagegen wird brutale Polizeigewalt aufgeboten, befehligt von der Westberliner Verwaltung.

Abseits vom Zentrum heftigster Auseinandersetzungen erschießt ein Kriminalobermeister namens Kurras ohne Grund den Studenten Benno Ohnesorg, einen jungen Mann, der nirgendwo organisiert ist und noch nie an einer derartigen Manifestation teilgenommen hat. Vier Monate nach dem schändlichen Mord tritt der Regierende Bürgermeister von Westberlin Heinrich Albertz von seinem Amt zurück. Er fühle sich «aufs tiefste beleidigt», erklärt er und: «Ich habe auch zu spät erkannt, wie ernst es diesen Leuten war, als sie mit ihrem Schlüsselerlebnis ‹Vietnam› auf unsere Straßen gingen.»[17]

Die Ereignisse um den Besuch des Schah und der Mord an Benno Ohnesorg führen zu einer Zunahme antiimperialistischer Manifestationen. Eine Kundgebung im Februar 1968 sieht mehr als 12000 Demonstranten in der Westberliner Innenstadt, die gegen den Krieg der USA in Vietnam und gegen den Imperialismus protestieren.

Als hassenswertes Symbol des imperialistischen Machtapparates mit seiner Manipulation der Massen wird von den studentischen Demonstranten der Medienkonzern des Axel Springer angesehen. Der Springer-Konzern übt auf dem Westberliner Pressemarkt das uneingeschränkte Monopol aus. Seine Blätter ergehen sich tagein, tagaus in hemmungsloser Aufwiegelei und Hetze gegen die Protestbewegung und einzelne ihrer Vertreter. Die Aktionen der «Kommune I» werden zum Schreckgespenst hochstilisiert, als eine die Gesellschaft bedrohende, Gesetz und Ordnung aufhebende Gefahr, der man in den Arm fallen müsse.

Die Vermengung von ernsthaftem politischem Protest gegen Manipulation und Vietnamkrieg mit den verantwortungslosen Umtrieben einiger Wirrköpfe ist eine beliebte Methode der Springer-Zeitungen. Sie eskaliert sich bis zu dem Versuch, eine Art Volkszorn gegen die «linken» Unruhestifter zu entfachen. Der Protest der Studenten und Jugendlichen nimmt daraufhin noch zu und wendet sich direkt gegen den Springer-Konzern. Es taucht die Losung auf «Enteignet Springer», gekoppelt mit Aktionen gegen das Springer-Hochhaus in Westberlin, mit dem Versuch, dort wie in verschiedenen Städten der BRD die Auslieferung von Springer-Blättern zu verhindern.

In dieser aufgewühlten Atmosphäre, in der Protestaktion und polizeiliche Gegenaktion einander ablösen, in der die imperialistischen Massenmedien eine wahre Pogromstimmung erzeugen, kommt es am 11. April 1968 zu einem Pistolenattentat eines jungen Neonazis auf Rudi Dutschke (an dessen Spätfolgen er Ende 1979 stirbt).

In den Tagen danach finden in Westberlin erneut Straßenschlachten großen Ausmaßes statt, an denen bis zu 60 000 Menschen beteiligt sind und auf die von der Westberliner Verwaltung bis zu 21 000 Polizisten angesetzt werden. Zwei Tote, 400 Verletzte, 1000 Verhaftete registriert die Polizeistatistik.

Teilnehmer an den Demonstrationen und Aktionen gegen den Springer-Konzern ist auch der Westberliner Rechtsanwalt Horst Mahler, von dem in anderem Zusammenhang noch zu berichten sein wird.

In diese Atmosphäre der Gärung, der Verneinung und der Verweigerung, in diese Situation der Spontanität, der Empörung, der unbezähmbaren Wut taucht Ulrike Meinhof ein mit der Absicht, nun mitzuwirken am Sturz der kapitalistischen Ordnung, ihrer kaum noch zu zügelnden Ungeduld ein Ventil zu verschaffen.

Andere meinen, mit dem Sturz dieser Gesellschaft schon begonnen zu haben ...

Typen, Taten, Tote

In der Nacht vom 2. zum 3. April des Jahres 1968 werden im Kaufhaus Schneider und einem gleichartigen Unternehmen der Stadt Frankfurt am Main, dem «Kaufhof», Brände gelegt. Obgleich erheblicher Sachschaden entsteht, kommen Menschen glücklicherweise nicht zu Schaden. Die Kriminalpolizei ermittelt schnell und effektiv. Schon am 5. April werden fünf Tatverdächtige festgenommen, unter ihnen Andreas Bernd Baader, 24 Jahre alt, und die 27jährige Gudrun Ensslin.

Die Brandstiftung und der Prozeß, der im Oktober 1968 stattfindet, wären von den Medien und in der Öffentlichkeit wohl als Routineangelegenheit behandelt worden, hätten die Angeklagten nicht versucht, ihre Tat politisch zu begründen, nämlich gegen den «Konsumterror» protestieren zu wollen. Andreas Baader, der sich selbst als Lumpenproletarier bezeichnet, ein Abenteurer mit scheinbar politischen Zielen, erklärt, er wollte mit der Brandstiftung «ein Fanal setzen». Gudrun Ensslin – außer dem Studium von Germanistik, Anglistik und Philosophie hat sie ein bestandenes Grundschullehrer-Examen vorzuweisen – setzt die Akzente schärfer, bewußter, zugleich aber auch emotionaler: «Ich interessiere mich nicht für ein paar verbrannte Schaumstoffmatratzen, ich rede von den verbrannten Kindern in Vietnam.» Ulrike Meinhof sieht in der Tat, im Bruch von Gesetzen dieser verhaßten kapitalistischen Gesellschaft, ein progressives Element.

Der Prozeß endet mit empfindlichen Strafen: drei Jahre Zuchthaus für alle Angeklagten wegen vorsätzlicher Brandstiftung.

Im Juni 1969 werden die Verurteilten aus der Haft entlassen, da von ihrer Verteidigung Revisionsantrag gestellt worden ist. Im November desselben Jahres wird die Revision des Urteils abgelehnt, was zur Folge hat, daß die ausgesetzte Reststrafe von 22 Monaten nun verbüßt werden muß. Ein Gnadengesuch erwirkt nochmals einen Aufschub, doch Anfang Februar 1970 wird es abgelehnt. Nun haben die Verurteilten sich unwiderruflich zur Verbüßung der Reststrafe einzufinden. Jedoch nur einer, der Schauspieler Horst Söhnlein, folgt dieser Auflage. Die anderen drei, Andreas Baader, Gudrun Ensslin und Thorwald Proll, entziehen sich dem Strafvollzug. Sie gehen, wie es heißt, in den Untergrund. Doch wird Baader schon Anfang April 1970 von den Fahndern in Westberlin gestellt. Es vergehen keine zwei Wochen, da wird gemeldet: Der Kaufhausbrandstifter Baader – so die gängige Bezeichnung in den Massenmedien der BRD – durch frechen Coup aus der Haft befreit!

Mit der Begründung, Studien für ein Buch treiben zu wollen, hatte Baader die Erlaubnis erlangt, in das «Deutsche Zentralinstitut für Soziale Fragen» gebracht zu werden. Dort nun, in einer Villa im Westberliner Ortsteil Dahlem, wird die unübersichtliche räumliche Situation und mangelnde Aufmerksamkeit des Wachpersonals genutzt, Baader aus dem Haus zu schleusen und ihm die Flucht zu ermöglichen, wobei ein 62jähriger Mann, Angestellter des Instituts, schwer verletzt wird. Es sind drei junge Frauen, die diese gut vorbereitete Aktion durchführen: Ulrike Meinhof, Ingrid Schubert und Irene Goergens. Allesamt entziehen sie sich der unverzüglich einsetzenden Fahndung durch Flucht ins Ausland – sicherlich ebenso von langer Hand vorbereitet –, die Rede ist, nach Nahost. Dort wollen sie sich im bewaffneten Kampf üben, für spätere Guerillatätigkeit, und sie meinen, der Kampf der Palästinenser gegen die israelische Unterdrückung sei dafür das beste Podium. Ein Mitglied der RAF erklärt später, nachdem es sich vom Terrorismus losgesagt hat, die Palästinenser, mit denen sie zusammengekommen seien, hätten ihnen geraten: Fahrt nach Hause und e r z ä h l t von unseren Problemen!

Wenige Tage nach der organisierten Flucht Baaders geht in der Presseagentur DPA der BRD ein Brief ein, in dem unter anderen folgende rüde Formulierungen zu finden sind: «Glauben die Schweine wirklich, wir würden den Genossen Baader zwei oder drei Jahre sitzen lassen? ... Glaubte irgendein Schwein wirklich, wir würden von der Entfaltung der Klassenkämpfe, der Reorganisation des Proletariats reden, ohne uns gleichzeitig zu bewaffnen? ... Mit dem bewaffneten Widerstand beginnen! Die Rote Armee aufbauen!»[1]

Die Anmaßung, die aus diesen Sätzen spricht, ist erstaunlich. Noch mehr das Programm, das darin verkündet wird – mit einer Bedenkenlosigkeit, als handele es sich um eine alltägliche Bagatelle. Die Verwirrung und Verbiesterung dieser Leute ist total. Sie ernennen sich selbst zu Genossen. An die Stelle politischer Argumentation setzen sie Beschimpfung. Sie erklären sich gar zu Sprechern des Proletariats, mit dem sie überhaupt nichts gemein haben.

Ulrike Meinhof läßt wissen, Baader sei unentbehrlich, deshalb habe man ihn befreit. Es sei zu erwarten, daß ein potentiell revolutionärer Teil des Proletariats sich mit solch einer Gefangenenbefreiung solidarisieren werde. (Eine derartige Solidarisierung bleibt bekanntlich aus.) Und Ulrike Meinhof erklärt, in der Auseinandersetzung mit der Polizei dürfe auch geschossen werden, denn: «Der Typ in der Uniform ist ein Schwein».

Diese Zeit, etwa die Jahre 1969/70, nennen einschlägige Veröffentlichungen als jene Periode, in der sich die RAF, die Rote-Armee-Fraktion, formiert; die «Befreiung» Baaders sei die Initialzündung dazu gewesen. In der BRD wird zunächst über die Bezeichnung «Baader-Meinhof-Gruppe» oder «-Bande» heftig gestritten. Der Minister eines BRD-Landes beispielsweise erklärt alle zu Sympathisanten des Terrorismus, die nicht von Bande, sondern von Gruppe sprechen.

Als «Rote Armee» bezeichnen sich die Leute um Baader und Meinhof, weil sie den bewaffneten Kampf gegen den Kapitalismus aufzunehmen gedenken, worunter sie so etwas wie einen revolutionären Krieg verstehen. Der Zusatz «Fraktion» soll verdeutlichen, daß zunächst eine Minderheit angetreten ist – so realistisch sind sie anfangs noch.

Zu jenen, die sich da zusammenfinden – etwa ein Dutzend von der kapitalistischen Gesellschaft Enttäuschte, nicht zu Unrecht Enttäuschte, die noch dazu über den barbarischen Krieg der USA gegen das Volk von Vietnam empört und erbittert sind – gehören die bereits genannten Baader, Meinhof, Ensslin, Schubert, ferner Monika Berberich, der Rechtsanwalt Horst Mahler, später Holger Meins und einige andere.

In der ersten Phase als illegale Gruppierung gehen sie geradezu euphorisch zu Werke. So berichtet Beate Sturm, vorübergehend dem Terrorismus anhängend: «Es war damals unheimlich modern, in (West-)Berlin zu sagen, die Zusammenhänge sind ganz einfach, die kann man innerhalb einer Woche kapieren lernen, und dann muß man sofort handeln. Das war aktuell in (West-)Berlin: Macht kaputt, was euch kaputt macht ... Konkrete Vorstellungen gab es keine, wirklich keine, auch von den großen linken Häuptlingen in (West-)Berlin nicht. Da war einfach das Verlangen: was tun, daß die Dinge anders werden.»[2]

Im Spätsommer 1970 erfolgen erste Aktionen. Drei Banküberfälle in Westberlin, bei denen 220000 DM erbeutet werden, schreibt die Polizei der RAF zu. Im November desselben Jahres werden in verschiedenen Rathäusern Reisepässe, Personaldokumente und Stempel entwendet. Im Januar 1971 werden in Kassel gleichzeitig zwei Sparkassenfilialen überfallen, Beute: 110000 DM. Im Februar kommt es in der Innenstadt von Frankfurt am Main zu einer Schießerei zwischen Zivilfahndern und unbekannten Personen, mutmaßlich Anhänger der RAF. Bei einer Schießerei in Hamburg wird eine junge Frau namens Petra Schelm, Mitglied der RAF, tödlich getroffen. Das geschieht im Juni 1971. Im Oktober wird in Hamburg der Polizist Norbert Schmid erschossen, Anfang Dezember bei einer Fahndungsaktion der Student Georg von Rauch in Westberlin.

Es wird, wie bei anderen Verbrechen, zunächst weder bewiesen, daß die RAF die Tat begangen hat, noch ist es offensichtlich, daß sie die Tat nicht begangen hat. «Mutmaßlich» wird zu einem der am meisten gebrauchten Wörter im Zusammenhang mit terroristischen Aktionen. Hinweise auf Täterschaft werden gestützt durch Aussagen in Druckschriften, sogenannten Positionspapieren, die auf Kreise um Andreas Baader und Ulrike Meinhof deuten. Kann man doch in Veröffentlichungen, die in den Jahren 1970, 1971, 1972 erscheinen, etwa in einem «Mini-Handbuch für Stadtguerillas», lesen: «Banküberfälle sind zur populärsten Art von Überfällen geworden. In Brasilien hat die Stadtguerilla damit begonnen, den Banküberfällen, als einer

Andreas Baader

ihrer Aktionen, einen organisierten Charakter zu verleihen. Diese Art Überfall wird heute sehr häufig genutzt und dient dem Stadtguerillero als eine Art Vorexamen, in dem die Technik des revolutionären Krieges erlernt werden kann. Die Technik des Banküberfalls hat inzwischen bedeutende Verbesserungen erfahren, durch die Flucht, Erbeutung des Geldes und unerkanntes Entkommen garantiert werden ... Der Banküberfall ist eine typische Enteignungsform, bei der – wie bei jeder bewaffneten Enteignungsaktion – der Revolutionär mit einer doppelten Konkurrenz zu rechnen hat: der des Kriminellen und der des Konterrevolutionärs.»[3]

Bankraub als Akt der Enteignung – so lauten die Begründungen für Aktionen, die – ob bewußt oder unbewußt – die marxistisch-leninistische Position zur Frage des Eigentums verfälschen, mißbrauchen. Enteignung im Sinne der Klassiker bedeutet revolutionäre Veränderung des Besitzes an den Produktionsmitteln.

Ab 1971, nachdem die RAF vielerorts ihre Visitenkarte hinterlassen hat, wird die Sprache ihrer Träger und Organisatoren offen, direkt, unverblümt. Sie enthüllt ihre Urheber als Abenteurer, die sich scheinrevolutionärer Phrasen bedienen und damit

231

selbst entlarven. So wird in der Publikation «Das Konzept Stadt-guerilla», als deren Autor die RAF erscheint, dreist erklärt: «Wir behaupten, daß die Organisierung von bewaffneten Wider-standsgruppen zu diesem Zeitpunkt in der Bundesrepublik und in Westberlin richtig ist, möglich ist, gerechtfertigt ist. Daß es richtig, möglich und gerechtfertigt ist, hier und jetzt Stadtguerilla zu machen. Daß der bewaffnete Kampf als ‹die höchste Form des Marxismus-Leninismus› (Mao) jetzt begonnen werden kann und muß, daß es ohne das keinen antiimperialistischen Kampf in den Metropolen gibt.»[4]

Direkter und unverfrorener ist der Marxismus-Leninismus wohl selten für Ziele in Anspruch genommen worden, die sei-nem Inhalt und seinen Methoden absolut entgegenstehen. Der Marxismus-Leninismus stützt sich – und alle revolutionären Ar-beiterparteien haben dies stets so gehalten – auf eine von den ob-jektiven Tatbeständen ausgehende wissenschaftliche Analyse der gesellschaftlichen Situation und der handelnden Klassenkräfte, woraus die Methoden und die Mittel des Kampfes abgeleitet werden. Das klassische Beispiel dafür ist die Vorbereitung und der Verlauf der Großen Sozialistischen Oktoberrevolution.

Die RAF bringt es nur bis zu unbeweisbaren Behauptungen und daraus abgeleiteten sophistischen Begründungen für, gemes-sen an der gesellschaftlichen Situation, nur als kriminell zu be-zeichnende Handlungen. So lautet eine sich theoretisch aufplu-sternde Motivation für den Bankraub: «Niemand behauptet, daß der Bankraub für sich an der Ausbeuterordnung etwas verän-dert. Für die revolutionäre Organisation bedeutet er erstmal nur die Lösung ihres Finanzierungsproblems. Er ist logistisch richtig, weil anders das Finanzierungsproblem gar nicht zu lösen ist. Er ist politisch richtig, weil er eine Enteignungsaktion ist. Er ist tak-tisch richtig, weil er eine proletarische Aktion ist. Er ist strate-gisch richtig, weil er der Finanzierung der Guerilla dient.»[5]

An diesen, wie jene Verblendeten sagen, Richtigkeiten stimmt absolut nichts. Wenn man anders als durch Bankraub nicht zu Geld kommen kann, wird der Bankraub nicht dadurch gerecht-fertigt, daß man ihn ausführt. Wenn man die Versorgung mit Geld nicht anders bewältigen kann als durch Raub, so kann auch aus der Logistik nicht die Berechtigung dieser Art der Beschaffung abgeleitet werden. Logistik ist bekanntlich der Ausdruck für ein Teilgebiet des imperialistischen Militärwesens, das sich mit Versorgung, Ausrüstung, Nachschub und dergleichen befaßt. Genauso wenig hat ein Bankraub, wie oben schon erklärt, etwas mit Enteignung zu tun, denn es wird überhaupt niemand enteignet, es handelt sich einfach um Diebstahl. Die Beraubung einer Bank nun als proletarische Aktion zu bezeichnen, durch Leute zudem, die mit dem Proletariat weder der Herkunft nach noch politisch-ideologisch etwas gemein haben – das ist nur als Wortgeklingel, leeres Geschwätz und letztlich als gegen das Proletariat gerichtete Agitation zu charakterisieren.

In einer anderen Schrift mit dem Titel «Über den bewaffneten Kampf in Westeuropa» teilt die RAF großspurig und zugleich verantwortungslos mit: «Einige Dutzend Kämpfer, die wirklich beginnen und nicht endlos diskutieren, können die politische Szene grundlegend verändern. In der ersten Phase stellt sich die Aufgabe, durch geeignete Aktionen zu demonstrieren, daß sich bewaffnete Gruppen bilden und gegen den Staatsapparat behaupten können ... daß der Krieg in die Wohnviertel der Herrschenden getragen wird ... dabei nach dem Grundsatz verfahren: bestraft einen und erzieht Hunderte.»[6]

Ende des Jahres 1971 unternimmt Renate Riemeck einen letzten Versuch, ihr Mündel Ulrike Meinhof von dem eingeschlagenen Weg abzubringen. In einem offenen Brief, da die Empfängerin sich ja im Untergrund befindet, schreibt die Pädagogin beschwörend: «Du bist anders, Ulrike. Ganz anders, als die Leute meinen, die dein Bild auf dem Steckbrief gesehen und von dir in Presse, Funk und Fernsehen gehört haben. Wer dich näher kennt, weiß: du knallst nicht jeden nieder, der sich dir in den Weg stellt. Du hast Ängste, wie alle Menschen sie haben. Aber du bist tapfer, tapferer als die meisten. Und du stehst für deine Freunde gerade.»[7]

Frau Riemeck schreibt, Ulrike müßte doch von der Gesellschaft der BRD genügend wissen, um den «antiautoritären Aufstand» nicht mit dem Anfang einer Revolution zu verwechseln. Und schon gar nicht böte dieser Staat den Boden für Stadtguerillas, wie sie in Lateinamerika operierten. Bestenfalls seien die Bedingungen für ein Drama à la Schinderhannes gegeben. Deshalb sei die RAF dazu verurteilt, die Rolle einer Geisterbande zu spielen, die den rechtsgerichteten politischen Kräften als Alibi für die Wiederbelebung einer antikommunistischen Hetzjagd dient. Zum Schluß ihres Briefes schreibt Renate Riemeck: «Ich fühle mich nicht berechtigt, dir Empfehlungen zu geben, aber ich bitte dich: Sorg dafür, daß ihr nicht noch mehr Munition an die Rechten liefert, die überall im Anmarsch sind.»[8]

In jener Zeit, also Anfang der siebziger Jahre, häufen sich Aktionen, wie sie in den oben zitierten Schriften der selbsternannten Revolutionäre in verantwortungsloser Weise vorgedacht sind.

Neben der RAF macht sich eine Gruppe «2. Juni» bemerkbar. Diese Bezeichnung haben die Organisatoren aus einer verbrecherischen Tat abgeleitet, die sich am 2. Juni 1967 in Westberlin ereignet hatte: dem Mord an dem Studenten Benno Ohnesorg. Den Terrorakt des Polizisten Kurras, der übrigens von den Justizbehörden nicht strafrechtlich geahndet wird, glauben einige junge Leute nicht anders als mit einer Art Gegenterror beantworten zu können. Die Gruppe «2. Juni» versteht sich als eine Art Rächer für den ermordeten Benno Ohnesorg, doch nicht nur für ihn. Sie hat, ähnlich wie die RAF, den bewaffneten «Krieg» gegen den Staat und die kapitalistische Gesellschaft zum Ziel.

Nachdem 1971 bei einer Schießerei in Hamburg Petra Schelm tödlich getroffen wird, formiert sich ein «Kommando Petra Schelm», das knapp ein Jahr darauf, am 11. Mai 1972, einen Bombenanschlag auf das Hauptquartier des 5. USA-Corps in Frankfurt am Main verübt, bei dem ein Offizier ums Leben kommt.

Als am 2. März 1972 ein gewisser Thomas Weissbecker bei einer Polizeiaktion in Augsburg getötet wird, erfolgen am 12. Mai Bombenattentate auf Polizeigebäude in Augsburg und in München. Die Verantwortung übernimmt ein «Kommando Thomas Weissbecker – RAF».

Es geht weiter; immer wieder erfolgen Aktion und Reaktion und auf diese wieder Aktion. Fast stets in solchen Fällen übernimmt irgendeine Gruppe, ein Kommando «die Verantwortung». Das wird mittlerweile zu einer stereotypen Formel in diesem häufig blutig ablaufenden Räuber-und-Gendarm-Spiel in der zeitgenössischen imperialistischen Gesellschaft. Die «Verantwor-

234

tung» zu übernehmen, das heißt, sich mit der Aktion zu brüsten, wobei stets die imaginäre Gruppe es ist, die sich da «bekennt».

Auch als im Frühjahr 1972 die meisten Gründungsmitglieder der RAF von den Fahndungsbehörden gefaßt werden, gehen Terror und Gegenterror weiter, nehmen sogar noch zu. Nachdem Baader, Meins, Raspe, Ensslin, Mohnhaupt, Braun bereits in Haft sitzen, wird weiter gefahndet und werden von der oft genug hysterisch und unberechenbar agierenden Polizei sogar unschuldige Bürger verdächtigt, bedrängt, verfolgt, als Terroristen diffamiert. So wird, nur zehn Tage nachdem man Ulrike Meinhof verhaftet hat, am 25. Juni 1972 bei einer Haussuchung nach Terroristen der britische Handelsvertreter McLeod als angeblicher Kontaktmann zur Baader-Meinhof-Gruppe von Polizisten kurzerhand erschossen. Erst viel später teilt man der Öffentlichkeit mit, daß McLeod weder mit dem Terrorismus noch mit dessen Umfeld auch nur das geringste zu tun gehabt hat.

Das Bemerkenswerte an der nun folgenden Periode ist, daß das Gerangel zwischen den verhafteten «mutmaßlichen» Terroristen und ihren noch in Freiheit befindlichen Gesinnungsfreunden einerseits und den Justiz- und Strafverfolgungsbehörden andererseits unvermindert, wenn auch in differenzierteren Formen, weitergeht.

Von Mitte Januar 1973 bis Mitte Februar unternehmen die RAF-Häftlinge aus Protest gegen die verschärften Haftbedingungen, die sogenannte Isolationshaft, einen Hungerstreik. Sie wollen damit einer Beschwerde Nachdruck verleihen, doch wird diese vom Bundesverfassungsgericht abgelehnt. Man begründet, die den Inhaftierten auferlegten Beschränkungen seien mit dem Grundgesetz vereinbar. Die Festgenommenen werden nicht wie Untersuchungsgefangene, sondern fast schon wie Verurteilte behandelt, allerdings wiederum mit eingeschränkten Rechten wie Einzelhaft, Besuchsverbot (außer für Rechtsanwälte, über die hauptsächlich die Verbindungen nach außen laufen), Kontaktverbot zwischen den Häftlingen, eingeschränkte Freistunden und dergleichen mehr.

Im Justiz- und Gesetzgebungsapparat der BRD hatten schon längst Überlegungen eingesetzt und nahmen immer konkretere Formen an, wie man die juristischen Mittel der Strafverfolgung

*Ulrike Meinhof
beim Hofgang
in der Haftanstalt
Köln-Ossendorf, 1973*

bis zur Strafprozeßordnung und zur Gestaltung der Haftbedingungen ausbauen, verschärfen, perfektionieren könnte. Der Terrorismus bot der Regierung willkommene Handhaben, alle Schritte dieser Art zu beschleunigen.

Nachdem die Sicherheitsbehörden der BRD den Anschlag auf die israelische Sportdelegation zu den Olympischen Spielen in München 1972 nicht hatten verhindern können, bildete man Sonderkommandos, so die Bundesgrenzschutz-Spezialeinheit GSG 9, sogenannte mobile Einsatzkommandos und andere. Mitte 1973 wurden die Exekutivbefugnisse des Bundeskriminalamtes (BKA) erweitert.

Die große Welle der Gesetzesänderungen, die allesamt Verschärfungen im Sinne der Einschränkung und des Abbaus bürgerlich-demokratischer Rechte brachten, setzte aber erst noch ein, nämlich mit dem Jahre 1975. Nach dem relativ ruhigen Jahr 1973 kamen Terror und Gegenterror erneut in die Schlagzeilen aller Medien:

– Im Mai erschoß die Polizei in München einen Taxifahrer, dessen Wohnung durchsucht werden sollte, weil man seinen Namen im Kassiber eines des Terrorismus Verdächtigen gefunden hatte, der inhaftiert war.

- Im Juni wurde im Grunewald (Westerberlin) der Student Ulrich Schmücker, dem Mitglieder der Gruppe «2. Juni» vorwarfen, er habe vor der Polizei ausgesagt, erschossen aufgefunden. Der «2. Juni» ließ verlauten, es sei eine Hinrichtung gewesen.

- Im November 1974 starb Holger Meins in der Haftanstalt Wittlich/Eifel an den Folgen eines Hungerstreiks, den er aus Protest gegen die verschärften Haftbedingungen Mitte September angetreten hatte – präziser wäre zu formulieren, er starb an den Folgen unterlassener Hilfeleistung. Der Tod von Holger Meins löste vielerorts in der BRD Protestkundgebungen aus, besonders unter der Jugend an Schulen und Universitäten.

- Einen Tag nach dem Ableben von Meins wurde am 10. November in Westberlin der höchste Richter, Kammergerichtspräsident von Drenkmann, vermutlich bei einem mißglückten Entführungsversuch, erschossen. Die Verantwortung übernahm: «Rote-Armee-Fraktion, A. A.» Später wird zweifelsfrei bewiesen, daß Angehörige der Gruppe «2. Juni» die Täter waren.

- Anfang Februar 1975 beendeten die in Stuttgart-Stammheim einsitzenden Häftlinge der RAF einen Hunger- und Durststreik.

- Drei Wochen später, am 27. des Monats, wurde der CDU-Vorsitzende von Westberlin, Peter Lorenz, am Morgen auf dem Weg zu seiner Dienststelle von Unbekannten überfallen und entführt. Die Verantwortung dafür übernahm die Gruppe «2. Juni», die mitteilte, Lorenz befinde sich in einem «Volksgefängnis», aus dem man ihn freiließe, wenn sechs RAF-Häftlinge aus der Haft entlassen würden. Nach einigem Hick-Hack wurde das merkwürdige Geschäft denn auch abgewickelt; nur einer derjenigen, die freigepreßt werden sollten, Horst Mahler, lehnte es ab. Er blieb in Haft; die anderen fünf verließen die BRD, der Westberliner CDU-Politiker erhielt seine Freiheit zurück.

- Zwei Monate nach diesem spektakulären Entführungsfall, am 24. April 1975, überfiel ein bewaffnetes «Kommando Holger

Meins» in Stockholm die Botschaft der BRD. Die Angreifer nahmen zwölf Geiseln und forderten, daß 26 in verschiedenen Gefängnissen der BRD inhaftierte Mitglieder der RAF freigelassen würden. Diese Forderung wurde nicht erfüllt. Die Terroristen zündeten eine Bombe, die das Gebäude weitgehend verwüstete. Während der Aktion kamen zwei leitende Mitarbeiter der Botschaft und ein Terrorist ums Leben. Die anderen Angreifer wurden gefaßt. Einer von ihnen, Siegfried Hausner, starb an den Folgen der Verletzungen. Bald schon sollte es ein «Kommando Siegfried Hausner» geben.

– Am 9. Mai 1977 wurde Ulrike Meinhof in ihrer Zelle im Gefängnis Stuttgart-Stammheim tot aufgefunden – erhängt. Die offizielle Erklärung der Behörden: Selbstmord. Fremde Einwirkung sei ausgeschlossen. Es bleiben Zweifel. Das Gefängnis Stuttgart-Stammheim wird als ein totales Gefängnis gepriesen, die nach außen und nach innen am besten gesicherte Strafanstalt der BRD, ein Neubau übrigens.

– Im Verlaufe desselben Jahres erfolgten verschiedene Unternehmungen, deren Urheber höchstwahrscheinlich Terroristen sind. So wurde am 27. Juni ein französisches Verkehrsflugzeug vom Typ «Airbus» mit 257 Personen an Bord nach Entebbe in Uganda entführt. Die unbekannten Täter nahmen israelische Passagiere als Geiseln und verlangten die Freilassung von 53 in verschiedenen Ländern inhaftierten Personen, die des Terrorismus verdächtig sind. Eine israelische Gegenaktion ließ nicht lange auf sich warten. Spezialkommandos landeten auf dem Flugplatz Entebbe, übrigens ohne die Genehmigung der Behörden des Landes, und beendeten in konzentrischem Angriff die Entführung, wobei zwei Terroristen, beide vermutlich mit deutschem Namen, getötet wurden.

– Ende 1976 wurden bei einem ehemaligen Anwalt der Baader-Meinhof-Anhänger Skizzen und Pläne gefunden, aus denen die Behörden schlossen, daß weitere terroristische Aktionen geplant seien. Allerdings wußte man mit im Gangsterjargon verfaßten Formeln wie «big money» und «big raushole» nichts anzufangen.

– Am 16. Februar 1977 wurde auf das Auto des zum Pflichtverteidiger der Angeklagten im Prozeß gegen die Stockholm-Aktionisten bestellten Anwalts ein Anschlag verübt – ein «Kommando Siegfried Hausner» übernahm die Verantwortung.

– Am 7. April 1977 wurden der Chef der obersten Anklagebehörde der BRD, Generalbundesanwalt Siegried Buback, sein Fahrer Wolfgang Göbel und der Justizhauptwachtmeister Georg Wurster in Karlsruhe auf offener Straße von einem vorbeifahrenden Motorrad aus kaltblütig erschossen. Ein «RAF-Kommando Ulrike Meinhof» bekannte sich zu der Mordtat.

– Am 30. Juli desselben Jahres ereilte den Vorstandsvorsitzenden der ökonomisch und politisch einflußreichen Dresdner Bank Jürgen Ponto das gleiche Schicksal; er wurde vermutlich bei einem Entführungsversuch erschossen. War das die «big money»?

– Am 5. September schließlich erreichte der Krieg der selbsternannten «Guerrilleros» gegen den kapitalistischen Staat in der BRD einen Höhepunkt mit der Entführung von Hanns-Martin Schleyer, dem Präsidenten der «Bundesvereinigung deutscher Arbeitgeberverbände», also einem äußerst einflußreichen Top-Manager des Kapitals. In einem stabsmäßig vorbereiteten Überfall im Kölner Stadtviertel Brausfeld wurde der schwarze Mercedes, mit dem Schleyer unterwegs war, auf offener Straße abgeblockt, ebenso der dahinter fahrende und mit zwei Sicherheitsbeamten besetzte Wagen. Fünf bewaffnete Personen stürmten das Auto Schleyers, erschossen die drei Sicherheitsbeamten und den Fahrer, zerrten Schleyer aus dem Auto, schleiften ihn über den Fahrdamm in einen Kleinbus, der mit hoher Geschwindigkeit davonraste.

Ein Taxi, das sich auf die Spur des Busses mit dem Entführten begab, kam nicht weit, da an der nächsten Kreuzung Rot den Wagen stoppte. Als man am Abend aufgrund verschiedener Hinweise den Entführerbus sicherstellte, fand man dort eine Mitteilung, wonach ein «RAF-Kommando Siegfried Hausner» die Tat bestätigte und forderte, augenblicklich jegliche Fahndung einzustellen, anderenfalls würde Schleyer ohne Umstände erschossen.

Am Tag darauf, dem 6. September, wurde an die Bonner Regierung eine Forderung gerichtet, die Fahndung einzustellen und elf namentlich genannte Häftlinge freizulassen, unter ihnen Andreas Baader, Jan-Carl Raspe, Gudrun Ensslin, Irmgard Möller.

Das Schreiben der Entführer betont in gewollter Gehässigkeit, Schmidt (damaliger Bundeskanzler der BRD, d. V.) werde, nachdem er in Stockholm demonstriert habe, wie schnell er seine Entscheidungen fälle, sich bemühen, sein Verhältnis zu diesem fetten Magnaten der nationalen Wirtschaftscreme ebenso schnell zu klären. Unterschrieben ist die Nachricht mit «Kommando Siegfried Hausner, RAF».

Die Entführer verlangten zudem, das Ultimatum in Presse und Fernsehen zu veröffentlichen. Offenbar handelte es sich hierbei um die geplante «big raushole».

Es folgte nunmehr ein wochenlanges Gerangel zwischen den Entführern und den Fahndern sowie der Regierung, deren Krisenstab in Permanenz tagte. Fahndungszentrale war das Bundeskriminalamt der BRD, das eine indirekte Verbindung zu jenen herzustellen vermochte, die Schleyer als «Gefangenen der RAF» an einem geheimen Ort festhielten. Um sich zu vergewissern, daß der Entführte noch am Leben sei, stellte das BKA über das Fernsehen Fragen, die nur Schleyer selbst beantworten konnte. Im Gegenzug übermittelten die Entführer ein Video-Band, das die gewünschten Aussagen enthielt. Das ging einige Male hin und her. Ende September erneuerten die Entführer ihr Ultimatum und übermittelten ein Foto, das Schleyer mit einer um den Hals gehängten Tafel zeigte, auf der zu lesen war: «Seit 20 Tagen Gefangener der RAF».

Durch verschiedene Aktivitäten, auch im Ausland, die von großer Publizität begleitet wurden, versuchte die BRD-Regierung den Eindruck zu erwecken, als bereite sie die Freilassung der «angeforderten» Häftlinge vor, was jedoch nicht der Fall war. Man wollte in Bonn Zeit gewinnen für die weitere Fahndung, die erstaunlicherweise nicht den geringsten Fortschritt brachte, obwohl alles, was in des Staates Macht stand, unternommen wurde, um auf die Spur der Entführer zu kommen.

Begleitet wurden die wohl nach Kriegsende größten Aktionen dieser Art durch die Forcierung juristischer Maßnahmen, die darauf zielten, inhaftierte «mutmaßliche» Terroristen scharf zu isolieren, ihnen die Rechte «normaler» Untersuchungshäftlinge, denen ja erst in einem Strafverfahren die Schuld nachzuweisen wäre, zu nehmen. Noch während sich Schleyer in der Gewalt der RAF befand, erfolgten einschneidende Beschränkungen der Rechte von Häftlingen, die wegen des Verdachtes auf terroristische Betätigung einsaßen. Hauptsächlich ging es um das sogenannte Kontaktsperregesetz. Es ermächtigt die Vollstreckungsbehörden, sämtliche Kontakte von Gefangenen zu unterbinden, die der Teilnahme an einer kriminellen Vereinigung verdächtig oder deswegen bereits verurteilt sind. Im Grunde wurde hier nur juristisch sanktioniert, was praktisch schon längst erfolgte. Betroffen davon waren rund 70 in Straf- oder Untersuchungshaft befindliche Häftlinge.

Eine Zeitlang sah es so aus, als wenn das Patt zwischen den «kriegführenden Parteien» unüberwindlich wäre: Die Entführer Schleyers warteten mit wachsender Ungeduld auf die Freilassung ihrer Freunde. Die Fahnder des BKA und die Bonner Regierung setzten ihre Zermürbungs- und Hinhaltetaktik fort, um Zeit zu gewinnen und auf die Spur der Entführer zu kommen.

Bis Mitte Oktober blieb die ungewisse Situation bestehen, in der Spekulationen ins Kraut schossen und die imperialistischen Medien sowie Politiker aller Couleur Mutmaßungen über Mutmaßungen anstellten. Dann erfuhr der Fall einen Zuwachs an Dramatik. Am 13. Oktober 1977, einem Donnerstag, wurde eine Verkehrsmaschine der Lufthansa auf dem Flug von Palma de Mallorca nach Frankfurt am Main unterwegs entführt. An Bord der Boeing 737 mit dem Namen «Landshut» befanden sich 86 Passagiere und fünf Besatzungsmitglieder. Die Maschine landete in Rom. Dort meldete sich über Funk ein Hauptmann Walter Mohamed, der mitteilte, die Passagiere seien Geiseln seiner Gruppe. Sie würden freigelassen, sobald «die Genossen, die in den deutschen Gefängnissen sitzen», ihrerseits die Freiheit wiedererhielten.

Es begann, wie oft in solchen Fällen, ein tagelanges Hin und Her um die Freilassung der Passagiere, ein taktisches Spiel um das Leben von 91 Menschen. Nach dem Abflug von Rom noch am 13. Oktober führte der Irrflug der «Landshut» über Zypern, Bahrein, Dubai bis nach Mogadishu in Somalia am Horn von Afrika.

Während dieser Oktobertage verband sich das Schicksal von Schleyer mit dem der Passagiere der Lufthansa-Maschine, denn die Drahtzieher der Entführungen stellten die Bedingung, elf RAF-Leute gegen die Flugzeuggeiseln und Schleyer auszutauschen. Ihre Warnung bekräftigend, sie würden einen «Betrug» nicht dulden, erschossen die Flugzeugentführer den Kommandanten der Boeing 737 und ließen die Leiche aus der Maschine auf die Landebahn gleiten.

Die Familie des entführten Schleyer hatte inzwischen von sich aus Kontakt mit den Terroristen aufgenommen, und man war übereingekommen, den Entführten gegen ein Lösegeld von 15 Millionen Dollar freizukaufen. Das «Geschäft» platzte durch eine Indiskretion: In dem Hotel, in dem die Übergabe des Geldes erfolgen sollte, hielten sich zu dem vereinbarten Zeitpunkt so auffallend viele Polizisten auf, daß kein Empfänger erschien.

Auch ein Antrag des Sohnes von Schleyer beim Bundesverfassungsgericht, die Bonner Regierung solle durch einstweilige Verfügung veranlaßt werden, die Forderungen der Entführer zu erfüllen, um dadurch das Leben der Geisel zu retten, stieß auf Ablehnung. Im Falle der Annahme des Antrages, so hieß es in der Begründung, wäre das Risiko für die Terroristen jederzeit kalkulierbar.

Der Bonner Krisenstab hatte inzwischen die GSG9 nach Mogadishu beordert, wo sich auch der Staatsminister im Bundeskanzleramt Wischnewski aufhielt. Er war beauftragt, durch Kontakte zu den Entführern eine unblutige Lösung der Affäre zu erreichen. Vom Tower des Flughafens aus verhandelte er hinhaltend über Funk mit den Terroristen an Bord der Maschine. Kurz vor Mitternacht am 16. Oktober stürmte dann die Einsatzgruppe das Flugzeug. Eine Blendrakete, ins vordere Teil der Boeing geschossen, schaffte die Verwirrung, die das Kommando nutzen wollte, die Türen aufzusprengen und ins Innere der «Landshut» zu gelangen. Der Schlußakt des dreitägigen Dramas dauerte sieben Minuten. Einige Geiseln wurden leicht verletzt, drei Entführer erschossen, der vierte, eine Frau, schwer verwundet.

Die Kommentatoren waren noch dabei, das Ereignis zu bewerten, da ging am 18. Oktober die Meldung über Fernschreiber und Nachrichtenleitungen, Andreas Baader und Gudrun Ensslin hätten Selbstmord begangen. Kurze Zeit später wurde bekannt, daß auch Jan-Carl Raspe tot und Irmgard Möller durch Stiche in den Körper schwer verletzt seien. Mit diesen und Ulrike Meinhof, die bereits am 9. Mai in ihrer Zelle erhängt aufgefunden wurde, war nunmehr der sogenannte harte Kern der RAF ausgelöscht. Die Umstände des Todes der, wie man sagt, ersten Generation von Terroristen der Nachkriegszeit wurden nicht überzeugend aufgeklärt. Es blieben Zweifel an der Darstellung durch die Behörden, genährt durch sich widersprechende Informationen.

Baader und Raspe wurden mit Kopfschüssen in ihren Zellen aufgefunden, Gudrun Ensslin soll sich mit einer Kabelschnur am Fenster der Gefängniszelle erhängt, Irmgard Möller mit einem Brotmesser mehrere Stiche in die Brust beigebracht haben. Wie die Waffen in die Hände von Baader und Raspe gelangten, wurde nie schlüssig mitgeteilt. Es blieb bei Mutmaßungen; die Häftlinge befanden sich ja in absoluter Isolation.

Die Verwirrungen und Spekulationen erhielten neue Nahrung, als man in dem Trakt der RAF-Häftlinge in Stuttgart-Stammheim Verstecke fand, in denen sogar Sprengstoffpatronen und ein Transistorradio lagerten. Als schließlich bekannt wurde, daß Baader am Tage vor dem Tode noch Kontakte nach außen gehabt hätte – man sprach sogar von Regierungsbeamten –, gab das den Zweifeln neue Nahrung. Auch Gudrun Ensslin – so stellte sich heraus – führte noch am Tage vor ihrem Tode mit zwei Anstaltsgeistlichen ein Gespräch. Sie hätte sie gebeten, drei Briefe zu besorgen, falls sie selbst «verhindert» sei. Die Briefe allerdings wurden bisher nicht gefunden.

Schließlich sei darauf verwiesen, daß nach dem Tod von Ulrike Meinhof, Baader und anderen Mithäftlingen ans Tageslicht kam, sie hätten ihre Anwälte wissen lassen, sie dächten nicht an ein freiwilliges Scheiden aus dem Leben. Sollten sie jedoch eines Tages tot aufgefunden werden, so sei als sicher anzunehmen, daß man sie umgebracht habe.

Diese schon vor der Entführung Schleyers bekanntgewordene Erklärung sowie die undurchsichtigen Umstände um die Briefe von Gudrun Ensslin wurden von den Behörden als geplante Manöver charakterisiert, die inszeniert worden wären, um den Staat zu diffamieren.

Weder für die eine noch für die andere Version wurden jemals schlüssige Beweise erbracht. Auch die Vermutung, die RAF-Häftlinge hätten sich umgebracht, nachdem sie vom Scheitern der Flugzeugentführung erfahren hätten, konnte nicht bewiesen werden. Es gibt keinen Beleg dafür, daß sie Kenntnis vom Schlußakt in Mogadishu hatten.

Mit dem physischen Ende der RAF-Begründer zeichnete sich so etwas wie ein Einschnitt im Werdegang dieser Art von Terrorismus ab. Konnte man Ulrike Meinhof, Gudrun Ensslin, Holger Meins und einigen anderen anfangs noch politisch motivierte Beweggründe, eine subjektiv ehrliche antiimperialistische Haltung zubilligen, so gingen diese während des Abdriftens zum individuellen Terror mehr und mehr verloren. Am Ende waren sie nur noch von nackter, unkontrollierbarer Wut beherrscht. Ihre Nachfolger schließlich, jene, die in den «Kommandos» mit den verschiedenen Namen agierten, ließen sich offenbar nur noch von Rachegelüsten leiten. So steigerten sie sich in abenteuerlicher Weise in einen affektgeladenen Aktionismus, der mit politischen Motiven nichts mehr zu tun hatte, auch wenn man sich antiimperialistisch gebärdete. Der BRD-Filmregisseur Rainer Werner Faßbinder, der sich mit dem Terrorismus auch beruflich befaßt hat, äußerte, die Terroristen der «dritten Generation» hätten absolut keine Utopie mehr, kein Ziel, keine Hoffnung auf etwas anderes, Besseres.

Doch zurück zum Geschehen um Hanns-Martin Schleyer. Es überraschte kaum noch, als die Leute, die ihn in ihrer Gewalt hatten, reagierten, wie mehrmals angekündigt. Am Abend des 19. Oktober erhielten eine Zeitungsredaktion in Nordfrankreich und das Büro der BRD-Nachrichtenagentur DPA in Stuttgart ein «Kommuniqué», in dem das schon genannte «Kommando Siegfried Hausner» mitteilte, nach 43 Tagen sei Hanns-Martin Schleyers «klägliche und korrupte Existenz» beendet worden. Die Absender wiesen darauf hin, der Tote sei in der Rue Charles Peguy in Mulhouse in einem grünen Audi 100 Gl mit Bad-Homburger Kennzeichen abzuholen. Ferner drohten sie, offenbar auf die Ereignisse in Stuttgart-Stammheim und in Mogadishu anspielend, sie würden Schmidt und den ihn unterstützenden Imperialisten nie das vergossene Blut vergessen.

Der Mord an dem Kapitalisten Schleyer wie auch andere ähnliche Verbrechen – was haben sie bewirkt? Man denke in diesem Zusammenhang an die Entführung und Ermordung des italienischen Politikers Aldo Moro im Jahre 1978. Ähnlichkeiten sind nicht zu übersehen, nicht nur in den äußeren Vorgängen, obwohl das Ereignis in Italien eine ungleich größere politische Dimension hatte. Doch in dem einen wie in dem anderen Falle ordnete die Monopolbourgeoisie den individuellen Fall voll und ganz ihren Herrschaftsinteressen unter. Unübersehbar in beiden Fällen die scheinbare Hilflosigkeit der Fahndungs- und Ermittlungsapparate – bei überdimensionalem Aufwand an Beamten und Technik. Im Falle Moro 59 Tage, im anderen Fall 43 Tage erfolgloser Recherchen, begleitet von peinlichen Pannen, von Unterlassungen und Fehlleistungen.

Karl Marx hat im ersten Band seines Hauptwerkes «Das Kapital» begründet, weshalb sich der Kampf gegen den Kapitalismus nicht gegen die physische Existenz einzelner Kapitalisten richten kann: «Die Gestalten von Kapitalist und Grundeigentümer zeichne ich keineswegs in rosigem Licht. Aber es handelt sich hier um die Personen nur, soweit sie die Personifikation ökonomischer Kategorien sind, Träger von bestimmten Klassenverhältnissen und Interessen. Weniger als jeder andere kann mein Standpunkt, der die Entwicklung der ökonomischen Gesellschaftsformation als einen naturgeschichtlichen Prozeß auffaßt, den einzelnen verantwortlich machen für Verhältnisse, deren Geschöpf er sozial bleibt.»[9]

Indem man also den Kapitalisten tötet, tötet man doch nicht die Kapitalverhältnisse. Indem man den Richter tötet, tötet man nicht das bürgerliche Recht. Indem man den Polizisten tötet, beendet man nicht die Pressionsgewalt des kapitalistischen Staatsapparates. Doch andererseits ist es pure Heuchelei, wenn geklagt wird, daß man es mit so viel Gewalt zu tun habe. Hat doch der Kapitalismus seit seinem Eintritt in die Geschichte stets auf Gewalt gesetzt und sie nach innen wie nach außen bedenkenlos angewendet. Die Geschichte kennt unzählige Beispiele dafür. Und die Gegenwart liefert unausgesetzt Anschauungsunterricht, wie und in welchem Maße imperialistische Politik Gewalt in den verschiedensten Formen praktiziert – in Nahost gegen die Palästinenser, in Südafrika gegen die Schwarzafrikaner und die Namibier, in Mittel- und Südamerika gegen jegliche fortschrittliche Bewegung.

Zudem werden Propagandaschlachten inszeniert – ob im Film oder im Fernsehen –, um Gewalt im Interesse imperialistischer Machtpolitik zu verherrlichen. In den USA hat man es hierbei zu besonderer Perfektion gebracht. So hat der Wissenschaftler Edward S. Herman von der Universität Pennsylvania es unternommen, die Position der herrschenden Kreise seines Staates zum Terrorismus, wie sie auch von der Administration in Washington vertreten wird, zu untersuchen. Er gelangte zu dem Schluß, daß es die USA selbst sind, die unter dem Banner der Bekämpfung des internationalen Terrorismus diesen fördern und sogar terroristisch tätig werden. Wie das?

Herman verweist auf das angemaßte Vorrecht Washingtons, willkürlich zu bestimmen, wer Terrorist ist und was terroristische Aktionen sind. Diese Lesart werde von den Massenmedien willfährig verbreitet. Und die USA-Regierung handele nach dem Motto, was sie nicht billige, das sei Terrorismus. Dazu gehöre der Dreh, die Dinge auf den Kopf zu stellen, also Aktionen antiimperialistischer Kräfte generell und undifferenziert als Terrorismus und die eigene terroristische Aktion als Vergeltung darauf zu charakterisieren.

Ein Beispiel dafür, wie man in den USA die Dinge gesehen haben möchte, ist der berüchtigte Film «Rambo», der seit Mitte der achtziger Jahre verbreitet wird. Er zeigt einen amerikanischen Superman im privaten Krieg in Vietnam zehn Jahre nach dem Ende der USA-Aggression. Tötend und mordend, mit Messer oder Pistole, mit Dynamit oder mit bloßer Hand, zieht Rambo durch das Land. Er sucht nach angeblich versteckt gehaltenen USA-Soldaten, um sie zu befreien und blutige Rache an Vietnamesen zu nehmen. Der Terrorist wird zum Freiheitskämpfer aufgewertet! Die Blutspur, die er zieht, wird durch das vorgegebene Ziel zu rechtfertigen versucht. Die Menschen, die er hinmordet, werden a priori als schuldig hingestellt. So prägt die «Rambomanie» Gedanken und Verhaltensweisen unzähliger USA-Bürger. Das ist nicht nur Chauvinismus und Hetzpropaganda, sondern gezielte Aufforderung und Anleitung zu terroristischem Handeln. Brutalität, Gewalt, Terror – diese Eigenschaften gehören zum Wesen des Imperialismus, sie sind ihm systemimmanent und werden von seinen Vertretern systematisch gehandhabt – durch Individuen, durch Gruppen, schließlich durch den Staatsapparat selbst.

Zweifellos muß die Frage der Gewalt stets mit der Frage nach dem Ziel von Gewalt verbunden werden. Dieser Standpunkt ergibt sich daraus, daß dem Marxismus-Leninismus eine abstrakte, die konkreten geschichtlichen Bedingungen ignorierende Betrachtungsweise fremd ist. Lenin betonte bemerkenswerterweise mitten im ersten Weltkrieg, im Jahre 1916, in einem Aufsatz, daß «Gewalt gegen Menschen nicht unserem Ideal entspricht»[10].

Doch Gewalt, die sich gegen koloniale Unterdrückung, gegen faschistische Tyrannei, gegen staatlich gelenkten Terror richtet, wie es in den letzten Jahrzehnten in vielen Ländern der Welt, die sich noch unter dem Einfluß des Kapitals befinden, vorgekommen ist und vorkommt – auf dem amerikanischen Kontinent, in Afrika, in Asien –, ist Zeichen legitimen Widerstands, Ausdruck des Strebens nach nationaler Identität und sozialer Freiheit.

In diesem Zusammenhang schreibt Bruno Frei in seinem Aufsatz «Anarchistische Utopie»: «Wenn linksradikale Studenten in Paris oder Hamburg der Polizei Straßenschlachten liefern, so mag die Revolte politisch unzweckmäßig sein – anarchistisch ist sie durch den Einsatz von Gewaltmitteln allein nicht. Auf der anderen Seite kann man dem Haschisch-Eskapismus der freundlichen Blumenkinder anarchoiden Charakter nicht absprechen, wiewohl sie ihre manifeste Gewaltlosigkeit plakatieren. Es ist nicht der Einsatz von Gewalt, der eine Protestaktion als anarchistisch bestimmt, es ist das politische Ziel, das sie sich setzt, die Ideologie, von der sie getragen wird, ihr Verhältnis zum Komplex Freiheit–Ordnung, was sie zum Objekt der Anarchismuskritik macht. Nicht um Gewalt oder Gewaltlosigkeit geht es …, sondern um Klassenkampf oder ‹Herrschaftskonflikt›; der erstere kann sich in einer revolutionären Situation zum bewaffneten Kampf steigern, der zweite ist im pseudorevolutionären Gewand objektiv reaktionär – von Bakunin bis Cohn–Bendit.»[11]

So hat die Tötung Schleyers, wie ähnliche Verbrechen auch, letztlich nur bewirkt, daß der kapitalistische Staat die Repressionsgewalt weiter verschärfte und demokratische Rechte abbaute, daß eine Atmosphäre des Mißtrauens und der Verdächtigungen geschaffen wurde. Die Männer und Frauen der verschiedenen Gruppen von sogenannten Stadtguerilleros haben im Grunde die Geschäfte jener besorgt, die zu bekämpfen sie stets so wortreich beteuert haben. Auch in der BRD wurde nach dem Fall Schleyer eine Atmosphäre erzeugt, die an den Kommunistenwahn des Senators McCarthy Anfang der fünfziger Jahre in den USA erinnerte. Durch Zufall können unbescholtene Bürger urplötzlich in den «Dunstkreis des Terrorismus» geraten, als «Sympathisanten» verdächtigt oder gar verfolgt werden.

In einer Zeit, da die RAF so sehr von sich reden machte, den imperialistischen Massenmedien Schlagzeilen auf Schlagzeilen lieferte, also noch vor den Ereignissen Mitte der siebziger Jahre, veröffentlichte die Zeitschrift «Rote Blätter» des Marxistischen Studentenbundes SPARTAKUS in der BRD ein Interview mit Max Reimann, dem langjährigen Führer der unter Adenauer verbotenen KPD. Auf die Frage, ob er die Leute um Baader und Meinhof als Bestandteil der antiimperialistischen Bewegung bezeichnen würde und welchen Stellenwert er der eventuell subjektiv ehrlichen antiimperialistischen Grundhaltung von Mitgliedern und Sympathisanten der RAF zubillige, antwortet Max Reimann, es sei müßig, über die subjektive Einstellung zu diskutieren, da doch die Tatbestände so verheerende Auswirkungen hätten. Die RAF sei kein Bestandteil der antiimperialistischen Bewegung. Eine ehrliche antiimperialistische Grundhaltung verlange eine klare Abgrenzung von dieser Gruppe. Max Reimann betonte aber auch, daß die Kommunisten gleichzeitig die Methoden der Justiz verurteilen, die Holger Meins, der sich in ihren Händen befand, verhungern ließ. Sein Tod sei Glied einer Kette von Gefängnisskandalen, von denen Kommunisten schon in der Adenauer-Ära betroffen waren, wie der Genosse Karl Jungmann, dem ärztliche Hilfe verweigert wurde und der im Gefängnis zugrunde ging.

Am Schluß verweist Max Reimann darauf, daß die Gefahr wie eh und je von rechts droht, von jenen, die die Anarchisten-Hysterie schüren, um die demokratischen Rechte und Freiheiten weiter abzubauen.

Horst Mahler

Es ist nachgewiesen, daß gewisse Kreise des kapitalistischen Staatsapparates terroristische Gruppen planmäßig ausgenutzt haben, indem sie Polizeispitzel dort einsickern ließen. Ein ehemaliges RAF-Mitglied, Michael Baumann, bekannte in einem Interview auf die Frage, wie er zu einer Pistole gekommen sei: «Durch die Polizei. Zu unserem Kreis gehörte seit Jahren der arbeitslose Rohrleger Peter Urbach. Der war ein kumpeliger Typ und immer und überall dabei. Er war über jeden Verdacht erhaben, weil er immer einer der Militantesten von uns allen war. Als wir noch Happenings mit Teufel und den anderen von der Kommune machten, 1967, da redete der schon immer vom bewaffneten Kampf: Wenn es soweit ist, daß ihr Waffen braucht, sagt es mir, ich kann da was machen, ich hab da alte Verbindungen.» – Ob sich niemand etwas dabei gedacht habe, wird Baumann gefragt. – «Nein. Wir waren froh, daß überhaupt jemand eine Quelle hatte. 1969 haben wir dann beschlossen, zum Besuch von Richard Nixon (1969–1974 Präsident der USA, d. V.) in Westberlin eine Bombe hochgehen zu lassen. An seiner Marschroute am Patentamt. Personenschaden sollte um jeden Preis vermieden werden. Da sagte Urbach, er könne Bomben beschaffen.»[12]

Urbach hat der Gruppe «2. Juni» tatsächlich Bomben beschafft, wie später nachgewiesen werden konnte. Auch trat er in einem der Teilprozesse gegen Terroristen, in dem gegebenen Fall gegen Horst Mahler, als Kronzeuge der Anklage auf. Übrigens soll bei dem Überfall auf die BRD-Botschaft in Stockholm ebenfalls ein Spitzel des Verfassungsschutzes oder der Polizei unter den Teilnehmern gewesen sein.

Horst Mahler hat sich nach dem Ende seiner Haft, wie manch anderer auch, vom Weg des Terrorismus losgesagt. Später vermittelte er einen Eindruck davon, was Illegalität unter den von der RAF gewählten Bedingungen für den einzelnen bedeutete: Eine «bürgerliche Existenz ist eine scheußlich klebrige Geschichte. An der hängt man, und sie ist immer noch der letzte Einwand, den man zwar nicht gelten lassen will, aber der doch kräftig ist ...»[13]

Sei man erst in der Illegalität, meint Mahler, so wäre es «sehr schwer zu kontrollieren, wie man sich selbst verändert. Aber daß man sich verändert, ergibt sich schon daraus, daß man in der Illegalität in einer völlig veränderten Welt lebt, und man muß sich das mal vorstellen, daß keine größere Intensität von Druck vorstellbar ist als eben Illegalität in einer hochtechnisierten Großstadt mit einem riesigen Polizeiapparat, dem alle Mittel zur Verfügung stehen. Und da sieht man die Umwelt tatsächlich nur noch in militärischen Mustern, als befreite Zone und als gefährliches Gebiet. Und man sieht auch die Menschen nicht mehr offen, geht nicht mehr auf sie zu, sondern betrachtet jeden und luchst, ob man in seinen Augen etwas aufleuchten sieht ...»[14]

Im selben Interview erklärte Mahler, «daß wir in einer Welt leben, wo der Profit über Leichen geht, über ganze Völker geht und auch die ganze Menschheit zugrunde richten wird, wenn er nicht daran gehindert wird».[15]

Um zu solcher Einsicht zu gelangen, sind die Betreffenden einen derart sinnwidrigen Weg über den Terrorismus gegangen! Millionen Menschen, weniger gebildet vielleicht als jene, haben sich als unvergleichlich reifer erwiesen in ihrem zähen politischen Kampf gegen das Kapital. Aber, so Mahler, «wenn man nicht weiß, wie und wo lang man zu marschieren hat und mit wem, führt es häufig zu Verzweiflungsschritten und zu ziemlich hoffnungslosen Konzepten ...». Sie, die Linken, seien der Meinung gewesen, mit ihren Protesten und Aktionen in der APO an der staatlichen Machtbarriere gescheitert zu sein. «Daraus ergab sich logischerweise die Frage: Kann man in diese Barriere einzelne Breschen schlagen, kann man den Staat irgendwie verwundbar angreifen, so daß der Widerstand wieder Mut bekommt, daß das Ohnmachtsgefühl überwunden wird. Und das war also der Weg hin zu dem Konzept, das später als Konzept Stadtguerilla bekanntgeworden ist.»[16]

Die Erkenntnisse ehemaliger Akteure aus der Zeit ihrer so oder so gearteten Wirksamkeit sind unterschiedlich. Christof Wackernagel, ehemaliger RAF-Angehöriger, vertraute im Sommer 1984 einem Reporter des BRD-Magazins «Stern» an: «... irgendwann hat man die Nase voll von dem unerträglichen unsäglichen Schwachsinn von Leuten, die auch noch behaupten, damit die Revolution zu machen ... In der RAF herrschte eben jener Irrtum, daß man bereits die zukünftige Gesellschaft im kleinen sei, so etwas wie zwanghafte Freiwilligkeit, die Idee, jedes Eierkochen müsse mit revolutionärer Inbrunst vollbracht werden ...»[17]

Daniel Cohn-Bendit dagegen bekannte Jahre nach seinen Auftritten, daß er schon immer Spaß am Theaterspielen gehabt habe, und deshalb sei er im Frühjahr 1968 in Paris ganz auf seine Kosten gekommen. Wörtlich: «Ich hatte die ganze Bühne für mich, durfte darauf herumspringen und schreien. Das hat mit ungeheuer gut gefallen.»[18] Als Polit-Star (besser Clown) ließ er sich dann herumreichen. «Das high-life gefiel mir», schreibt er. «Mit dem Flugzeug nach London, mit dem nächsten nach Italien, dann Amsterdam, Berlin (West): der Duft der großen weiten Welt. Hier zahlte das Fernsehen, dort ein Verleger, hier eine Einladung von einer Gruppe, dort von einem Verband ...»[19]

Zwischen 1975 und 1985 fanden serienweise Prozesse gegen die RAF und die Folgeorganisationen und deren Mitglieder statt. Serienweise wurden die Urteile verkündet und die Akten abgeschlossen. Den RAF-Terroristen folgten andere. Keiner der Verurteilten hat ein individuelles Tatgeständnis abgelegt, allesamt sind sie der Meinung gewesen, daß ihre Verurteilung ungerecht sei, daß sie sich im Kriegszustand mit der kapitalistischen Gesellschaft befänden und demzufolge als Kriegsgefangene zu behandeln seien.

Die Umstände haben entschieden – über alle subjektivistischen, individualistischen Intentionen hinweg. Nicht Aktionen wie die hier geschilderten, nicht Losungen, wie die hier genannten, nicht Konzepte, wie die hier zitierten, haben etwas in Richtung gesellschaftlichen Fortschritts bewirkt, eher ist das Gegenteil davon eingetreten. Sprüche wie «Macht kaputt, was euch kaputt macht» oder «Mahler, Meinhof, Baader, das sind unsere Kader» sind vom Kraut des Vergessens überwuchert. Die Namen der Autoren und Akteure aber können Mahnung sein vor Irrwegen im Kampf der Klassenkräfte.

Betrug mit Rot

Die vorstehenden Kapitel bieten eine nur kurze, mithin unvollständige Exkursion in die Geschichte des Anarchismus. Nicht die lückenlose Gesamtheit der Namen und Fakten war hier das Ziel. Zum Wesen der Sache sollte ein Zugang geschaffen werden. So ist zu hoffen, daß der Leser einen Gesamteindruck gewonnen, die historischen Bedingungen und Quellen erkannt hat, denen der Anarchismus in seinen Verästelungen und Weiterungen entsprungen ist.

Wie zu sehen war, haftet Äußerungen des Anarchismus und des anarchistisch motivierten Terrorismus das Moment der Unberechenbarkeit und der Überraschung an. Sie sind eine spezifische Art von Reaktion auf höchst widerspruchsvolle gesellschaftliche Tatbestände, deren Charakter den Urhebern der Aktionen nicht oder nur begrenzt durchschaubar ist.

Allerdings gab es Aktivitäten, die sich auf Spontanität gründeten, in der Geschichte nicht selten. Doch die Revolten drangsalierter Bauern und Landarbeiter gegen mächtige Feudalherren, die Maschinenstürmerei des noch in den Kinderschuhen befindlichen Proletariats während der industriellen Revolution dürfen nicht mit den pseudorevolutionären Strömungen und Bewegungen des Anarchismus und des Anarchoterrorismus verwechselt werden. Jene spontanen Volkserhebungen waren erste Stufen eines Entwicklungs- und Erkenntnisprozesses, der durch Überwindung der Spontanität und schließlich die Herausbildung des wissenschaftlichen Sozialismus zu den größten gesellschaftlichen Umwälzungen führte.

Der Anarchismus hingegen war und ist unfähig, eine solche Entwicklung mitzumachen. Er war und bleibt ein Irrweg, abseits der Heerstraße des gesellschaftlichen Fortschritts. Die Anarchisten erwarten die Verwirklichung einer – im kleinbürgerlichen Sinne verstandenen – «absoluten Freiheit», die Verwirklichung von «Gerechtigkeit, Gleichheit und Brüderlichkeit» in der Gesellschaft durch die augenblickliche Abschaffung aller staatlichen Machtorgane, durch Beseitigung des Staates «an sich».

Dies hat die anarchistische Bewegung in Gegensatz zu den staatsmonopolistischen Machtverhältnissen in den kapitalistischen Ländern geraten lassen wie ihre Vorgänger zu den entsprechenden Machtverhältnissen im vormonopolistischen Kapitalismus. Und sie setzt sich in einen unlösbaren Widerspruch zur Macht der Arbeiterklasse in den sozialistischen Staaten. Schließlich führt diese Position zur Ablehnung des politischen Kampfes der Arbeiterklasse und zu einer feindseligen Haltung gegenüber der marxistisch-leninistischen Partei, zu Antikommunismus und Antisowjetismus. Hier wiederum trifft sich der Anarchismus mit dem Imperialismus.

Was der Anarchismus seit William Godwin, Max Stirner und Pierre-Joseph Proudhon an Bewegung durchgemacht hat, war eine Bewegung im Kreis. Alle anarchistischen Ideologen, die nach Proudhon kamen, zehrten in irgendeiner Weise von ihm und von Stirner. So auch Michail Alexandrowitsch Bakunin, der starrsinnige Anbeter der Revolution um ihrer selbst willen, der dem Anarchismus eine empörerisch-aktivistische Variante gab und ihn mit einer gehörigen Portion falscher Romantik versetzte. Bakunins Gedanken kreisten um einen Pol: Zerstörung. Dieses Credo haben alle ihm folgenden Anarchisten übernommen, doch nicht alle nachbakunistischen Anarchisten folgten Bakunin.

In der zweiten Hälfte des 20. Jahrhunderts erfolgt die bekannte Differenzierung der anarchistischen Bewegung: Der Anarchoterrorismus feiert seine bedrückenden und blutigen Triumphe. Nichtterroristische Anarchisten engagieren sich in verschiedenen Protestbewegungen gegen Auswüchse staatsmonopolistischer Gesellschafts- und Wirtschaftspolitik.

Bemerkenswert für die jüngste Phase der einschlägigen Entwicklung ist der Umstand, daß die verschiedenen Terrorismen sich in ihrem blutigen Handwerk begegnen – von den sogenannten roten Brigaden in Italien bis zu den neofaschistischen

Gruppierungen nicht nur in diesem Lande, von den reaktionären türkischen «Grauen Wölfen» bis zu den Nachfolgeorganisationen der RAF in der BRD. Unter dem Deckmantel, politische Ziele zu verfolgen, lebt die uralte Tradition der antagonistischen Klassengesellschaft wieder auf – der Mord an einzelnen oder gar an Gruppen von Menschen. Die zunehmende Brutalisierung entspricht dem Wesen des Imperialismus, sie ist ihm gemäß. Und charakteristisch für den Imperialismus von heute ist, daß terroristischer Mord, gleich unter welcher Farbe vollzogen, zum Anlaß genommen wird, die antidemokratische Aktion, den «Staatsschutz» gegen jegliche demokratische Bestrebung zu perfektionieren.

Höchste Beunruhigung, schärfster Protest ist herausgefordert, wenn die Praxis geübt wird, antiimperialistische und Befreiungsbewegungen mit dem Brandmal des Terrorismus zu zeichnen. – Doch das ist schon ein anderes Kapitel.

Anhang

Äußerungen zum Thema

FRIEDRICH ENGELS:
Eine Richtigstellung

Am 2. April 1883 erhält Friedrich Engels einen Brief von Philipp van Patten, Sekretär der Central Labor Union in New York, folgenden Inhalts:

In Verbindung mit der neulichen Demonstration zu Ehren von Karl Marx, als alle Fraktionen sich vereinigten, dem verstorbenen Denker ihre Ehrerbietung zu bezeugen, machten *Johann Most* und seine Freunde sehr laute Behauptungen, daß *er*, Most, mit Karl Marx intim gewesen wäre, daß *er* dessen Werk «Das Kapital» in Deutschland populär gemacht habe und daß Marx übereinstimme mit der von Most geleiteten Propaganda. Wir haben eine hohe Meinung von den Talenten und dem Wirken von Marx; wir können aber nicht glauben, daß er sympathisierte mit der anarchistischen, desorganisierenden Denk- und Handlungsweise von Most. Ich möchte deshalb von Ihnen eine Meinungsäußerung haben über die Stellung von Marx zur Frage: Anarchie und Sozialdemokratie? Das unzeitige und alberne Geschwätz von Most hat schon zu viel Verwirrung gestiftet, und es ist recht unangenehm für uns, hören zu müssen, daß eine so hohe Autorität wie Marx solche Taktik billigte.

Engels antwortete am 18. April 1883 wie folgt:

Meine Antwort auf Ihre Anfrage vom 2. April wegen Karl Marx' Stellung zu den Anarchisten im allgemeinen und Johann Most im besonderen soll kurz und klar sein:

Marx und ich haben, seit 1845, die Ansicht gehabt, daß *eine* der schließlichen Folgen der künftigen proletarischen Revolution sein wird die allmähliche Auflösung der mit dem Namen Staat bezeichneten politischen Organisation. Der Hauptzweck dieser Organisation war von jeher die Sicherstellung, durch bewaffnete Gewalt, der ökonomischen Unterdrückung der arbeitenden Mehrzahl durch die ausschließlich begüterte Minderzahl. Mit dem Verschwinden einer ausschließlich begüterten Minderzahl verschwindet auch die Notwendigkeit einer bewaffneten Unterdrückungs- oder Staatsgewalt. Gleichzeitig aber war es immer unsere Ansicht, daß, um zu diesem und den anderen weit wichtigeren Zielen der künftigen sozialen Revolution zu gelangen, die Arbeiterklasse zuerst die organisierte politische Gewalt des Staates in Besitz nehmen und mit ihrer Hilfe den Widerstand der Kapitalistenklasse niederstampfen und die Gesellschaft neu organisieren muß. Dies ist bereits zu lesen im «Kommunistischen Manifest» von 1848, Kapitel II, Schluß.

Die Anarchisten stellen die Sache auf den Kopf. Sie erklären, die proletarische Revolution müsse damit *anfangen*, daß sie die politische Organisation des Staates abschafft. Aber die einzige Organisation, die das Proletariat nach seinem Siege fertig vorfindet, ist eben der Staat. Dieser Staat mag sehr bedeutender Änderungen bedürfen, ehe er seine neuen Funktionen erfüllen kann. Aber ihn in einem solchen Augenblick zerstören, das hieße, den einzigen Organismus zerstören, vermittelst dessen das siegende Proletariat seine eben eroberte Macht geltend machen, seine kapitalistischen Gegner niederhalten und diejenige ökonomische Revolution der Gesellschaft durchsetzen kann, ohne die der ganze Sieg enden müßte in einer neuen Niederlage und in einer Massenabschlachtung der Arbeiter, ähnlich derjenigen nach der Pariser Kommune.

Braucht es meine ausdrückliche Versicherung, daß Marx diesem anarchistischen Blödsinn entgegentrat seit dem ersten Tag, wo er in seiner jetzigen Gestalt von Bakunin vorgebracht wurde? . . .

Und nun zu Johann Most.

Wenn irgend jemand behauptet, daß Most, seit er Anarchist geworden, mit Marx in irgendwelcher Beziehung gestanden oder irgendwelche Beihilfe von Marx erhalten habe, der ist entweder belogen oder ein Lügner mit Vorbedacht. Nach dem Erscheinen der ersten Nummer der Londoner «Freiheit» hat Most Marx oder mich nicht mehr als einmal, höchstens zweimal besucht. Ebensowenig gingen wir zu ihm – wir haben ihn nicht einmal irgendwie oder irgendwann zufällig getroffen. Wir haben zuletzt uns sogar gar nicht mehr auf sein Blatt abonniert, weil «wirklich auch gar nichts» darin stand. Für seinen Anarchismus und seine anarchistische Taktik haben wir dieselbe Verachtung wie für die Leute, von denen er beides gelernt hatte.

Als er noch in Deutschland war, veröffentlichte Most einen «populären Auszug aus Marx' ‹Kapital›». Marx wurde ersucht, ihn für eine zweite Auflage durchzusehen. Ich tat diese Arbeit gemeinsam mit Marx. Wir fanden, daß es unmöglich war, mehr als die allerschlimmsten Böcke von Most auszumerzen, wollten wir nicht das ganze Ding von Anfang bis Ende neu schreiben. Marx erlaubte auch bloß, daß seine Verbesserungen hineingesetzt würden und auf die ausdrückliche Bedingung hin, daß sein Name nie in irgendeine Verbindung gebracht würde selbst mit dieser verbesserten Ausgabe von Johann Mosts Machwerk.[1]

Vera Figner:
Ein Lebensbild

Sofia Lwowna Perowskaja ist eine jener wenigen Gestalten, die sowohl durch ihre ganze revolutionäre Tätigkeit als auch durch ihr Schicksal der Geschichte angehören – sie war die erste russische Frau, die als politische «Verbrecherin» hingerichtet wurde...

Die Bedingungen, unter denen Perowskaja ihre Kindheit verbrachte, haben Menschlichkeit und Ehrgefühl in ihrer Seele geweckt. Zu jener Zeit der Leibeigenschaft kam es öfter vor, daß sich in den Kindern, im Gegensatz zu den Eltern und im Widerspruch zu deren Sitten, ein Widerwille und Haß gegen den herrschenden Despotismus entwickelte. So war es auch mit Perowskaja. Ihr Vater war ein Vertreter der Leibeigenschaft schlimmster Sorte. Er mißhandelte nicht nur seine Leibeigenen, sondern auch die Mutter seiner Kinder, ja, er zwang dazu auch seinen kleinen Sohn. Sofias Mutter war die Verkörperung der Güte und Sanftmut. In der schweren, drückenden Familienatmosphäre lernte Sofia Lwowna den Menschen, den Leidenden, lieben, so wie sie ihre mißhandelte Mutter liebte ...

Sofia Lwowna hatte kaum selbständig zu denken begonnen, als sie auch schon beschloß, ihre Familie zu verlassen, in der weiter zu leben ihr moralisch unmöglich war. Aber der Vater verweigerte ihr den Paß und drohte, falls sie gegen seinen Willen ginge, sie durch die Polizei in das elterliche Haus zurückholen zu lassen. Doch Perowskaja blieb in ihrem Beschluß fest; sie ging heimlich fort und hielt sich eine Zeitlang bei Freundinnen – Studentinnen – verborgen ...

Seit dem Woronesher Kongreß nahm Perowskaja bei allen terroristischen Unternehmungen des Vollzugskomitees des «Volkswillens» den ersten Platz ein. Sie war es, die die Rolle der liebenswürdigen, einfachen Wirtin in dem ärmlichen Häuschen spielte, das in Moskau, am Rande der Stadt, für 700 bis 800 Rubel gekauft worden war und von dem aus das Attentat auf den kaiserlichen Zug am 19. November 1879 ausgeführt wurde. Im entscheidenden Moment blieb sie mit Stepan Schirjajew im Häuschen, um, sobald der kaiserliche Zug sichtbar wurde, das Signal zum Sprengen der Mine zu geben.

Immer wachsam, immer auf der Hut, gab sie es rechtzeitig, und nicht sie war schuld daran, daß statt des kaiserlichen Zuges der seiner Begleitung durch die Explosion zur Entgleisung gebracht wurde.

Nach der Explosion am 5. Februar 1880 im Winterpalast kam Perowskaja im Sommer nach Odessa, um dort ein neues Attentat zu organisieren. Im Jahre 1881, als das Vollzugskomitee seinen siebenten Anschlag vorbereitete, organisierte Perowskaja gemeinsam mit Sheljabow die Kolonne, die die Aufgabe hatte, die Fahrten des Zaren auszukundschaften und zu signalisieren; sie leitete die Bombenwerfer nicht nur in den Tagen der Vorbereitung, sondern auch während des Attentats am 1. März. Sie war es, die, als sich die Situation infolge der veränderten Marschroute des Zaren verschob, den ganzen Plan aus eigener Initiative umstellte; ihrer Geistesgegenwart war es zu verdanken, daß der Kaiser den zwei Terroristenbomben zum Opfer fiel. Sie hat den 1. März gerettet und ihn mit ihrem Leben bezahlt.

Ich lernte Sofia Lwowna im Jahre 1877 kennen, als sie im Prozeß der 193 angeklagt war. Sie war gegen Kaution bis zum Gerichtsverfahren auf freien Fuß gesetzt worden. Jemand brachte sie mir zum Übernachten. Ihr Äußeres fesselte beim ersten Blick meine Aufmerksamkeit. Mit ihrem blonden Zopf, den hellgrauen Augen und den kindlich-rosigen, runden Wangen, im einfachen russischen Blusenhemd, sah sie ganz wie ein jugendfrisches russisches Bauernmädchen aus. Nur die hohe Stirn widersprach dem harmlosen Aussehen. Den kindlichen Ausdruck bewahrte ihr hübsches Gesicht bis zu ihrem Ende, trotz der tragischen Momente, die sie in den Märztagen durchlebte.

An ihrem einfachen Äußeren hätte man nie erraten können, aus welcher Sphäre sie stammte, unter welchen Bedingungen sie ihre Kindheit und Mädchenzeit verbracht hatte. Ihr allgemeiner Gesichtsausdruck mit den weichen, kindlichen Linien verriet nichts von der Festigkeit des Charakters und dem eisernen Willen, den sie anscheinend vom Vater ererbt hatte. Überhaupt war in ihrer Natur weibliche Zartheit mit männlicher Strenge gepaart. Während sie für das Volk eine echt mütterliche Zärtlichkeit hatte, war sie in ihren Anforderungen ihren Gesinnungsgenossen gegenüber streng und unerbittlich. Ihre politischen Feinde und die Regierung bekämpfte sie unermüdlich ...

Im Einklang mit den Idealen der Epoche war Porowskaja eine große Asketin. In ihrer täglichen Lebenshaltung war sie unsagbar anspruchslos; wie streng sie in bezug auf die der Organisation gehörenden Mittel war, davon zeugt, daß sie mich einmal bat, 15 Rubel für sie irgendwo zu leihen, die sie für Arzneien ausgegeben hatte; sie wollte diese Ausgabe nicht mit Organisationsgeldern bestreiten, sondern beabsichtigte, zu diesem Zweck ein Kleid zu verkaufen, das ihr die Mutter geschickt hatte.

In jenen unvergeßlichen Tagen, die dem 1. März vorangingen, lernte ich auch ihre zarte Fürsorge für ihre Kampfgenossen kennen, deretwegen sie nie zögerte, ihre eigenen Interessen zu opfern ...

Im schwarzen Gewand, mit gefesselten Händen, ein Brett mit der Inschrift «Zarenmörder» auf der Brust, so brachte man sie alle zum Hinrichtungsplatz: Sheljabow – den Bauern, Kibaltschitsch – den Pfarrerssohn, Timofej Michailow – den Arbeiter, Ryssakow – den Bürger, Perowskaja – aus altem adligem Stamm, als ob sie alle Stände des russischen Reiches symbolisieren sollten. Auf dem Schafott umarmte Perowskaja Sheljabow, Kibaltschitsch, Michailow, wandte sich aber von Ryssakow ab, der die Adresse der Wohnung in der Teleshnaja-Straße verraten und dadurch Hesja Helfman, Sablin und Michailow den Händen der Henker ausgeliefert hatte, im Wahn, sich dadurch selbst retten zu können.

Perowskaja starb, im Leben wie im Sterben sich selbst getreu.[2]

Luis Buñuel:
Eine Erinnerung

Ich maße mir nicht an, meinerseits die Geschichte der großen Spaltung zu schreiben, die Spanien teilte. Ich bin kein Historiker und auch kaum unparteiisch. Ich werde zu sagen versuchen, was ich gesehen habe, woran ich mich erinnere.

Ich habe zum Beispiel eine genaue Erinnerung an die ersten Monate in Madrid. Theoretisch war die Stadt in der Gewalt der Republikaner und beherbergte auch noch die Regierung, aber Francos Truppen rückten in Estremadura schnell vor, erreichten Toledo, und auch andere Städte in ganz Spanien, wie Salamanca und Burgos, fielen in die Hände ihrer Parteigänger.

In Madrid selbst lösten faschistische Sympathisanten andauernd Schießereien aus. Andererseits befanden sich Priester, reiche Grundbesitzer und alle, deren konservative Gesinnung bekannt war und die deshalb verdächtigt wurden, die Francorebellen zu unterstützen, ständig in der Gefahr, hingerichtet zu werden. Gleich zu Beginn der Feindseligkeiten hatten die Anarchisten die Insassen der Gefängnisse freigelassen und sie sofort der CNT, der Nationalen Vereinigung der Arbeit, eingegliedert, die unter dem direkten Einfluß der Anarchistischen Föderation stand.

Einige Mitglieder dieser Föderation gingen so weit, daß ihnen ein Heiligenbild in einem Zimmer Grund genug war, dessen Bewohner auf die Casa de Campo zu bringen. In diesem Park vor den Toren Madrids wurden die Hinrichtungen vollzogen ...

Die ersten drei Monate waren die schlimmsten. Das katastrophale Fehlen jeglicher Kontrolle war für mich, wie für viele meiner Freunde, ein Alptraum. Da hatte ich die heißersehnte Veränderung, den Umsturz der etablierten Ordnung, und jetzt, im Zentrum des Vulkans, bekam ich es mit der Angst zu tun. Manche Gesten fand ich verrückt und großartig, wie die der Arbeiter, die sich eines Tages auf einen Lastwagen klemmten und zum Denkmal des Heiligen Herzen Jesu, zwanzig Kilometer südlich von Madrid, fuhren. Sie bildeten ein Erschießungskommando und erschossen in aller Form die hohe Christusstatue. Dagegen waren mir die wahllosen Hinrichtungen, die Plündereien und das Banditentum zuwider. Das Volk erhob sich und übernahm die Macht, aber gleich war es uneins und zerrissen. Ungerechtfertigte Abrechnungen ließen den eigentlichen Krieg vergessen, auf den es allein angekommen wäre ...

Franco gewann ständig an Boden. Wenn auch einige Städte und Dörfer der Republik treu blieben, so ergaben sich doch andere kampflos den Francotruppen. Die faschistische Unterdrückung zeigte sich eindeutig und unnachgiebig. Jeder des Liberalismus Verdächtige wurde sofort hingerichtet. Und statt daß wir uns angesichts eines Kampfes, in dem es um Leben und Tod ging, unbedingt und so schnell wie möglich organisierten, vertaten wir unsere Zeit – und die Anarchisten verfolgten die Priester. Eines Tages kam meine Putzfrau und sagte: «Kommen Sie schnell runter, gleich in der Straße nebenan hat man einen Priester erschossen.» So antiklerikal ich war, und das seit meiner frühesten Jugend, mit diesem Massaker war ich nicht einverstanden.

Man darf andererseits nicht glauben, die Priester hätten nicht auch ihre Rolle im Kampf gespielt. Wie alle anderen, so griffen auch sie zu den Waffen. Einige schossen von ihren Kirchtürmen herunter, und man hat sogar Dominikaner mit Maschinengewehren schießen sehen. Einige Mitglieder des Klerus haben sich auf die republikanische Seite gestellt, aber die Mehrheit war eindeutig faschistisch. Es war der totale Krieg. Unmöglich, mitten im Kampf neutral zu bleiben und sich dem «dritten Spanien» anzuschließen, von dem einige vage träumten ...

Kommunisten und Sozialisten wollten vor allem den Krieg gewinnen und so schnell wie möglich zum Frieden zurückkehren, während die Anarchisten, als ob sie schon festen Boden unter den Füßen hätten, anfingen, ihren idealen Staat zu organisieren.

Einmal bestellte mich Gil Bel, der Leiter der Gewerkschaftszeitung «El Syndicalista», ins Café Castilla und sagte zu mir: «Wir haben in Torrelodones eine Anarchistenkolonie gegründet. An die zwanzig Häuser sind schon bezogen. Du solltest auch eins nehmen.»

Ich war sehr überrascht. Erst einmal gehörten die Häuser verjagten, manchmal auch erschossenen oder geflüchteten Leuten. Und dann lag Torrelodones am Fuß der Sierra Guadarrama, nur wenige Kilometer von den faschistischen Linien entfernt. Und da, in Reichweite der Geschütze, organisierten die Anarchisten in aller Ruhe ihre Utopie! ...

Jeden Abend kamen ganze Anarchistenbrigaden aus der Sierra Guadarrama, wo die Kämpfe stattfanden, herunter und leerten die Keller der Hotels. Ihr Verhalten war der Hauptgrund, weshalb wir uns mehr den Kommunisten zuwandten.

Die Kommunisten waren anfangs zahlenmäßig schwach, aber von Woche zu Woche wurden sie stärker; sie waren organisiert und diszipliniert und schienen mir – und scheinen mir noch heute – in jeder Beziehung untadelhaft. Sie konzentrierten ihre ganze Energie auf die Kriegführung. Es ist traurig, aber man muß es sagen: Die Anarcho-Syndikalisten haßten sie wahrscheinlich mehr als die Faschisten ...

Trotz meiner theoretischen Sympathie für die Anarchie fand ich das willkürliche, unberechenbare Verhalten und den Fanatismus dieser Leute unerträglich. Manchmal genügte der Ingenieurstitel oder ein Universitätsdiplom, um jemanden auf die Casa de Campo zu bringen. Als die republikanische Regierung beim Anrücken der Faschisten beschloß, Madrid zu verlassen und den Regierungssitz nach Barcelona zu verlegen, errichteten die Anarchisten in der Nähe von Cuenca auf der einzigen noch befahrbaren Straße Straßensperren. In Barcelona, das ist nur ein Beispiel unter vielen, liquidierten sie den Direktor und die Ingenieure eines Stahlwerks, nur um zu beweisen, daß das von den Arbeitern übernommene Werk auch ohne sie funktionieren könne. Sie stellten ein Panzerauto her und zeigten es voller Stolz einem sowjetischen Delegierten. Der ließ sich eine Parabellum geben und durchschoß mühelos die Panzerung.

Man glaubt sogar – aber es gibt auch andere Meinungen –, daß ein Anarchistengrüppchen für den Tod des großen Durruti verantwortlich war, den eine Kugel traf, als er in der Calle de la Princesa aus dem Wagen stieg, um der belagerten Studentenstadt zu Hilfe zu eilen. Diese bedingungslosen Anarchisten – die ihre Töchter «Acracia» (Nicht-Macht) oder «Vierzehnter September» nannten – hatten es Durruti übelgenommen, daß es ihm gelungen war, Disziplin in seine Truppen zu bringen . . .[3]

Quellen – Anmerkungen

Kein mysteriöser Fall
1) Cellesche Zeitung, Celle, v. 28. 7. 1978
2) Frankfurter Rundschau, Frankfurt a. M., v. 26. 4. 1986
3) Stern, Hamburg, Nr. 19/86, S. 125
4) Ebenda, Nr. 20/86, S. 242
5) Ebenda, S. 243

August Bebel klärt auf
1) A. Bebel, Attentate und Sozialdemokratie. Berlin 1919, S. 9
2) Ebenda, S. 7
3) Ebenda
4) Ebenda, S. 10
5) Ebenda, S. 10f.
6) Ebenda, S. 13f.
7) Ebenda, S. 16ff.
8) Ebenda, S. 19
9) Ebenda, S. 25
10) Ebenda, S. 30
11) Ebenda, S. 30f.
12) Ebenda

Willst du meinen Tisch?
1) Zitiert nach: J. Joll, Die Anarchisten. Frankfurt a. M./Westberlin, 1969, S. 20

Mir geht nichts über Mich
1) M. Stirner, Der Einzige und sein Eigentum. Leipzig 1928, S. 161
2) Ebenda, S. 146f.
3) Ebenda, S. 148
4) Ebenda, S. 182
5) K. Marx/F. Engels, Die deutsche Ideologie. In: Werke (MEW), Bd. 3, S. 210f.
6) F. Engels, Brief an M. Hildebrand v. 22. 10. 1889. In: MEW, Bd. 37, S. 293
7) F. Mehring, Geschichte der deutschen Sozialdemokratie. Erster Teil. In: Gesammelte Schriften, Bd. 1. Berlin 1976, S. 252

«Die wahre Herrschaft ist die Anarchie»
1) A. Herzen, Mein Leben, Bd. 2. Berlin 1963, S. 234
2) F. Mehring, S. 35
3) K. Marx, Brief an J. B. v. Schweitzer v. 14. 1. 1865. In: MEW, Bd. 16, S. 25f.
4) Ebenda, S. 26
5) Ebenda, S. 27
6) F. Engels, Zur Wohnungs-

frage. In: MEW, Bd. 18, S. 221 f.

7) Zitiert nach: J. Joll, S. 20

8) Ebenda, S. 51

9) K. Marx, Brief an J. B. v. Schweitzer, a. a. O. S. 27

10) Ebenda

11) F. Mehring, S. 290

12) K. Marx, Brief an L. Kugelmann v. 9. 10. 1866. In: MEW, Bd. 31, S. 530

13) K. Marx, Der politische Indifferentismus. In: MEW, Bd. 18, S. 301

14) Ebenda, S. 299

15) Ebenda, S. 302

16) K. Marx, Brief an L. Kugelmann, a. a. O.

17) F. Engels, Zur Wohnungsfrage, a. a. O., S. 265 f.

Lust der Zerstörung

1) Zitiert nach: A. Herzen, Mein Leben, Berlin 1962, Bd. 3, S. 452

2) F. Mehring, S. 124 f.

3) Ebenda, S. 125

4) Zitiert nach: Brupbacher, M. Bakunin. Zürich 1929, S. 55

5) Ebenda, S. 65

6) Ebenda, S. 70.

7) K. Marx / F. Engels, Ein Komplott gegen die IAA. In: MEW, Bd. 18, S. 337

8) K. Marx, Brief an F. Bolte v. 23. 11. 1871. In: MEW, Bd. 33, S. 329

9) Ebenda

10) A. Herzen, S. 459

11) Ebenda, S. 465

12) P. Kropotkin, Aufzeichnungen eines Revolutionärs. Zitiert nach: Nicht Narren, nicht Heilige. Leipzig 1984, S. 184

13) Zitiert nach: K. Marx / F. Engels, Ein Komplott gegen die IAA, a. a. O., S. 427 f.

14) Ebenda, S. 396

15) Ebenda

16) Ebenda, S. 352

Die «Schwarze Hand» und die Handschrift Bakunins

1) P. Lafargue, Brief an F. Engels. Zitiert nach: A. G. London, Prolog für ein neues Spanien. Berlin 1966, S. 42

2) F. Engels, Die Bakunisten an der Arbeit. In: MEW, Bd. 18, S. 479

3) F. Engels, Brief an P. Lafargue v. 30. 12. 1878. In: MEW, Bd. 33, S. 365 f.

4) F. Engels, Brief an P. Lafargue v. 25. 11. 1871. In: MEW, Bd. 33, S. 348

5) Zitiert nach: I. Maiski, Neuere Geschichte Spaniens. Berlin 1961, S. 309

6) F. Engels, Brief an P. Iglesias v. 26. 3. 1894. In: MEW, Bd. 39, S. 229

«Attentäter Seiner Majestät»

1) F. Mehring, Geschichte der deutschen Sozialdemokratie. Zweiter Teil. In: Gesammelte Schriften, Bd. 2, S. 492
2) Ebenda
3) Zitiert nach: F. Mehring, S. 494
4) Ebenda, S. 496 f.
5) Ebenda
6) F. Engels, Ergänzung der Vorbemerkung von 1870 zu „Der deutsche Bauernkrieg". In: MEW, Bd. 18, S. 516 f.
7) Zitiert nach: F. Mehring, S. 517
8) Ebenda
9) Ebenda, S. 516

Eine große Zeit der Spitzel

1) F. Mehring, S. 587
2) Ebenda, S. 589
3) Ebenda, S. 613
4) A. Bebel, Aus meinem Leben. In: Ausgewählte Reden und Schriften, Bd. 6, Berlin 1983, S. 267
5) F. Engels, Brief an P. van Patten v. 18. 4. 1883. In: MEW, Bd. 36, S. 12
6) A. Bebel, Aus meinem Leben, Berlin 1946, Bd. 2, S. 305
7) Ebenda, Bd. 3, S. 43 ff.
8) Dokumente aus geheimen Archiven, Weimar 1983, S. 77 f.

Auf dem Heumarkt von Chicago

1) Zitiert nach: K. Marx, Das Kapital, Bd. 1. In: MEW, Bd. 23, S. 318
2) Ebenda
3) Acht Opfer des Klassenhasses. Leben und Sterben der verurteilten Chicagoer Arbeiterführer. Nach den Berichten der New-Yorker Volkszeitung, Zürich 1888, S. 3 ff.
4) Ebenda, S. 8
5) Ebenda, S. 10
6) Ebenda, S. 12
7) Ebenda
8) F. A. Sorge, Die Arbeiterbewegung in den Vereinigten Staaten. London 1977, S. 246
9) Zitiert nach: A. Askoldowa, Über die Ereignisse in Chicago. Moskau 1986, S. 72 f.

Mit Dynamit gegen den Zarismus

1) W. I. Lenin, Werke, Bd. 5, S. 40
2) Zitiert nach: H. Hoffmann, Der Mensch im All. Berlin 1961, S. 11 ff.
3) Zitiert nach: Stern, Hamburg, 11/58, S. 28 f.
4) L. Tolstoi, Philosophische und sozialkritische Schriften. Berlin, 1974, S. 606

5) W. I. Lenin, Werke, Bd. 35, S. 217

6) F. Engels, Brief an Plechanow v. 26. 2. 1895. In: MEW, Bd. 39, S. 417

Nichts außer Phrasen

1) Zitiert nach: Wolodja, unser Bruder und Genosse. Berlin 1980, S. 201f.

2) W. I. Lenin, Revolutionäres Abenteurertum. In: Werke, Bd. 6, S. 181f.

3) Ebenda, S. 182

4) Ebenda

5) Ebenda

6) Ebenda, S. 183f.

7) Ebenda, S. 184

8) Ebenda, S. 186

9) W. I. Lenin, Werke, Bd. 10, S. 60

Schwarz in der roten Revolution

1) Zitiert nach: D. Golinkow, Fiasko einer Konterrevolution. Berlin 1982, S. 390f.

2) Ebenda, S. 392

3) Ebenda, S. 171

4) Ebenda, S. 172

5) W. I. Lenin, Werke, Bd. 27, S. 76

6) Zitiert nach: Golinkow, S. 581

7) W. I. Lenin, Werke, Bd. 32, S. 183f.

8) Ebenda, S. 249

9) Ebenda, S. 183f.

10) Ebenda, S. 185

11) Ebenda

12) Ebenda, S. 250

13) Ebenda

14) Zitiert nach: B. Frei/ H. Adamo, Die anarchistische Utopie – Über Terrorismus. Frankfurt a. M. 1978, S. 50f.

15) Ebenda

16) Ebenda

17) W. Bontsch-Brujewitsch, Auf Kampfposten in der Revolution. Berlin 1983, S. 343

18) Ebenda, S. 345ff.

Dreimal verriet er die Sowjetmacht

1) Der Spiegel, Hamburg, Nr. 47/1969, S. 202

2) Zitiert nach: Golinkow, S. 446

3) Ebenda

4) Ebenda

5) Ebenda, S. 444f.

6) Ebenda, S. 461

7) Ebenda, S. 571

8) Ebenda, S. 572

9) Ebenda, S. 818

10) Ebenda, S. 458f.

11) K. Marx, Der Bürgerkrieg in Frankreich. In: MEW, Bd. 17, S. 342

12) F. Engels, Brief an Cuno v. 24. 1. 1872. In: MEW, Bd. 33, S. 389

13) W. I. Lenin, Werke, Bd. 32, S. 251

Manches harte und bittere Wort

1) Zitiert nach: Färbt ein weißes Blütenblatt sich rot. Erich Mühsam. Zeugnisse und Selbstzeugnisse. Herausgeber W. Teichmann, Berlin 1978, S. 27

2) E. Mühsam, Ausgewählte Werke, Bd. 1, Berlin 1985, S. 165 f.

3) Ebenda, S. 166

4) E. Mühsam, Ausgewählte Werke, Bd. 2, S. 57

5) Ebenda, S. 63 f.

6) Zum Prozeßbericht siehe: Ebenda, S. 56 ff.

7) E. Mühsam, Abrechnung. In: Streitschriften. Literarischer Nachlaß. Berlin 1984, S. 100

8) F. Engels, Der Ursprung der Familie, des Privateigentums und des Staats. In: MEW, Bd. 21, S. 164

9) Ebenda, S. 296

10) Ebenda

11) Ebenda

12) W. I. Lenin, Die nächsten Aufgaben der Sowjetmacht. Werke, Bd. 27, S. 254

13) Ebenda

14) Ebenda, S. 256

15) Zitiert nach: Färbt ein weißes Blütenblatt ..., S. 306

16) Zitiert nach: E. Mühsam, Publizistik, Unpolitische Erinnerungen. Berlin 1978, S. 700

17) F. Engels, Brief an Trier v. 18. 12. 1889. In: MEW, Bd. 37, S. 326

18) E. Mühsam, Ausgewählte Werke, Bd. 2, S. 325

19) C. Jung, Erinnerungen an E. Mühsam. In: Färbt ein weißes Blütenblatt sich rot, S. 233

In der ersten Schlacht des zweiten Weltkrieges

1) I. Ehrenburg, Menschen, Jahre, Leben. Berlin 1978, Bd. II, S. 373

2) I. Maiski, Memoiren eines sowjetischen Botschafters. Berlin 1975, S. 259

3) I. Ehrenburg, S. 359

4) M. Kolzow, Spanisches Tagebuch. Berlin 1986, S. 22 f.

5) Zitiert nach: B. Frei/H. Adamo, S. 34 f.

6) W. Bredel, Spanienkrieg 1. Berlin 1977, S. 22

7) Siehe E. Líster, Unser Krieg. Berlin 1972, S. 215

8) I. Ehrenburg, S. 381

9) Ebenda

10) Ebenda

11) M. Kolzow, S. 43

12) Ebenda

13) Ebenda, S. 44

14) Ebenda, S. 44 ff.

15) Ebenda, S. 47

16) I. Ehrenburg, S. 384

17) E. Líster, S. 118

18) M. Kolzow, S. 145f.
19) L. Renn, Im spanischen Krieg. Berlin 1963, S. 197f.
20) B. Frei/H. Adamo, S. 35f.
21) W. Bredel, S. 62

Wie ein Maulwurf ...

1) G. Bartsch, Anarchismus in Deutschland. Hannover 1973, Bd. 1, S. 67
2) Anarchistische Zeitschrift «Befreiung». Mühlheim (Ruhr) 1949
3) G. Bartsch, S. 294
4) Zitiert nach: B. Frei/H. Adamo, S. 139
5) Ebenda
6) Ebenda
7) J. Kuczynski, So war es wirklich, Berlin 1969, S. 270f.
8) Ebenda
9) Ebenda
10) B. Frei/H. Adamo, S. 7
11) J.-L. Barrault, Erinnerungen für morgen. Frankfurt a. M. 1973, S. 366
12) M. Robbe, Verlockung der Gewalt. Berlin 1981, S. 49
13) Internationale Beratung der kommunistischen und Arbeiterparteien. Moskau 1969, Berlin 1969
14) G. u. D. Cohn-Bendit, Links-radikalismus. Reinbek bei Hamburg 1968
15) Ebenda, S. 55
16) Zitiert nach: J. Becker, Hitlers Kinder? Der Baader-Meinhof-Terrorismus. Frankfurt a. M. 1978, S. 130
17) Stern, Hamburg, v. 2. 6. 1977, S. 60ff.

Typen, Taten, Tote

1) J. Becker, S. 92
2) Ebenda, S. 173
3) Mini-Handbuch für Stadt-guerillas. Westberlin 1971
4) Zitiert nach: A. Schubert, Stadtguerilla, Tupamaros in Uruguay, RAF in der Bundesrepublik. Westber-lin 1971, S. 111
5) Ebenda
6) Kollektiv RAF, Über den bewaffneten Kampf in Westeuropa. Westberlin 1971
7) R. Riemeck, Gib auf, Ul-rike. In: Konkret, Ham-burg 1971, S. 8f.
8) Ebenda
9) K. Marx, Das Kapital, Bd. 1. In: MEW, Bd. 23, S. 16
10) W. I. Lenin, Werke, Bd. 23, S. 64
11) B. Frei/H. Adamo, S. 89
12) Stern, Hamburg, Nr. 23/78, S. 21
13) Zitiert nach: Frankfurter Rundschau, Frankfurt a. M. v. 22. 3. 1978
14) Ebenda
15) Ebenda
16) Ebenda

17) Stern, Hamburg, Nr. 23/78,
    S. 21
18) D. Cohn-Bendit, Der große
    Basar. München 1975,
    S. 52
19) Ebenda

Anhang
1) F. Engels, Brief an P. van
   Patten. In: MEW, Bd. 19, S.
   343 ff.
2) V.Figner, Nacht über Rußland. Lebenserinnerungen.
   Berlin 1985
3) L. Buñuel, Mein letzter
   Seufzer, Erinnerungen.
   Berlin 1984, S. 207 ff.

Inhalt